高句麗의 遼西進出 研究

尹 秉 模

충남 天安에서 출생하여 천안고등학교를 졸업하였다. 단국대를 거쳐 성신여대에서 『高句麗의 戰爭과 遼西進出研究』로 박사학위를 받았다. 현재 성신여대 인문과학연구소 연구원으로 있다.

주요논문으로 「AD. 2세기 이전 고구려의 遼西遠征」『국학연구』17, 「廣開土王의 遼西 및 東몽골 攻略」『大東文化研究』68, 「長壽王代 高句麗의 西方進出과 그 境界」 『東方學志』147, 「高句麗의 對隋戰爭과 遼西攻略」『軍史』72, 「고구려의 對唐戰爭과 遼西 및 동몽골 진출」『몽골학』27 등이 있다.

高句麗의 遼西進出 研究

초판 인쇄   2011년 9월 29일
초판 발행   2011년 10월 7일

저 자 윤병모
펴낸이 한정희
펴낸곳 경인문화사
편 집 신학태 김송이 김우리 김지선 문영주 맹수지 안상준
영 업 이화표
관 리 하재일 서보라

주 소 서울 마포구 마포동 324-3
전 화 02-718-4831~2
팩 스 02-703-9711
등 록 1973년 11월 8일 제10-18호
이메일 kyunginp@chol.com / kip1@mkstudy.net
홈페이지 www.kyunginp.co.kr / www.mkstudy.net

정 가 18,000원
ISBN 978-89-499-0810-6 93910

高句麗의 遼西進出 研究

尹秉模

景仁文化社

서문

遼西라는 말은 보통 요하 본류의 서쪽을 가리킨다. 현재 요하는 요동과 요서를 나누는 기준이 되지만 고대로 올라 갈수록 꼭 그런 것만은 아니다. 고대에는 큰 강과 산을 기준으로 경계를 삼았기 때문에 고대의 遼東도 현재의 요하 동쪽이라고 보기 어렵다.

『삼국사기』에 의하면 고구려는 기원전 37년에 세워진 나라로 기록되어 있다. 그러나 중국 쪽 사서에는 주몽의 고구려 이전에 '구려'라는 국명 또는 족명이 자주 등장한다. 이들 맥인계와 주몽의 결합이 신생 고구려로 이어진다. 고구려는 국가형성 초기부터 요서와 관련을 맺는다. 건국 초 압록강 일대의 작은 나라임에도 불구하고 고구려는 요동은 물론 요서에 부단히 진출을 꾀한다. 이는 고구려가 북방의 부여에서 남하한 이주민이라는 탓도 있었을 테지만, 구려의 맥인계가 혼합된 측면도 내재해 있다.

고대국가의 전쟁은 현재처럼 반드시 영토침탈이 주목적이지는 않다. 고대국가는 인구가 부족하고 물자가 부족한 탓에 이를 보충하려는 성격의 전쟁 즉 원정이 많이 있다. 그럼으로 고구려가 건국초기부터 원정을 나섰다 해도 반드시 영토확장일 경우는 없다. 앞서 말한 대로 경제적 전쟁일 경우가 더 많다.

하지만 후기로 내려올수록 고구려의 요서진출은 경제적 목적보다는 정치적, 군사적 목적이 더 강하였다. 이는 요서지역에 거주하는 유목민족 즉 거란, 해, 돌궐 등 제민족의 향배를 놓고 중원세력과 다툼을 벌인 탓에 있다. 요서지역의 이들 유목민족을 자기편으로 끌어들여야만 자국의 안전이 보장되는 그런 형국이었다. 요서는 요동에서 중국 중원지역을

가기 위해 꼭 거쳐야 하고 반대로 중원세력이 요동지역으로 가기위해 반
드시 거쳐야 하는 곳이 요서였다. 말하자면 요서지역은 동아시아의 인후
지대로 유목민족과 한족, 고구려족이 명멸하는 점이지대였다.

　고구려사는 이제 동아시아사의 틀 속에서 보아야 한다. 고구려와 흉
노, 오환, 선비, 모용연, 거란, 유연, 돌궐, 설연타, 말갈, 토번, 토욕혼 등
제민족과의 관계를 보다 면밀히 분석하여야 한다. 그래야만 고구려를 북
방사의 관점에서 올바르게 바라 볼 수 있다. 북방사는 아직 미개척 분야
가 많다. 여기에 좀 더 세밀하고 체계적인 접근이 필요하다. 이러기 위해
서는 사료의 정밀 검증과 분석 그리고 현장답사가 필수적이다. 고대사
일수록 사료가 부족하다보니 현장 답사는 그야말로 살아 있는 사료이다.
산과 강, 동물, 식물 그리고 남아 있는 유적, 유물 하나라도 당시 역사를
구성하는데 많은 도움이 되기 때문이다.

　지금은 잊혀진 단어인 遼西에 필자는 오래전부터 많은 관심가지고 연
구와 답사를 기울여 왔다. 보통 遼東은 널리 알려져 있고 연구도 일부
진행되어 왔다. 하지만 현재 요서는 잘 모르고 연구도 제대로 안되어 있
다. 고구려 이후 요동에 근거를 둔 국가로 금과 청이 모두 요서를 확보
하였기에 중원을 쉽게 탈취한 것이 아닌가 한다. 이처럼 동아시아사의
아킬레스건인 요서를 이제 제대로 알 필요가 있다. 그 구체적인 화두가
고구려의 요서진출인 것이다.

　고대국가가 대부분 마찬가지이지만 고구려는 유별난 戰士국가다. 전
쟁을 통해서만 먹고 살 수 있는 국가였다. 고구려는 그 國都가 물산이
풍족한 평야지대가 아닌 척박한 산악지대에 위치하였기 때문에 고구려
는 대외 원정에 적극 나설 수밖에 없었다. 그것은 요동이든 요서든 원정

여건이 형성된다면 가릴 이유가 없었다. 그렇게 해서 고구려 역사는 이어졌다.

고구려와 요서라는 주제를 가지고 탐구한 논저는 국내외를 통틀어 이 책이 처음인가 한다. 그만큼 요서에 관심이 없어서 일까. 아무쪼록 이 책을 통하여 고구려사의 참모습에 한층 더 닿아가기를 기대하여 본다. 끝으로 이 책은 필자의 학위논문을 바탕으로 각 학술지에 발표한 것을 수정, 보완하여 묶은 것임을 밝혀 둔다.

2011년 9월

尹 秉 模

목 차

제1장
序　論

1. 研究史와 研究方向

『春秋左傳』에 "나라의 큰일은 제사와 전쟁에 있다."[1]고 하였고, 『孫子』에서도 "전쟁은 국가의 대사이다."[2]라고 하여, 전쟁은 고대국가의 제왕에게 있어 제사와 함께 중요한 통치기능의 하나였다. 고구려에서도 이는 예외가 아닐 것이다.

『삼국사기』에 의하면 고구려 5대 왕인 慕本王 2년에 遼河는 물론 灤河를 넘어 오늘날 중국 河北省, 北京, 山西省 일대인 右北平, 漁陽, 上谷, 太原 등지를 원정하였다는 기록이 보인다. 모본왕 2년은 기원후 49년에 해당하는데, 이와 같은 모본왕대의 사실은 기원전 37년 고구려가 卒本지역에 건국하고 기원후 3년에 國內지역으로 국도를 옮긴 후의 경과까지 불과 80여년 만에 발생하는 일이었다. 이와 같은 일이 당시 1백년도 안 되는 신생국가인 고구려에게서 발생하였다면 그것은 놀라운 일임에는 틀림없다.

이에 대한 기존의 연구에서[3] 고구려가 요동을 아직 완전히 확보하기 이전인 49년에 우북평, 어양, 상곡, 태원 등지를 원정한 것은 믿을 수 없다고 주장하는 것과,[4] 우북평, 어양, 상곡에 대한 원정은 사실이지만, 오환 등을 거쳐 태원을 원정한 것은 고구려에서 너무 멀리 떨어져 있어

---

1) 『春秋左傳』成公13年 "國之大事 在祀與戎".
2) 『孫子』計篇 "孫子曰 兵者 國之大事".
3) 리지린·강인숙, 1976, 『고구려사연구』, 사회과학출판사 ; 張博泉, 1985, 『東北地方史稿』, 吉林大學出版社 ; 박노석, 2002, 「모본왕대의 후한 공격」 『대동사학』 1 ; 기수연, 2005, 『후한서 동이열전 연구』, 백산자료원.
4) 이만열, 1976, 『講座 三國時代史』, 지식산업사 ; 이병도 역주, 1983, 『삼국사기』, 을유문화사.

사실로 보기 어렵다는 견해도 있어 왔다.[5] 이 문제에 대하여 중국학계의
일부에서는 아예 49년 우북평, 어양, 상곡, 태원 등지를 원정한 주체가
고구려가 아닌 烏桓이라고 주장하는 견해도 제기되었다.[6] 하지만 이 문
제는 중국문헌의 『후한서』 광무제기, 『후한서』 고구려전과 『자치통감』
은 물론 한국의 『삼국사기』에도 기록되어 있어 단순히 무시할 수 없는
주제이다. 기존 견해대로 『후한서』와 『삼국사기』 등에 나오는 이와 같
은 기록을 고구려에서 거리가 멀어서 역사적 사실로서 인정할 수 없다고
하기에는 다소 석연치 않다는 점이다. 이것을 또한 단순하게 인정하는
것도 고구려라는 나라가 건국한지 80여년 밖에 안 되는 신생국가라는
점과 고구려의 세력 범위가 현재 압록강 일대 국내지역의 전후일 정도라
는 데에서 더욱 의문이 제기되는 것도 사실이다.

따라서 본고에서는 49년 요서원정의 주체를 『삼국사기』에는 고구려
모본왕이 한 것처럼 기록하고 있으나 이에 대한 반론으로서 원전 사료인
『후한서』 기록을 더 중시하고자 한다. 『후한서』에는 49년 요서원정의
주체를 '遼東徼外의 貊人' 또는 '句驪'로 나온다는 점에서 주목된다. 즉
여기서의 '맥인'과 '구려'가 과연 주몽이 건국한 모본왕의 고구려를 지
칭하는 것일까 하는 의문을 제기하여 보자는 것이다. 그러기 위해서 우
선 12년 고구려의 새내외 진출 사건에 대하여 검토할 필요가 있다. 다만
12년 사건은 이미 기존에 다양한 분석이 이루어진 바가 적지 않으므로[7]
본고에서는 49년 사건과의 관련성에 한정하여 살펴보기로 한다.

이와 더불어 166년과 168년 사이에 고구려의 新大王이 오늘날 하북

---

5) 이옥, 1984, 『高句麗 民族形成과 社會』, 교보문고 ; 이재성, 2002, 「高句麗와 邑
   落聯盟時期의 鮮卑」, 『東國史學』 37.
6) 李大龍, 2003, 「高句麗對漢至唐各王朝의 政策」 『古代中國高句麗歷史續論』, 中國
   社會科學出版社.
7) 朴燦奎, 2009, 『三國志·高句麗傳 研究』, 吉林人民出版社 ; 기수연, 2005, 앞의 책 ;
   김미경, 2009, 「고구려 건국 문제를 통해 본 '지방정권론'이 내용과 비판」 『중국
   의 통일국가론으로 본 고구려사』, 동북아역사재단.

성, 북경, 산서성 일대인 幽州와 幷州에 鮮卑와 함께 원정하였을 가능성을 보여 주는 기록이 『후한서』에 나오고 있어 또한 주목하고자 한다. 특히 신대왕대의 기록은 지금까지 거의 주목받지 못하였는데, 이는 『삼국사기』에 이에 대한 기록이 없는 데서 기인된 것으로 보인다. 그럼으로 본고에서는 49년 원정 사건을 구체적으로 알아보고 이어 신대왕대의 이런 기록이 역사적 사실로서 가능한지 검토하여 보기로 한다.

다음으로 광개토왕 시대는 재위시에 후연지역에 대한 西征, 백제와 신라지역에 대한 南征 등 대외전쟁을 활발히 전개하여 고구려의 위상을 드높인 바 있다. 광개토왕이 전개한 대외전쟁은 『삼국사기』와 광개토왕비 등에 잘 나타나 있는데, 특히 광개토왕비문에 나오는 395(永樂5)년조와 407(永樂17)년조에 대하여는 그 대상을 둘러싸고 지금까지 많은 논란이 있어 왔다.

이중 407년조에 관한 것으로, 그 원정대상이 과연 후연이냐 백제냐 하는 문제로 대립되고 있다. 이 문제와 관련하여 별도의 논고를 통하여 407년조를 대후연전으로 적극 주장한 연구자들[8]이 있는데, 이 중에는 407년조에 나오는 갑옷의 비례를 통하여 그것이 백제일리 없다는 주장과 '所獲鎧鉀一萬餘領 軍資器械不可稱數'라는 기사를 주목한 것으로 구분된다. 그럼에도 불구하고 후자의 광개토왕비 기사를 주목한 것은 그것이 후연에 관련된 중국 측 사료를 제시하지 않았다는 점에서 일정한 한계를 가지고 있다고 하겠다. 반면 대백제전은 현재 다수설의 위치를 점하고 있다.[9] 결국 대후연전이 소수설[10]로 그 위치를 극복하려면 407

---

8) 이인철, 1998, 「德興里壁畵古墳의 墨書銘을 통해 본 고구려의 幽州經營」『歷史學報』158 ; 문상종, 2001, 「廣開土王陵碑 永樂 17年條 기사에 대한 재검토」『湖西考古學』4·5.

9) 대백제전을 주장한 연구자는 다음과 같다. 박시형, 1966, 『광개토왕 릉비』, 사회과학 출판사 ; 浜田耕策, 1974, 「高句麗廣開土王陵碑文の研究」『古代朝鮮と日本』, 龍溪書舍 ; 박성봉, 1979, 「廣開土好太王期 高句麗 南進의 性格」『韓國史研究』

년조와 관련된 보다 객관화된 중국 쪽의 정치적 상황과 문헌사료 제시가
담보되어 분석되어야 할 것이다.

따라서 본고에서는 북위와 후연이 벌인 395년의 參合陂戰을 주목하
였다. 이 전쟁으로 인하여 후연은 중원을 잃게 되는 계기가 되며, 반면
북위는 이를 기회로 중원의 패자가 되는 길을 간다. 또 397년 북위와
후연이 다시한번 벌인 전쟁에서 후연은 북위에 또다시 패배하여 중원지
방의 中山을 버리고 요서지역의 龍城으로 천도하였다. 결국 395년과
397년 사이 북위와 후연의 전쟁은 후연의 패배로 인하여 이후 역사에서
慕容氏 멸망의 단초를 제공하였고, 요서의 소국으로 전락한 후연은 이를
만회하기 위하여 동방의 고구려에 침략의 화살을 겨누었다. 고구려는 이
에 대응하기 위하여 宿軍城, 燕郡 등 3차에 걸쳐 후연을 공격하였는데,
그 마지막 공격이 407년이라 할 수 있다.

장수왕대에 들어 고구려군 2만이 436년 북연의 국도 화룡에 진출하
여 북위군 1만과 대치한 끝에 북연왕 풍홍과 그 백성 만호를 이끌고 개
선한 바 있다. 이 문제에 대해 고구려가 보기 2만 이상의 군을 화룡에
파병한 것은 고구려가 북위와 충돌하는 한이 있어도 자국의 안전과 함께

---

27 ; 王健群, 1984, 『好太王碑研究』, 吉林人民出版社 ; 武田幸男, 1989, 『高句麗
    と東アジア』, 岩波書店 ; 이도학, 1996, 「광개토왕릉비문에 보이는 전쟁기사의
    분석」『廣開土好太王碑 研究 100年』, 고구려연구회 ; 朴眞奭, 1996, 『高句麗 好
    太王碑 研究』, 아세아문화사 ; 손영종, 2001, 『광개토왕릉비문 연구』, 중심 ; 여호
    규, 2005, 「광개토왕릉비에 나타난 고구려의 대중인식(對中認識)과 대외정책」『역
    사와 현실』55 ; 주보돈, 2006, 「高句麗 南進의 性格과 그 影響」『大丘史學』82 ;
    노태돈, 2007, 「광개토왕능비」『한국고대사 연구의 새 동향』, 서경문화사.
10) 대후연전을 주장한 연구자는 다음과 같다. 水谷悌二郎, 1959, 「好太王碑考」『書品』
    100, 東洋書道協會 ; 천관우, 1979, 「廣開土王陵碑文 再論」『全海宗博士華甲紀念
    史學論叢』, 일조각 ; 정두희, 1979, 「廣開土王陵碑文 辛卯年 記事의 再檢討」『歷
    史學報』82 ; 임기환, 1996, 「광개토왕릉비문에 보이는 민의 성격」『廣開土好太
    王碑 研究 100年』, 고구려연구회 ; 강재광, 2009, 「高句麗 廣開土王의 遼東確保
    에 관한 新考察」『韓國古代史探究』2.

국제질서에서 고구려의 위치를 강화시키겠다는 것으로, 무력시위라기보다는 북연이 멸망된 후 북연영토를 고구려가 차지하려고 했던 것으로 본 견해가 있다.[11] 또한 북위의 화북 통일 기도에 제동을 걸고 요서지역에서 기득권을 확인하기 위해 화룡에 출병한 것으로, 고구려가 일종의 진공지대로 영주 이동 요서지방을 '防衛前地'로서 '요서작전권'을 운용하였다는 견해도 있다.[12]

반면 고구려군이 적극적인 서진자세를 보이지 않고 있는 상황에서 고구려 스스로 북연 망명집단을 내세워 요서와 북중국으로 진출할 의도가 없었고, 요동지역을 침공당하면 이를 적극 저지하지만 요서지역에는 스스로 서진하지 않았음을 436년 사건에서 확인하였다는 주장이 있다.[13] 또 고구려군의 화룡진출도 제한적 의미의 군사력 사용 즉 무력시위에 한정됨으로써, 고구려가 북위에 정면으로 맞서기보다는 스스로의 행동에 한계를 두었다는 견해도 있다.[14] 화룡에서 북위군과 대치하면서도 고구려군이 애써 충돌을 회피하였고, 고구려의 관심은 북연왕 '영입'에 비중을 두었는데 이는 북연왕이 북위에 대한 억지력을 가졌기 때문이라는 주장도 있다.[15]

장수왕대 고구려의 서방지역 경계에 대하여는, 대릉하를 기점으로 해서 老哈河 지역까지 고구려 영역으로 보는 견해와,[16] 이와는 반대로 대릉하와 요하 하류 사이를 일종의 중간지대로 보고, 고구려와 북위가 접경을 하지 않은 것으로 판단한 주장도 있다.[17] 그러나 중국학계 일부에

---

11) 지배선, 1990, 「北燕에 대하여 (Ⅲ)」『東洋史學研究』 32.
12) 박경철, 1989, 「高句麗軍事戰略考察을 위한 一試論」『史學研究』 40.
13) 노태돈, 1984, 「5~6世紀 東아시아의 國際情勢와 高句麗의 對外關係」『東方學志』 44.
14) 이성제, 2002, 「5~6세기 高句麗의 西方政策 研究」, 서강대 박사학위논문 ; 이성제, 2004 「高句麗 長壽王의 對北魏交涉과 그 政治的 의미」『歷史學報』 181.
15) 이성제, 2005, 『高句麗의 西方政策 研究』, 국학자료원.
16) 손영종, 1990, 『고구려사』 1, 과학백과사전종합출판사.

서도 북연멸망 이후에 고구려의 세력권이 요하를 넘어 대릉하 일대까지
도달하였다고 본 견해도 있다.[18]

다음 고구려는 581년 수가 건국한지 17년이 지난 후인 598년에 영양
왕이 직접 말갈기병 1만여 명을 동원하여 요서를 선제공격하였다. 이 문
제에 관해서 일찍이 고구려가 어떤 유리한 전략적 지점을 먼저 확보하려
는 의도에서 나온 행동으로 보는 견해가 제기되었고,[19] 고구려가 거란
을 통제하기 위한 것이었다는 의견도 있어 왔다.[20] 또한 요서공격은 근
본적으로 고구려의 독자성을 견지하려는 극단적인 방법이었다는 평가와
함께,[21] 고구려와 수와의 장차 본격적인 전쟁에서 유리한 전황을 이끌
려는 '예방전쟁전략' 차원에서 이것이 이루어졌다는 견해도 있다.[22] 한
편 그 대상이 영주총관부였으며 598년 공격으로 고구려가 요서일대에
대한 지배권을 회복하였다는 견해도 나오고 있으며,[23] 영양왕이 姜以式
에게 정병 5만을 주어 臨渝關으로 향하게 하고 1만은 요서를 공격하였
다고 주장하는 적극적인 요서진출론도 제기되고 있다.[24] 이에 더 나아
가서 고구려가 북제시기에 요서에 진출하여 갈석에서 발해에 이르는 요
서의 해안 지대를 통치하였다는 주장도 있다.[25] 이처럼 각론에 차이를

---

17) 송기호, 2008, 「5세기 후반 高句麗의 북방 경계선」 『한국고대 사국의 국경선』,
    서경문화사.
18) 耿鐵華, 2002, 『中國高句麗史』, 吉林人民出版社.
19) 이병도, 1959, 「高句麗 對隋·唐抗爭과 濟·麗의 崩壞」 『韓國史』(古代篇), 을유문화
    사 ; 이병도, 1976, 「高句麗對隋唐抗戰」 『韓國古代史硏究』, 박영사 ; 이만열, 1978,
    「高句麗와 隋唐과의 戰爭」 『한국사』 2, 국사편찬위원회 ; 온창일, 2001, 「삼국시대
    의 전쟁」 『韓民族戰爭史』, 집문당.
20) 이용범, 1959, 「高句麗의 遼西進出企圖와 突厥」 『史學硏究』 4.
21) 이호영, 1996, 「수·당과의 전쟁」 『한국사』 5, 국사편찬위원회.
22) 서인한, 2005, 「고구려 대외 전쟁기」 『한국고대 군사전략』, 국방부 군사편찬연구소.
23) 이성제, 2000, 「嬰陽王 9年 高句麗의 遼西攻擊」 『震檀學報』 90 ; 이성제, 2005,
    「고구려와 契丹의 관계」 『北方史論叢』 5.
24) 신채호, 1982, 「朝鮮上古史」 『丹齋申采浩全集』 上, 단재신채호선생기념사업회.
25) 서병국, 2001, 「百濟와 高句麗의 遼西統治」 『실학사상연구』 19·20.

보인다하더라도 영양왕의 공격이 대수전쟁의 도화선이 되었다고 보는 것은 대부분 연구자들의 공통된 견해이다.

수양제는 612년과 613년, 614년 등 3차에 걸쳐 고구려를 침공하였다. 수양제의 고구려 침공은 고구려가 요하와 같은 장애물을 이용한 '阻水拒守',[26] 들판에서의 '堅壁淸野',[27] 城에서의 '嬰城拒守'[28]라는 대응전략을 적절히 구사하여 수나라 군은 참패한 것이다. 그런데 고구려 침공에서 수양제의 유일한 성과라는 것은, 武厲邏의 함락과 함께 通定鎭과 遼東郡의 설치에 있었다.

기존 고구려의 對隋戰 연구[29]중, 이 무려라에 대해 525~527년간에 설치되었다는 견해와,[30] 수양제 이전에 설치되었다는 견해가 제기되고 있다.[31] 무려라의 위치에 대해서는 요녕성의 新民市 遼濱塔城址이라는 주장과[32] 신민시의 高臺山 高麗城이라는 주장이 있다.[33] 또한 특정지역

---

26) 『資治通鑑』 卷181, 隋紀, 煬帝大業8年 "高麗兵阻水拒守 隋兵不得濟".
27) 『隋書』 卷64, 列傳, 來護兒 "今高麗困弊 野無靑草".
28) 『隋書』 卷81, 列傳, 高麗 "大業七年 … 高麗率兵出拒 戰多不利 於是皆嬰城拒守".
29) 이병도, 1959, 앞의 책 ; 이병도, 1976, 앞의 책 ; 이만열, 1978, 앞의 책 ; 전준현, 1988, 『조선인민의 반침략투쟁사』(고조선－발해편), 과학백과사전종합출판사 ; 서인한, 1991, 『高句麗 對隋·唐戰爭史』, 국방군사연구소 ; 임기환, 1994, 「고구려와 수·당의 전쟁」 『한국사』 4, 한길사 ; 강성문, 1996, 「麗隋·麗唐戰爭 原因考」 『國史館論叢』 69 ; 이호영, 1996, 앞의 책 ; 배항섭, 1996, 『韓國古代軍事編年史』, 국방군사연구소 ; 손영종, 1997, 『고구려사』 2, 과학백과사전종합출판사 ; 온창일, 2001, 앞의 책 ; 서인한, 2005, 앞의 책 ; 임기환, 2006, 「7세기 동북아시아 국제질서의 변동과 전쟁」 『전쟁과 동북아의 국제질서』, 일조각 ; 노태돈, 2009, 『삼국통일전쟁사』, 서울대출판부.
30) 井上直樹, 2000, 「高句麗の對北魏外交と朝鮮半島情勢」 『朝鮮史硏究會論文集』 38 ; 井上直樹, 2003, 「韓暨墓誌を通してみた高句麗の對北魏外交の一側面」 『朝鮮學報』 178.
31) 이용범, 1989, 『韓滿交流史 硏究』, 동화출판공사.
32) 松井 等, 1913, 「隋唐二朝高句麗遠征の地理」 『滿洲歷史地理』 上, 南滿洲鐵道株式會社 ; 譚其驤 主編, 1988, 『中國歷史地圖集釋文滙編』 東北卷, 中央民族學院出版社.
33) 王綿厚·李健才, 1990, 『東北古代交通』, 瀋陽出版社.

을 지칭하지 않은 채 다만 신민시에 있었다고 보면서도, 무려라의 성격
에 대해서는 요하선의 방어와 함께 대릉하 유·역으로의 진출에 의미가 있
다고 본 견해도 있다.34) 반면에 무려라가 醫巫閭山 동남쪽에 있고 그
성격도 요하서쪽 지방의 국경지대를 수비하던 방어부대라고 주장한 견
해도 있다.35) 무려라의 위치가 육로상의 요충지에 세워져야 마땅하다며
의무려산 일대라는 주장도 있다.36) 이상에서 무려라의 위치는 요녕성
신민시라는 주장과 의무려산 일대라는 의견이 각기 제기되고 있는 상황
이다.

다음으로 고구려의 대당전은 우선 당과 거란, 해, 습, 말갈, 돌궐, 설연
타, 철륵 등 요서지역의 다양한 제부족 및 제민족의 동향을 파악하여야
만 640년대와 650년대 고구려의 대당전을 동아시아사 속에서 올바르게
이해할 수 있다.37) 645년 당태종의 침공으로 개모성, 백암성, 요동성 등
이 함락하였으나, 이에 앞서 644년에 고구려군이 영주 일대를 공격한 사
건이『신당서』장검전과『책부원귀』장수부의 입공조에서 보이고 있다.
그런데 645년 전후의 대당전을 다룬 국내외의 기존연구38)에서는 645년

---

34) 노태돈, 1976,「高句麗의 漢水流域 喪失의 原因에 대하여」『韓國史硏究』13.
35) 전준현, 1988, 앞의 책.
36) 이성제, 2000, 앞의 논문.
37) 김영하, 2000,「高句麗 內紛의 국제적 배경」『韓國史硏究』110.
38) 이병도, 1959,「高句麗 對隋·唐抗爭과 濟·麗의 崩壞」『韓國史』(古代篇), 을유문
    화사 ; 이병도, 1976,「高句麗對隋唐抗戰」『韓國古代史硏究』, 박영사 ; 이만열,
    1978,「高句麗와 隋唐과의 戰爭」『한국사』2, 국사편찬위원회 ; 전준현, 1988,『조
    선인민의 반침략투쟁사』(고조선-발해편), 과학백과사전종합출판사 ; 서인한, 1991,
    『高句麗 對隋·唐戰爭史』, 국방군사연구소 ; 임기환, 1994,「고구려와 수·당의 전
    쟁」『한국사』4, 한길사 ; 강성문, 1996,「麗隋·麗唐戰爭 原因考」『國史館論叢』
    69 ; 이호영, 1996,「수·당과의 전쟁」『한국사』5, 국사편찬위원회 ; 배항섭,
    1996,『韓國古代軍事編年史』국방군사연구소 ; 손영종, 1997,『고구려사』2, 과
    학백과사전종합출판사 ; 여호규, 2000,「高句麗 千里長城의 經路와 築城背景」『
    國史館論叢』91 ; 온창일, 2001,「삼국시대의 전쟁」『韓民族戰爭史』, 집문당 ;
    姜維東, 2001,『唐麗戰爭史』, 吉林文史出版社 ; 拜根興, 2002,『激蕩50年-高句麗

요동성과 안시성 등의 요동지역 공방전에만 관심을 기우려 왔지, 644년 요서지역에서 고구려의 활동 즉 營州 선제공격 문제 등에 관심을 가지고 있지 않았던 점을 지적할 수 있다. 이는 668년 당과의 최종전까지의 출발점이라는 점에서도 중요하다. 더구나 영주의 북방 일대에 거주하였던 거란과 해의 동향을 파악한다면 이는 간과할 수 없는 문제이다.

650년대에 고구려는 吐護眞水戰과 松漠新城戰 등을 통해 거란 지역으로 진출하여 대당전을 벌였다. 이 경우 고구려에 있어 토호진수전과 송막신성전은 거란지역으로 진출하는 원정전이라는 의미가 있는데, 660년대 대당전의 향방을 가늠할 수 있는 중요한 전쟁임에도 불구하고 기존에 이에 대한 분석이 제대로 이루어지고 있지 않았다. 토호진수전은 그 발생시기에 대해서 653년[39]과 655년[40], 659년[41]으로 보는 시각이 있다. 655년설은 토호진수전에 나오고 있는 韋待價와 밀접하게 연관을 맺고 있는 당조정의 房遺愛 모반사건을 검토하지 않아 인정되기 어렵다. 659년설은 橫山戰에 고구려 온사문과 당의 설인귀가 나온 점과, 660년 黑山戰에 신문릉과 송막도독 阿卜固가 출현한 점을 염두하여 둔 견해로 보인다. 그러나 『구당서』 위정전과 『신당서』 위정전의 관련기사에 '永

與唐關係研究』, 高句麗研究會 ; 서영교, 2003, 「고구려의 對唐戰爭과 내륙아시아 제민족」 『軍史』 49 ; 이성제, 2004, 「高句麗의 對唐戰爭과 安市城 戰鬪」 『우리나라의 대외항쟁과 호국정신』, 전쟁기념관 ; 서인한, 2005, 「고구려 대외전쟁기」 『한국고대 군사전략』, 국방부 군사편찬연구소 ; 劉矩·姜維東, 2006, 『唐征高句麗史』, 吉林人民出版社 ; 임기환, 2006, 「7세기 동북아시아 국제질서의 변동과 전쟁」 『전쟁과 동북아의 국제질서』, 일조각 ; 서영교, 2006, 『羅唐戰爭史研究』, 아세아문화사 ; 박경철, 2007, 「麗唐戰爭의 再認識」 『東北亞歷史論叢』 15 ; 노태돈, 2009, 『삼국통일전쟁사』, 서울대출판부 ; 나동욱, 2009, 「7세기 중반 高句麗의 東蒙古 進出과 軍事戰略」 『韓國史研究』 144 ; 이재성, 2009, 「'麗唐戰爭'과 契丹」 『2009年度 春季學術大會』, 중앙아시아학회.
39) 한치윤, 『海東繹史』 卷8, 世紀 ; 이재성, 2009, 앞의 논문.
40) 나동욱, 2009, 앞의 논문.
41) 손영종, 1997, 앞의 책 ; 姜維東, 2003, 『唐東征將士事迹考』, 吉林文史出版社.

徽中'이라는 연도가 나오고 이것이 650~655년에 해당함으로, 659년설
은 맞지 않는다고 할 수 있다.

다음으로 고구려의 요서진출과 관련하여 주목되는 것이 654년의 송
막신성전으로, 新城은 그 명칭의 유사성으로 인해 혼란을 일으키고 있
다. 먼저 撫順新城說[42]과, 신민의 요빈탑지역으로 보는 견해,[43] 마지막
으로 내몽골 赤峰일대로 보는 견해[44]가 제기되고 있다. 이중 무순신성
설은 고구려의 영역에 거란군이 京觀을 세울 수 없다는 문제와 赤峰說
은 그 지명이 淸代의 지명이라는 문제점이 제기된다.

658년 6월 당군은 고구려의 赤烽鎭에 침공하였는데, 적봉진의 위치에
대해서는 오늘날 내몽골 노합하 상류의 赤峰으로 보는 것과[45] 무순신성
즉 고이산 산성의 평지위성으로 보는 설이 있다.[46] 그러나 赤烽鎭의
'烽'과 赤峰의 '峰'은 우선 한자 자체부터가 틀리는데, 赤峰의 명칭이 청
대에 지어진 이름으로, 몽골어인 烏蘭哈達廳을 1778년에 赤峰縣으로 바
꾼 것이 확인된다. 몽골어로 '烏蘭'은 '紅'을, '哈達'은 '山'을 의미하므
로 적봉은 1778년에 생긴 현지 몽골어의 漢譯에 불과하다.[47] 또한 3만
이라는 대군이 당군이나 거란군의 아무런 저항없이 내몽골 적봉지역까
지 도달하였는지도 의문이 생긴다.

다음으로 무순신성의 평지위성으로 보는 견해는 정명진과 설인귀가
요하를 건넜다는 기록이 없다는 문제가 제기된다. 이것은 655년 貴端水
戰의 연장선에서 658년의 적봉진전을 보아 그 위치도 현재 무순의 고이
산 산성으로 보는 것이다. 따라서 적봉진전을 내몽골의 적봉과 요동의

---

42) 姜維東, 2001, 앞의 책.
43) 津田左右吉, 1964,「安東都護府考」『津田左右吉全集』12, 岩波書店.
44) 손영종, 1997, 앞의 책.
45) 손영종, 1997, 앞의 책.
46) 王綿厚, 2002, 『高句麗古城硏究』, 文物出版社.
47) 山崎總與, 1941, 『滿洲國地名大辭典』, 日本書房.

무순지역으로 보는 것은 모두 타당하지 않다. 이처럼 640년대와 650년대에는 고구려가 요서와 내몽골지역으로 진출하여 대당전을 벌이는데, 650년대의 경우에 북한학자들은 그 위치에 대해 주로 내몽골지역으로 보고 있고 중국학자들은 요동지역으로 보고 있는 것이 특징이다.

이제 이상과 같은 연구사와 문제점을 염두하며 본고에서 다루게 될 각 장의 내용과 관점은 다음과 같다. 우선 제1장에서는 요서의 연원과 범위를 구체적으로 살펴보아, 요서가 어디를 지칭하는지 또 요서라는 명칭이 언제부터 있어왔는지 하는 문제를 확인하여 보기로 한다.

다음 제2장에서는 고구려 건국 초기와 중반기 이전의 요서진출을 다룬다. 여기서 고구려가 왜 요동마저 완전하게 확보하기 이전에 요서는 물론 중국 중원의 太原까지 진출하였는지 하는 의문을 구체적으로 분석하여 다룬다.『삼국사기』,『후한서』등에도 기록된 고구려의 초기 요서진출 즉 49년 우북평, 어양, 상곡, 태원 등지를 공격한 사건과 166년과 168년 사이에 신대왕의 유주와 병주 원정을 중심으로 초중반기의 요서진출을 구체적으로 분석하여 보기로 한다.

제3장에서는 광개토왕대 전후의 요서공략을 다루기로 한다. 광개토왕은 391년 거란을 원정하고 돌아온 뒤 395년에 패려를 공격하였는데, 수많은 우마군양을 거느리고 양평도를 통해 개선하였다. 본고에서는 광개토왕비의 395년조와 관련하여 그것이 '牛馬群羊 不可稱數'라는 점을 주목하여 패려의 위치가 요하이서 지역에서 찾을 수밖에 없다는 논점을 일차적으로 제기하려 한다. 또한 광개토왕비의 407년조와 관련해서는 그것이 대후연전이라는 기본인식 아래에, 그와 불과 10여년 전에 벌어진 북위의 대후연전인 參合陂戰 등을 중심으로 하여 광개토왕대의 요서공략을 사료적 각도에서 다루기로 한다.

제4장에서는 장수왕대 고구려군의 요서진출과 서방경계 문제를 알아본다. 고구려군은 436년 북연국도 화룡에 진출하는데, 이 문제에 대하여

기존의 연구에서는 고구려군의 수동적 또는 소극적 진출론이 다수를 이루어 왔다. 그러나 이러한 관점에 대해서는 화룡에 들어간 고구려군이 무기고를 부수고 병기를 탈취하며 미녀들을 약탈하였다는 것과 화룡만호를 이끌고 고구려로 귀환했다는 점만 보아도 의문이 제기된다. 따라서 본고에서는 436년 고구려군의 화룡진출과 그 이후에 고구려의 서방경계에 어떠한 변화가 이루어 졌는지 하는 문제에 대하여 중점을 두고 고찰하고자 한다.

제5장에서는 고구려와 수나라의 전쟁시기에 이루어진 요서진출 문제를 다루기로 한다. 이 시기를 다룬 기존연구에서 역시 관심을 가지고 있지 않았던 사안인 고구려가 요하 이동에서 주전선을 형성하고 요하 이서 및 대릉하 이서 지역으로는 진격하지 않았는지 하는 문제를 중심으로 하여 고구려와 수의 전쟁을 파악하고자 한다.

제6장에서는 고구려와 당의 전쟁을 다루면서 요서진출 문제를 고찰하였다. 644년 고구려군의 영주 선제공격이 고구려와 당의 최초 전쟁이라는 점을 제기하려 한다. 또한 650년대에는 토호진수전과 송막신성전, 적봉진전 등을 통하여 고구려의 요서진출 문제를 다루기로 한다. 특히 송막신성전이 무순신성에서 벌어졌다는 기존연구와는 달리 그것이 내몽골 송막신성에서 발생하였다는 분석을 새롭게 제시하고자 한다.

이상 각장에서 다루어야할 분야와 관점을 알아보았다. 이제 건국 초기부터 650년대까지 고구려의 요서진출에 대한 구체적인 실상을 살펴보고, 그 배경은 어떠하였는지 또 그것이 의미하는 바가 무엇인지 등을 고찰하기로 한다. 이와 같은 사실을 토대로 제7장에서 고구려의 요서진출 연구에 대한 결론을 매듭짓고자 한다.

2. 遼西와 遼東의 區分과 範圍

앞장에서 제기한대로 본론에 들어가기 전에 遼西가 어디를 지칭하는
지, 그리고 그 명칭이 언제부터 있었는지 하는 문제 등부터 알아보자.
요서는 현재 중국에서 보통 '동북지방'으로 명칭을 칭하고 있는 지역의
일부에 해당한다. 먼저 자연 지리적 환경을 살펴보면, 요서는 행정구역
상 중국 遼寧省 서쪽 일부와 內蒙古自治區 남부 일대에 걸쳐 있는 지역
으로, 동으로는 遼河와 西遼河 그리고 시라무렌(西拉木倫)하가 상류로
이어져서 요하 동쪽의 요동과 구분되고 있다. 서쪽으로는 燕山山脈과
七老圖山에서 흘러 내려오는 灤河가 있어 이것이 중원대륙의 華北과 경
계를 이루고 있다.

〈사진 1〉 내몽골 開魯縣 서쪽의 西遼河 상류

〈사진 2〉 盤山가는 길의 雙台子河 下流

　　요서를 남북으로 비스듬하게 가르는 축은 努魯兒虎山 산맥이다. 노로
아호산 산맥의 남쪽에는 朝陽을 중심으로 大凌河와 小凌河가 있고 대릉
하는 醫巫閭山 아래로 동남류하여 遼東灣으로 흘러들어 가고 있다. 노
로아호산 산맥의 북쪽지방은 이 산맥줄기에서 내려오는 英金河, 老哈河,
孟克河, 敎來河가 동북으로 흘러 들어가 시라무렌하와 합류해 서요하를
이루고 요하 본류와 합류한다. 요하는 그 원류가 동, 서로 나뉘고 있는데
내몽골 赤峰 경내의 칠로도산 부근에서 노합하가 발원해 開魯縣 서남쪽
에서 시라무렌하와 합류하고 그곳에서 서요하가 이어지기 시작한다. 개
로현과 通遼市 남쪽에는 거대한 사막지구인 科爾沁沙地가 형성되어 있
어 모래 바람을 일으킨다. 동요하는 길림성 東遼縣의 哈達嶺에서 발원
해 서남으로 흘러 요녕성 昌圖縣 서북 山東屯 북쪽 부근에서 서요하와
만난다.
　　현재 요서와 요동을 나누는 중요한 하천인 요하는 전장 1,413km로 서

요하와 동요하가 합류하여 요하 본류를 이루며 요동만으로 흘러가는 큰 강이다. 그런데 특기할 사항은 요하 하류에 雙台子河가 형성된 것은 19세기 후반의 일이라는 점이다. 1861년에 요하 하류 부근인 盤錦市 六間房 근방에 홍수로 요하가 범람하여 쌍대자하가 만들어졌다는 것이다. 이후 요하 수역에 강물이 집중되지 않아 날로 泥沙가 충적하여 沙洲만 증가하여 지금의 반금시 이남의 요하 三角洲 서쪽에 작은 灣이 형성된 것도 20세기 상반의 일이었다는 것이다.

요하 하류 구간은 반금시 六間房 이하 부분부터 두 갈래로 나뉜다. 하나는 동남류 구간으로 육간방부터 시작하여 渾河, 太子河가 만나는 三岔河까지는 外遼河로 불리는데 수량의 대부분을 1958년 전까지는 쌍대자하에 빼앗겼다. 즉 1958년 육간방 부근에 제방을 쌓은 다음부터 대요하로의 물길이 끊겨 요하 수량의 전부가 쌍대자하로 흘러갔다는 것이다.[48] 삼차하에서 혼하, 태자하를 합류하는 요하 본류를 大遼河라고 하는데 이 본류가 營口를 지나 요동만으로 흘러간다. 대요하는 요하의 본류답게 외요하보다 수량도 많고 하폭도 넓다.

또 다른 하나는 앞서 언급한대로 서남류 구간으로 흐르는 쌍대자하를 말할 수 있다. 이 강은 盤山을 지나 東沙河, 西沙河, 繞陽河와 합친 물줄기와 합류하여 요동만으로 빠진다.[49] 고대에 있어 遼澤은 閭陽과 溝幇子 동쪽에 있는 서사하와 요양하 하류 구간부터 시작하는데, 갈대와 진흙이 무성한 약 2백리에 걸쳐 펼쳐지는 泥潦지역이다. 당태종이 고구려 침공을 전후할 때에 이 요택을 지나가게 되는데 "人馬不可通"이니, "布土爲橋"니, "剪草塡道"라는 기록이 나올 만큼 험난한 길이었다. 요하 유역은 산지와 구릉이 71%, 평원이 23%, 기타 沙丘와 저습지대로 구

---

48) 遼寧省地方志編纂委員會辦公室 主編, 1999, 『遼寧省志(公路水運志)』, 遼寧人民出版社, 291~292쪽.

49) 雙台子는 盤山의 土名으로, 營口~錦州간 街道의 농촌지대로 본래 荒蕪地였다고 한다(山崎總輿, 1941, 『滿洲國地名大辭典』, 日本書房, 715쪽).

〈사진 3〉營口인근의 遼河下流

성되어 있으며, 온대 계절풍의 대륙성기후에 속한다. 강우량은 일년 중 6월부터 9월 사이에 집중하며, 이때는 집중 호우로 요하 하류가 범람하기도 한다.

요하의 중류와 하류는 인위적 및 자연적 영향으로 河道 및 해안선이 10세기 이래 많이 변천하였다. 10세기 이전의 고해안선은 盖州로부터 大石橋 서북으로 해서 牛庄과 沙嶺을 잇는 선이었으나, 시라무렌하와 노합하 유역에서 농토로 쓸 목적으로 10세기 무렵에 거란족이 포로로 잡아온 발해인 등을 이용하여 초원을 개간하였다. 또 金代 이후 과이심 사지 등의 사막 즉 서요하 상류 일대를 농경지로 무차별 개간하자 요하에 泥沙가 불어나 河道가 변동하게 되었다. 명대의 요하 하류는 지금 營口 부근에서 부터 시작하여 서북쪽으로 향해 沙嶺 남쪽 25km 떨어진 吳家 부근이었다. 영구는 청대 초기까지만 해도 본래 요하 하구 밖의 모래섬에 불과하였으나, 泥沙가 쌓이게 됨에 따라 19세기 전반에 이르러 겨우 육지와 맞붙게 되었다. 이후 요하 하구는 영구 밖으로 늘어나게 되었다. 지금도 요하 하구는 밖으로 뻗어나가고 있다. 그 이유는 동요하가 流程이 짧은데 비해 流量이 많고, 서요하는 流程이 길은데 비해 니사를 다량 함유하였어도 유량은 적기 때문이다. 니사는 요하 하류에 충적되고 輸沙는 쌓이게 되어 요하 하류 삼각주는 더욱 확대되었다.[50]

요동만은 外遼河, 渾河와 太子河가 만나 대요하를 이루는 요하 하구 삼각주와 동사하와 서사하, 요양하가 만나 이루는 쌍대자하 하구 삼각주와 牤牛河, 細河가 합류하여 이루는 대릉하 하구 삼각주 등 3개의 대형 하천이 교차하는 지대이다.

다음으로 요하 渡河路에 대해 알아보고자 한다. 고대의 요하 도하로에는 南路와 中路, 北路가 있는데, 남로는 海城市의 牛庄부근에서 요하 하류를 건너 建安城에 이르고 중로는 懷遠鎭에서 요하를 건너 馬首山을 거쳐 요동성에 이르고 북로는 通定鎭에서 요하를 건너는 길이었다.[51] 또한 남로는 汝羅道라 칭하며 營州(柳城)~燕郡~汝羅~遼隊~襄平이었고, 중로는 懷遠道라 하며 懷遠鎭(無慮)~險瀆~唐馬寨~襄平에 이르는 길이며 북로는 新城道로 通定鎭~玄菟(新城) 구간이라는 견해도 있다.[52] 역사상 남로는 이미 毌丘儉과 司馬懿 등 왕래한 흔적이,[53] 중로는 4세

---

50) 中國科學院, 1982, 『中國自然地理』, 科學出版社, 229쪽 ; 류제헌, 1999, 『중국역사지리』, 문학과지성사, 93~94쪽.

51) 金毓黻, 1941, 『東北通史』, 洪氏出版社, 326~327쪽.

52) 王綿厚, 1986, 「唐 營州至安東 陸路交通地理考實」 『遼海文物學刊』 1, 77~81쪽 ; 王綿厚·李健才, 1990, 「隋唐兩代東征之陸路交通道」 『東北古代交通』, 瀋陽出版社, 138~161쪽.

53) 『三國志』 卷8, 魏書, 公孫度傳 "景初元年 乃遣幽州刺史毌丘儉等齎璽書徵淵 淵遂發兵 逆於遼隧 與儉等戰 儉等不利而還 淵遂自立爲燕王 … 二年春 遣太尉司馬宣王征淵 六月 軍至遼東 淵遣將軍卑衍楊祚等步騎數萬屯遼隧 圍塹二十餘里 宣王軍至 令衍逆戰 宣王遣將軍胡遵等擊破之 宣王令軍穿圍 引兵東南向 而急東北 卽趨襄平 衍等恐襄平無守 夜走 諸軍進至首山 淵復遣衍等迎軍殊死戰 復擊 大破之 遂進軍造城下 爲圍塹 會霖雨三十餘日 遼水暴長 運船自遼口徑至城下 雨霽 起土

기 전반 慕容皝과 慕容仁의 대립에 그 용례가 확인되고 있다.[54] 북로가
수양제의 고구려 침공 이전에 사용된 사례가 현재까지 사료에서 확인되
고 있지 않는 것을 본다면 중로는 요하 도하로의 전통적인 노선에 해당
한다고 할 수 있다. 물론 남로와 중로가 요하 이서에서 요동의 핵심인
요동성으로 접근하는 단축노선이었다면 북로는 그에 대한 우회 노선이
었다고 판단된다.

  이제 본론으로 돌아와 遼西라는 명칭의 연원과 그 범위를 알아보자.
우선 요서라는 명칭은 戰國 燕이 장성을 쌓으면서 설치하였다는 5郡에
서 遼西郡이 처음 나오고 있음이 확인된다.

> 그 후 燕의 賢將 秦開가 胡에 質로 가 있으면서 胡의 甚信을 얻었다. 그가
> 돌아온 후 襲破하자 東胡는 패주하였다. 이때 동호는 천 여리나 물러갔다. …
> 연 역시 장성을 쌓았는데 造陽에서부터 襄平에 이르렀다. 上谷, 漁陽, 右北
> 平, 遼西, 遼東郡을 설치하여 胡를 막았다.[55]

山 脩櫓 爲發石連弩射城中 淵窘急 糧盡 人相食 死者甚多 將軍楊祚等降 八月丙
寅夜 大流星長數十丈 從首山東北墜襄平城東南 壬午 淵衆潰 與其子脩將數百騎
突圍東南走 大兵急擊之 當流星所墜處 斬淵父子 城破 斬相國以下首級以千數 傳
淵首洛陽 遼東 帶方 樂浪 玄菟悉平 … 始度以中平六年據遼東 至淵三世 凡五十
年而滅".
『晋書』卷1, 帝紀, 宣帝 "景初二年 帥牛金 胡遵等步騎四萬 發自京都 … 經孤竹
越碣石 次于遼水 文懿果遣步騎數萬 阻遼隧 堅壁而守 南北六七十里 … 乃泛舟潛
濟以出其北 與賊營相逼 沈舟焚梁 傍遼水作長圍 棄賊而向襄平 … 男子年十五已
上七千餘人皆殺之 以爲京觀 … 收戶四萬 口三十餘萬".
『資治通鑑』卷74, 魏紀, 明帝景初2年(238) "斬淵父子於梁水之上 懿旣入城 誅其
公卿以下及兵民七千餘人 爲京觀".
54)『晋書』卷109, 載記, 慕容皝 "皝庶兄建威翰驍武有雄才 素爲皝所忌 母弟征虜仁
廣武昭並有寵於廆 翰亦不平之 及廆卒 並懼不自容 至此 翰出奔段遼 仁勸昭擧兵
廢皝 皝殺昭 遣使按檢仁之虛實 遇仁於險瀆 仁知事發 殺皝使 東歸平郭 … 皝自
征遼東 克襄平".
55)『史記』卷110, 匈奴列傳 "其後 燕有賢將秦開 爲質於胡 胡甚信之 歸而襲破走東
胡 東胡却千餘里 … 燕亦築長城 自造陽至襄平 置上谷 漁陽 右北平 遼西 遼東郡
以拒胡".

〈사진 4〉 義縣에서 北鎭으로 넘어가는 길 중의 醫巫閭山

　앞에서 '요서'라는 명칭은 郡의 칭호로서『사기』흉노열전에 처음 등
장하고 있음을 보여 주고 있다. 요서는 이처럼『관자』지수편56)에 등장
하는 '遼東'보다도 출현시기가 늦고 있는데, 이는 요서가 요동의 對稱으
로 출현하였을 가능성이 있기 때문이다.57) 그렇다면 고대의 요서와 요
동의 경계는 어디인가. 이 문제는 우선『한서』지리지 요동군조와『후한
서』군국지의 遼東屬國條에 無慮縣이 들어가 있는 점을 주목할 수 있
다. 무려현은『후한서』효안제기 6(112)년 8월조에 "遼東鮮卑가 無慮縣
을 에워 쌓다."라는 기사에서 그 위치를 가늠할 수 있고 唐李賢의 주에
는 "요동군에 속하고 慮音은 閭, 醫巫閭山이 있어 이름을 얻었다."58)와,

---

56)『管子』卷23, 地數 "齊有渠展之鹽 燕有遼東之煮 此三者亦可以當武王之數".
57) 권오중, 1996,「古代 遼東郡의 位置問題 試論」『吉玄益敎授停年紀念史學論叢』,
　　66쪽.
58)『後漢書』孝安帝紀 "元初 二年 … 八月 … 屬遼東郡 慮音閭 有醫巫閭山 因以爲
　　名焉".

『후한서』 군국지의 요동속국조에도 무려현에 대해 “有醫無慮山”으로
나오고 있음이 참조된다. 이로 보면 무려현은 의무려산의 동남쪽 인근지
역에 있었다고 생각된다.

또한 『한서』 지리지 요동군조와 『후한서』 군국지 요동속국조에 험독
현과 房縣이 들어가 있는 점도 주목된다. 험독현은 『한서』 지리지의 應
劭註에 “朝鮮王滿都也 依水險 故曰險瀆”이라 하였고 『진서』 모용황전
에 “險瀆 仁知事發 殺覩使 東歸平郭”으로 되어 있으며,[59] 『한원』에는
平郭이 建安城으로 나오고 있다.[60] 험독은 현재 요하 서쪽에 있는 台安
縣의 孫城子古城으로 인정되고 있으며,[61] 房縣도 요하 하류 서쪽 大洼
縣의 鹽灘遺址로 비정되고 있다.[62]

『후한서』 동이열전 고구려전에는 “고구려는 요동의 동쪽 천리 떨어진
곳에 있다. 남쪽은 朝鮮濊貊과 동쪽은 옥저, 북쪽은 부여와 접하였다.
땅은 사방 2천리이다.”[63]라는 기사도 유의된다. 『후한서』 동이열전 고
구려전에서 말하는 ‘요동’이 오늘날 요하의 동쪽을 지칭한다고 보기에는
다소 무리가 있다. 따라서 적어도 전한과 후한이 존재하던 시기까지 요
서와 요동의 경계는 현재 요하의 본류가 아닌, 대릉하 하류와 의무려산
을 잇는 界線이었을 것으로 판단된다.

그런데 삼국과 진의 시기를 거치는 동안에 요동이라는 말이 현재 요
하의 동쪽을 가리키는 것으로 변하고 있었다. 이는 『진서』 지리지에 보
이는 平州 관할하의 요동국에 요하 서쪽의 속현이 보이고 있지 않기 때
문인데,[64] 이는 『진서』 段匹磾傳에서 “據有遼西之地 … 東界遼水”[65]라

59) 『晉書』 卷109, 載記, 慕容皝 “遇仁於險瀆 仁知事發 殺覩使 東歸平郭 … 皝自征
遼東 克襄平”.
60) 『翰苑』 高麗 “高麗記曰 平郭城 今名建安城 在國西 本漢平郭縣也”.
61) 遼寧省博物館編, 1962, 『遼寧史蹟資料』, 內部資料, 53쪽.
62) 孫進己·馮永謙 總纂, 1989, 『東北歷史地理1』, 黑龍江人民出版社, 281쪽.
63) 『後漢書』 卷85, 東夷列傳, 高句驪 “高句驪在遼東之東千里 南與朝鮮濊貊 東與沃
沮 北與夫餘接 地方二千里”.

〈사진 5〉 朝陽 서북방의 努魯兒虎山 山脈

는 기사에서도 이를 확인할 수 있다. 행정구역으로서의 요서군은 전후한
과 삼국, 진의 시대를 걸쳐 당의 시대 이후 사라졌지만 요서는 요하의
서쪽이라는 개념으로 살아남았다. 명대의 문헌인『요동지』지리편에서
도 "요서는 요동과 요서를 나누는 말인데 그 경계는 요하의 동과 서이
다."[66]라고 하고 있거나,『요동지 』외지편에서는 "요서는 요수의 서쪽
에 있어 요서라고 한다."[67]라는 기록은 무시될 수 없다. 따라서 삼국과
진의 시대 이후에 요서의 범위는 발해만으로 흐르는 요하 본류와 서요하
그리고 시라무렌하 이남과 난하 이동을 잇는 그 안의 지역을 지칭한다고
할 수 있다.[68]

---

64) 『晋書』卷14, 地理志 "(平州)遼東國 襄平 汶 居就 樂就 安市 西安平 新昌 力城".
65) 『晋書』卷63, 列傳, 段匹磾 "段匹磾 東部鮮卑人也 … 封遼西公 … 據有遼西之地
　　而臣御晋人 其地西盡幽州 東界遼水".
66) 『遼東志』卷1, 地理 "又兼遼西而言其分遼東遼西者以其界乎 遼河之東西也".
67) 『遼東志』卷9, 外志 "遼西以在遼水之西故曰遼西".
68) 수와 당의 시대에 들어오면서 요동의 범위가 넓어져 현재의 요하 이동이 아닌 山

구체적으로 요서의 범위는 좀 더 후대에 내려오면 그 명칭이 다양화
된 것으로 보인다. 이는 후대인들이 努魯兒虎山 중심으로 그 이북과 이
남의 자연환경이 매우 다르다는 점을 보다 세밀하게 인식하였기 때문일
것이다. 즉 노로아호산 북쪽지역은『위서』거란전과 고막해전 및『북사』
거란전에는 '松漠之間'으로,『신당서』거란전과『요사』세표에는 '潢水
의 남과 黃龍의 북'으로 표기되어 있다.『후한서』오환전과『위서』연연
전에는 '漠南' 또는 '漠北',『요사』영위지에는 '大漠之間'으로도 표기
되어 있는 점도 확인할 수 있다. 현재 중국도 노로아호산 북쪽에 있는
초원과 사막지구는 內蒙古自治區로, 그 이남의 구릉과 평야지대는 요녕
성에 포함시키고 있는 점에서도 그렇다.

요서의 명칭과 관련하여 후대에 등장하는 몽골(蒙古)이라는 호칭도
있다. 이 말은 주지하는 대로 成吉思汗의 몽골제국이 성립하는 13세기
초부터 성행하던 명칭이었다.[69] 그런데 몽골이라는 호칭 중에 '동몽골'
이란 용어는 근대 이후에 일반화된 개념으로 오늘날 내몽골의 대흥안령
산맥 지구와 거의 일치하는 지역에 해당한다.[70] 현재 보통 요서하면 요
하의 본류 서쪽을 지칭하지만 경우에 따라서 노로아호산을 중심으로 그
이남은 요서로 그 이북은 내몽골 또는 동몽골로 좀 더 세분화하여 부를
수 있다.

한편 요서의 서쪽 경계에 대하여『사기』효무본기의 기사에서 한무제
가 기원전 110년경 요서에 온 사실에서 파악된다. "上은 마침내 떠나 해
상을 따라 북의 碣石에 이르렀다. 요서로부터 순수하여 北邊을 거쳐 九
原에 이르렀다."[71]라는 기사를 볼 때 갈석 부근에서 부터 요서가 시작된

海關 동쪽이었다는 주장도 있다(김한규, 2004,『요동사』, 문학과지성사, 56쪽).

69) 白鳥庫吉, 1970,「蒙古民族起源」『白鳥庫吉全集(塞外民族史研究 上)』, 岩波書店,
   24쪽.
70) 關東都督府 陸軍部 編, 1915,『東蒙古』, 宮本武林堂, 3쪽.
71)『史記』卷12, 孝武本紀 "上乃遂去 並海上 北至碣石 巡自遼西 歷北邊至九原 …

〈사진 6〉 하북성 昌黎에서 唐山 가는 길의 난하

것임을 알 수 있다. 『한서』 지리지 요서군조에서 속현이 14개이고, 『후한서』 군국지 요서군조에서는 5개로 나와 있는 점에서도 이를 다시 확인할 수 있다. 肥如縣은 『한서』 지리지에 "玄水는 동으로 濡水로 들어간다. 濡水는 남으로 해양으로 들어간다."로 나오고 있다. 『水經注疏』[72] 에 의하면 '濡'의 발음이 '灤'과 같다고 하여 濡水가 오늘날 灤河로 판단된다. 따라서 한대와 후한대에 걸쳐 요서와 중원대륙의 경계는 현재의 난하로 인식되었음을 알 수 있다.

以今年爲元封元年".
72) 楊守敬, 1989, 『水經注疏』, 江蘇古籍出版社, 1247쪽.

제2장

慕本王과 新大王代 高句麗의 遼西遠征

1. 慕本王代의 遼西遠征

고구려가 '國內地域'[1]에 도읍으로 하던 때는 遼東郡, 玄菟郡 등 중국 郡縣과의 투쟁을 통하여 고구려의 국가발전을 이루고 있던 시기였다. 新의 王莽은 기원후 11년부터 흉노에 대한 공격을 감행하였는데, 왕망이 이때 고구려병을 요청한 것은 흉노에 대한 대비 목적이 있었다고 보여진다. 왕망은 12년에 고구려병을 발하여 흉노 또한 정벌하려 하였다.

A-1) 莽이 高句驪兵을 발하여 胡를 벌하는데 충당하고자 하였다. 不欲行하자 郡은 강박하였다. 모두 도망하여 出塞하였다. 인하여 犯法하고 침구하였다. 遼西大尹 田譚이 추격하였으나 도리어 所殺되었다. 州郡은 高句驪侯騊에게 허물을 돌리었다. 嚴尤가 奏言하기를 "貉人이 犯法하고 있으나 騊로부터 不起하고 它心이 바로 있는 것이니 마땅히 州郡들로 하여금 慰安하게 하는 것이 좋습니다. 지금 함부로 그들에게 大罪를 묻게 되면, 그들이 반란을 일으킬까 걱정됩니다. 夫餘之屬 중에 반드시 추종하는 자가 있을 것입니다. 匈奴를 극복치 못한 이때에 夫餘와 穢貉이 또다시 일어난다면 이는 큰 걱정거리입니다라고 하였다." 망이 慰安하지 못하고 穢貉이 마침내 반란을 일으키니 尤에게 詔를 내려서 치게 하였다. 우가 高句驪侯騊를 유인하여 참하고 그 머리를 長安으로 보냈다. 망이 크게 기뻐하여 下書하여 말하기를 "지난번에 猛將을 보내 삼가 天罰을 시행하여 虜를 주멸하고 12部로 나누어, 혹 그 右臂를 자르기도 하고, 혹 그 左腋을 베기도 하며, 혹 그 胸腹을 무너뜨리기도 하며, 혹 그 兩脅을 추리기도 하였다. 今年의 형벌은 먼저 東方에 있는, 貉之部를 誅하는 것이다. 虜騊를 잡아 斬하고 東域이 평정되었으니, 虜가 殄滅하는 것도 漏刻에 달려 있다. 이는 天地羣神과 社稷宗廟가 돕는 福이니, 公卿大夫

---

1) 여기서 '국내지역'이라고 한 것은 도성으로서 국내성의 축조시기가 『삼국사기』에 불분명하여 그렇게 표기한 것이다.

와 士民들은 同心으로 용맹한 힘을 따라야 할 것이다. 나는 그것을
심히 가상하게 여긴다. 高句驪를 下句驪라 更名하고, 天下에 布告하
여 모두 알게 하도록 하라." 이로부터 貉人이 犯邊하는 일이 더욱 심
해졌다. 東北과 西南夷 모두 亂을 일으켰다.[2]

A-2) 王莽初 句驪兵을 발하여 匈奴를 벌하려 하였으나 其人이 不欲行하
여 彊迫으로 보냈다. 모두 도망 出塞하여 寇盜하였다. 遼西大尹 田
譚이 追擊하다 戰死하였다. 莽이 장군 嚴尤에게 영을 내려서 치게
하였다. 句驪侯騶를 유인하여 入塞한 후 참하고 그 목을 長安으로
전하였다. 莽이 크게 기뻐하고 高句驪王을 下句驪侯로 更名하였다.
이로부터 貉人이 寇邊하는 일이 더욱 심해졌다. 建武8년(32) 고구려
가 遣使朝貢하였다. 光武가 그 王號를 다시 주었다.[3]

A-3) 王莽初 高句麗兵을 발하여 胡를 벌하려 하였으나 不欲行하여 彊迫
으로 보냈다. 모두 도망 出塞하여 寇盜하였다. 요서대윤 전담이 추격
하다 所殺당하였다. 州郡縣이 그 책임을 句麗侯駒에게 물었다. 嚴尤
가 奏言하기를 "貉人이 犯法하나 죄가 駒로부터 不起하니 이를 安
慰함이 좋을 것입니다. 지금 너무 大罪를 내리면 장차 배반할까 두
렵습니다." 망이 듣지 않고 우에게 詔를 내려 이를 치게 하였다. 우
가 句麗侯駒를 유인하여 그가 도착하자 참하고 그 목을 長安으로 보
냈다. 망이 크게 기뻐하며 天下에 布告하여 高句麗를 下句麗라 更名
하였다. 이때에 侯國이 되었다. 漢 光武帝 8년(32) 高句麗王이 遣使
朝貢하였다. 비로소 稱王을 하였다.[4]

---

2) 『漢書』卷99, 王莽傳, "莽發高句驪兵 當伐胡 不欲行 郡强迫之 皆亡出塞 因犯法
爲寇 遼西大尹田譚追擊之 爲所殺 州郡歸咎於高句驪侯騶 嚴尤奏言 貉人犯法 不
從騶起 正有它心 宜令州郡且慰安之 今猥被以大罪 恐其遂畔 夫餘之屬必有和者
匈奴未克 夫餘穢貉復起 此大憂也 莽不尉安 穢貉遂反 詔尤擊之 尤誘高句驪侯騶
至而斬焉 傳首長安 莽大說 下書曰 乃者 命遣猛將 共行天罰 誅滅虜知 分爲十二
部 或斷其右臂 或斬其左腋 或潰其胸腹 或紬其兩脅 今年刑在東方 誅貉之部先縱
焉 捕斬虜騶 平定東域 虜知殄滅 在于漏刻 此乃天地羣神社稷宗廟佑助之福 公卿
大夫士民同心將率虓虎之力也 予甚嘉之 其更名高句驪爲下句驪 布告天下 令咸知
焉 於是 貉人愈犯邊 東北與西南夷皆亂云".

3) 『後漢書』卷85, 東夷列傳, 高句驪, "王莽初 發句驪兵以伐匈奴 其人不欲行 彊迫
遣之 皆亡出塞爲寇盜 遼西大尹田譚追擊 戰死 莽令其將嚴尤擊之 誘句驪侯騶入塞
斬之 傳首長安 莽大說 更名高句驪王爲下句驪侯 於是 貉人寇邊愈甚 建武八年 高
句驪遣使朝貢 光武復其王號".

4) 『三國志』卷30, 東夷傳, 高句麗, "王莽初發高句麗兵以伐胡 不欲行 彊迫遣之 皆

　위의 기사들은 비록 新 왕망의 요청에 의한 것이기는 하지만, 기원후 12년에 高句驪兵이 塞內外에 진출하는 사례라는 점에서 주목된다. 왕망이 고구려병을 징발한 것은『한서』흉노전에 나오는 '郡國의 용사를 발하여 武庫精兵으로 각각 둔수'와 관계가 있는 것으로, A-1)에 "郡은 강박하였다."와 A-1)과 A-3)에 '州郡'이 이와 관련이 있다고 보인다. 군국의 용사를 징발하겠다는 왕망의 계획은 현도군도 예외는 아니었을 것이다. 때문에 '고구려병'도 현도군을 매개로 왕망에 징발당하였다고 생각할 수 있다. 당시 고구려와 현도군은『삼국지』고구려전에 "항상 현도군으로부터 朝服衣幘을 받았다. 高句麗令이 그 名籍을 주관하였다. 후에 점점 驕恣하여 不復詣郡하였다."[5]라고 하여 그 관계를 짐작할 수 있다. 그러나 왕망의 징발에 대항하여 고구려병은 "모두 도망하여 出塞하였다. 인하여 犯法하고 침구하였다."로 나오는데, 이는 고구려가 왕망에 징발에 저항하려 하였던 것으로 보여 진다. 이런 것은 위에서 예를 들은 『삼국지』고구려전의 '불복예군'이라는 표현과도 일맥상통한다. A-1)과 A-2), A-3)에 고구려병이 모두 '不欲行'과 '皆亡出塞'한 점도『삼국지』고구려전의 '불복예군'과 의미상에 있어 그 궤를 같이 한다고 생각된다.

　왕망이 고구려병을 발하여 벌하는 대상은 A-1)과 A-3)은 胡로, A-2)의 『후한서』고구려전에만 흉노로 기재되어 있다. 왕망이 징발한 고구려병의 실체가 현도군 고구려현의 고구려인이라는 것과,[6] A-1)에서 나오는 '高句驪侯騶'에 대해 주몽의 고구려와는 관계없는 현도군 고구려현의 縣侯였고 엄우에게 피살당한 자도 비류국 송양왕이었다고 보는 견해가

　　亡出塞爲寇盜 遼西大尹田譚追擊之 爲所殺 州郡縣歸咎于句麗侯騶 嚴尤奏言 貊人犯法 罪不起于騶 且宜安慰 今猥被之大罪 恐其遂叛 莽不聽 詔尤擊之 尤誘期句麗侯騶至而斬之 傳送其首詣長安 莽大悅 布告天下 更名高句麗爲下句麗 當此時爲侯國 漢光武帝八年 高句麗王遣使朝貢 始見稱王".

5)『三國志』卷30, 東夷傳, 高句麗, "常從玄菟郡受朝服衣幘 高句麗令主其名籍 後稍驕恣 不復詣郡".

6) 朴燦奎, 2009,『三國志·高句麗傳 硏究』, 吉林人民出版社 24쪽.

있다.[7] 여기서 '고구려후추'를 주몽의 '추모'로 보기도 하나,[8] 주몽은 기원전 20년에 사망하였고 신의 왕망은 기원후 9년부터 23년까지 재위한 바 있다. 그럼으로 A-1)과 A-2), A-3)의 기사가 기원후 12년의 사건임으로 고구려후추와 추모와는 관계가 없다.[9]

A-1)에서 "夫餘之屬 중에 반드시 추종하는 자가 있을 것입니다. 흉노를 극복치 못한 이때에 夫餘와 穢貊이 또다시 일어난다면 이는 큰 걱정거리입니다."라고 하는 것에서 왕망이 흉노를 앞에 두고 고구려와 부여와의 연계 가능성을 염려하고 있는 부분도 주시된다. 당시 '부여지속'에 부여와 예맥이 있다는 것을 언급하였다는 점이다. 이는 왕망의 五威將이 파견되는 東出者에 부여, 고구려, 현도, 낙랑 등이 기록되어 있다는 점과도 통한다. 부여지속의 예맥은 A-1) 앞 부분의 貊人을 말함으로, A-1)의 마지막 부분에서는 "이로부터 貊人이 犯邊하는 일이 더욱 심해졌다."라며 맥인이 다시 등장하고 있다. A-2)에서는 "이로부터 貊人이 寇邊하는 일이 더욱 심해졌다."라고 하고 있어 맥인이 '범변', '구변'하는 일이 잦아지고 있음이 확인된다. '범변'과 '구변'하는 대상이 고구려병이 아닌 '맥인'이라 표기한 점으로 보아 '범변'과 '구변'에는 고구려병 뿐만 아니라 범맥인은 이에 모두 해당할 것으로 생각된다.

마지막으로 A-2)의 『후한서』고구려전에 "句驪侯騶를 유인하여 入塞한 후 참하고 그 목을 長安으로 전하였다."라고 하는 데서 '고구려후추'를 참한 시점과 장소를 '입새'라고 한 점이다. '塞'는 『史記』蒙恬列傳에는 秦이 '險塞'를 만들어 장성을 쌓았다고 하는 데서도 알 수 있듯이,

---

7) 朴燦奎, 앞의 책, 13~27쪽.
8) 劉子敏·苗威, 『中國正史「高句麗傳」詳注及研究』, 香港亞洲出版社, 9쪽.
9) 엄우에게 피살당한 자는 『삼국사기』에 '我將延조'로 나오고 있는 것처럼 고구려의 한 장수에 해당함이 타당하다(이병도 역주, 1983, 『삼국사기』, 267쪽 ; 기수연, 2005, 『후한서 동이열전 연구』, 136쪽 ; 김미경, 2009, 「고구려 건국 문제를 통해 본 '지방정권론'이 내용과 비판」, 『중국의 통일국가론으로 본 고구려사』, 96쪽).

새는 북방의 흉노를 대비한 것으로 판단할 수 있다.[10]『한서』흉노전에는 "長城 이남은 天子가 소유하고 장성 이북은 單于가 소유한다. 犯塞하면 이를 바로 알린다."[11]라고도 나오고 있다. 또 A-1)과 A-2), A-3)에서도 '出塞'와 '入塞'가 보이고 있다는 점은 이 기사가 흉노와 관련이 있다고 역설적으로 말해 준다. 따라서 '출새'와 '입새'라는 표현을 감안하다면 기원후 12년 경에 고구려군이 장성 근방의 새내외 지역에 진출한 것으로도 해석할 수 있다. 결국 요서대윤이 고구려병을 추격한다는 점을 고려할 때에, 새내외라는 것을 좀 더 구체적으로 적시하면 그것은 우북평, 어양, 상곡 등 邊郡에 속한 長城內外의 지역임은 분명하다.

다음으로 기원후 49년 봄 고구려의 모본왕이 장수를 보내어 右北平, 漁陽, 上谷, 太原 등지를 원정하였다는『삼국사기』의 기록을 살펴보자. 이것은 주몽의 고구려가 성립되고 난지 불과 80여 년만의 일인데, 모본왕이 요하는 물론 요서 깊숙한 곳의 灤河를 넘어 우북평, 어양, 상곡, 태원 등지를 원정하였다는 것이다. 그렇다면 당시 압록강 중상류 연변의 국내지역에 자리하고 있던 모본왕이 우북평, 어양, 상곡은 물론 오늘날 중국의 산서성 일대인 태원까지 원정할 수 있었을까. 그 가능성이 있었는지 우선 모본왕대 고구려의 국내 정치적인 측면을 알아보자.

『삼국사기』의 기록에 의하면 유리왕은 주몽의 장자로 즉위하였고 대무신왕은 유리왕의 3자로 등극한 점을 알 수 있다. 그런데 대무신왕이 죽고 민중왕이 대무신왕의 아우로 등극하였는데 이는 고구려에서 부자상속이 아닌 형제상속에 해당하는 최초의 예에 해당하였다. 민중왕도 재위 5년 만에 죽고 다시 모본왕이 대무신왕의 장자로 등극한 것을 볼 때 대무신왕 → 민중왕 → 모본왕의 왕위계승 과정에는 무엇인가 순탄하지

---

10)『史記』卷88, 蒙恬列傳, "始皇二十六年 … 築長城 因地形 用制險塞 起臨洮 至遼東 延袤萬餘里".

11)『漢書』卷94, 匈奴傳, "自長城以南天子有之 長城以北單于有之 有犯塞 輒以狀聞".

않은 점이 엿보인다. 『삼국사기』에는 모본왕에 대해 "위인이 사납고 어
질지 못하여 국사를 잘 살피지 못하여 백성들이 원망하였다."[12]고 기록
하고 있다. 이런 결과를 놓고 볼 때에 모본왕은 아직도 민중왕 계열의
제신들에게 정치적인 압박을 받고 있었던 것으로 보인다. 물론 이는 모
본왕이 기원후 53년에 신하 杜魯에 의해 시해당하는 것[13]만을 보아도
모본왕대의 정치구도는 안정되지 못하였음을 증명하며, 결국 두로 사건
은 기존 정치세력의 반항으로 이해할 수 있는 것이다.[14]

모본왕의 전전왕인 대무신왕대에 고구려가 압록강 중상류 연변의 국
내지역에서 그 정치적 역량을 확대하기 위하여 22(대무신왕 5)년에 帶素
를 죽이며 부여를 압박한 사실과,[15] 37년에 낙랑을 공격한 사례가 있었
음을 알 수 있다. 이에 대해 당시 후한 조정은 28년에 요동태수를 시켜
고구려를 공격하게 하였고, 44년에는 광무제가 군대를 파견하여 낙랑을
치고 薩水 이남을 한에 귀속하게 하였다.[16] 급기야 47(민중왕 4)년에는
蠶支落部의 大家 戴升이 1만여 가를 이끌고 낙랑으로 가서 한에 귀부하
는 일마저 벌어졌다.[17] 이러한 국내 정치적 기반이 취약한 상황과 또 후
한의 공세가 고구려 국도 전후방을 압박하는 형국에서 모본왕이 장수를
보내 우북평, 어양, 상곡, 태원 등지를 원정하였다는 『삼국사기』의 기사
는 사실로서 그것을 믿을 수 있을까.

『삼국사기』는 주지하듯이 김부식이 고려시대에 편찬한 저작물이다.

---

12) 『三國史記』卷14, 高句麗本紀, 慕本王, "爲人暴戾不仁 不恤國事 百姓怨之".
13) 『三國史記』卷14, 高句麗本紀, 慕本王, "六年 同十一月 杜魯弑其君".
14) 김광수, 1984, 「高句麗-古代-集權國家의 成立에 관한 研究」, 연세대 박사학위논
   문, 56쪽.
15) 『三國史記』卷14, 高句麗本紀, 大武神王, "五年 春二月 王進軍於扶餘國南 其地
   多泥塗 王使擇平地爲營 … 輕伐扶餘 雖殺其王".
16) 『三國史記』卷14, 高句麗本紀, 大武神王, "二十七年 秋九月 漢光武帝 遣兵渡海
   伐樂浪 取其地爲郡縣 薩水已南 屬漢".
17) 『三國史記』卷14, 高句麗本紀, 閔中王, "四年 … 冬十月 蠶支落部大家戴升等一
   萬餘家 詣樂浪投漢".

그렇다면 김부식이 『삼국사기』를 편찬하며 『후한서』에 같은 기사가 나온 것을 그 연대기에 맞추어 모본왕대의 사실로 기재한 것이 아닌가 추정될 수 있다. 즉 『후한서』 광무제기에 49년 우북평, 어양, 상곡, 태원 원정의 주체를 "遼東徼外貊人"으로 되어 있고, 『후한서』 동이열전, 고구려조에는 "句驪"로, 『자치통감』 한기에는 "遼東徼外貊人"으로 되어 있는데 비해 『삼국사기』 고구려본기에는 "遣將襲"이라 하여 모본왕이 원정이라는 전쟁 행위의 주체로 나오고 있다는 점이다.

『삼국사기』 고구려본기 49년조가 『후한서』 기사의 전재라면, 원전사료인 『후한서』에 나오는 요동요외맥인 또는 구려가 우북평, 어양, 상곡, 태원 등지를 공격하였다는 기사는 어떻게 이해하여야 할까. 『후한서』의 이 기사도 역사적 사실로 인정하기 어려운가. 하지만 『후한서』 광무제기는 물론 『후한서』 동이열전 고구려조에서도 동시에 기재되어 있어 이 문제는 그렇게 간단하지 않다고 생각된다. 이 문제는 原史料인 『후한서』에 원정의 주체로 나오는 '요동요외맥인' 또는 '구려'를 해결해야 한다고 보여 진다.

우선 고구려가 있던 요동에서 당시 우북평, 어양, 상곡, 태원 등지를 공격하려면 요서지역을 반드시 거쳐야 하는데 이곳에 거주하던 烏桓과 鮮卑의 세력은 어떠한 상황에 있었는지 이를 검토할 필요가 있다.

먼저 오환은 東胡의 후예로 흉노 모돈이 동호를 멸하자 남은 무리들이 오환산에 의지하여 살아 오환이라는 족속의 이름을 얻었다고 한다. 그런데 한무제에 이르러 상곡, 어양, 우북평, 요서, 요동 등 5군의 새외로 옮기고 전한에 입조하였는데, 이때 전한은 오환을 감독하고 흉노와 어울리지 못하게 護烏桓校尉를 두었다. 『후한서』 오환전에 "武帝가 驃騎將軍 霍去病을 보내 匈奴左地를 격파하였다. 이로 인해 오환을 상곡, 어양, 우북평, 요서, 요동 5郡의 塞外로 옮기고 漢을 위하여 匈奴의 동정을 정찰하도록 하였다."[18]는 것이 바로 이를 말한다고 할 수 있다.

　기원후 8년 新이 건국된 후에 왕망이 흉노를 공격하고자 12部의 군대를 일으키어 東域將 嚴尤에게 오환과 丁零의 병사를 지휘하여 代郡에 주둔하도록 하고, 오환과 정령의 처자를 군현에 인질로 남겨두도록 하였다. 오환인들은 그곳에 오래 주둔하고 대군 風土에 맞지 않자 왕망에게 되돌아가게 해달고 요청하였으나 왕망이 거절하자, 오환인들은 반란을 일으키고 돌아와서는 도적질하였다. 그리하여 여러 군에서는 앞서 인질로 잡아 두었던 오환의 처자들을 모두 죽이자 오환인들은 왕망에 원한을 품게 된 것이다. 이때 흉노는 오환의 우두머리를 유인하여 관리로 삼고 나머지는 기미지배를 하였다.[19]

　光武帝가 기원후 25년에 후한을 건국한 이후에 오환과 흉노는 연합하여 후한의 변경 특히 대군 동쪽에 피해를 입혔다. 오환은 塞外 가까운데 살았고 아침에 그들의 거처에서 출발하면 저녁에 漢邊郡의 城郭에 도달할 수 있을 정도였다. 그래서 5군의 民庶들은 고통을 당하고 군현이 손상되었으며 백성들은 유망하였는데 상곡군의 새외에 위치한 오환집단이 가장 강성하였다고 한다.[20] 『후한서』 제융전에 "당시 흉노, 선비와 赤山烏桓은 서로 連和하여 彊盛하였는데 수시로 入塞하여 吏人을 살략하였다. 조정은 이에 우환이 되어 변병을 증강시켜 郡에 수천인을 두었으며 또 諸將을 나누어 파견하여 障塞에 주둔시키었다."[21]라고 기록하였는데 이는 등 흉노, 오환, 선비 등 이른바 '三虜'가 서로 연화하여 상곡 등 후한의 변방에 침입한 것을 말한다. 이에 후한은 41년 祭肜을 요

---

18) 『後漢書』 卷90, 烏桓鮮卑列傳, "武帝遣驃騎將軍霍去病擊破匈奴左地 因徙烏桓於上谷 漁陽 右北平 遼西 遼東五郡塞外 爲漢偵察匈奴動靜".

19) 『後漢書』 卷90, 烏桓鮮卑列傳, "匈奴因誘其豪帥以爲吏 餘者皆羈縻屬之".

20) 『後漢書』 卷90, 烏桓鮮卑列傳, "光武初 烏桓與匈奴連兵爲寇 代郡以東尤被其害 居止近塞 朝發穹廬 暮至城郭 五郡民庶 家受其辜 至於郡縣損壞 百姓流亡".

21) 『後漢書』 卷20, 祭肜傳, "當是時 匈奴 鮮卑及赤山烏桓連和彊盛 數入塞殺略吏人 朝廷以爲憂 益增緣邊兵 郡有數千人 又遣諸將分屯障塞 帝以肜爲能 建武十七年 拜遼東太守 … 初 赤山烏桓數犯上谷 爲邊害".

동태수에 임명하여 이에 대처하고자 하였다.

46년에는 흉노에서 연이어 旱災와 蝗災가 일어나 赤地가 수 천리나 되었고 사람과 가축이 饑餓와 疫病으로 많이 죽었다.[22] 흉노의 국난을 틈타 오환이 흉노를 공격하여 깨트리자 흉노는 북으로 수 천리 쫓겨 가며 漢南의 땅이 비어 있게 되었다. 『후한서』오환전에는 49년에 遼西烏桓 大人 郝旦 등 922인이 후한에 귀순하며 조공하였다고 기록되어 있고,[23] 『삼국지』오환전에는 9천여인의 무리라고 나와 있다. 또한 四夷가 朝賀하였고, 渠帥 81인은 모두 새내에 거주하여 연변의 諸郡에 퍼져 있어 흉노와 선비를 공격하는데 돕도록 하였다. 이때 오환인들은 후한의 遼東屬國, 遼西, 右北平, 漁陽, 廣陽, 上谷, 代郡, 雁門, 太原, 朔方 등 변군에 배치되었다.[24] 후한은 이런 오환인들을 위해 司徒掾 班彪의 건의에 따라 상곡에 校尉를 다시 설치하고 이 교위가 역시 선비도 관장하도록 하였다. 후한조정 내부에서도 이때 오환인들의 塞內外 諸邊郡 거주에 대해 불안을 가지고 있었던 것이다. 그런데도 후한의 永平(58~75년)년간[25]과 安帝(106~125년)시기[26]에 오환은 반란과 함께 다시 代郡, 上谷, 涿郡, 五原 등 후한 새내외의 변군을 침공하였다.

다음 선비도 역시 오환과 같은 동호 출신으로 오환과 접하고 있었다.

---

22) 『後漢書』卷89, 南匈奴列傳, "二十二年 … 匈奴中連年旱蝗 赤地數千里 草木盡枯 人畜飢疫 死耗太半".

23) 『後漢書』卷90, 烏桓鮮卑列傳, "二十五年遼西烏桓大人郝旦等九百二十二人率衆 向化 詣闕朝貢 獻奴婢牛馬及弓虎豹貂皮 是時四夷朝賀 絡驛而至 … 於是封其渠 帥爲侯王君長者八十一人 皆居塞內 布於緣邊諸郡 … 遂爲漢偵候 助擊匈奴鮮卑 … 於是始復置校尉於上谷甯城 開營府".

24) 『三國志』卷30, 烏丸鮮卑東夷列傳, "建武二十五年 烏丸大人郝旦等九千餘人率衆 詣闕 封其渠帥爲侯王者八十餘人 使居塞內 布列遼東屬國 遼西 右北平 漁陽 廣陽 上谷 代郡 雁門 太原 朔方 諸郡界 招來種人 給其衣食 置校尉領護之".

25) 『三國志』卷30, 烏丸鮮卑東夷列傳, "至永平中 漁陽烏丸大人欽志賁帥種人叛".

26) 『三國志』卷30, 烏丸鮮卑東夷列傳, "至安帝時 漁陽 右北平 鴈門烏丸率衆王無何 等復與鮮卑 匈奴合 鈔略代郡 上谷 涿郡 五原".

오환과 마찬가지로 선비도 전한초기 흉노의 冒頓에게 격파당하여 遼東 塞外로 도망가 살았다. 광무제 초기에 흉노가 강할 때 흉노는 선비와 오환을 이끌고 북변을 침입하였다. 흉노는 33년부터 매년 후한을 공격하였는데, 특히 45년에는 上谷, 中山에 침입하여 사람들을 죽이고 약탈하였다.27) 45년에 선비와 흉노는 요동을 침공하였고, 요동태수 제융이 이들을 격파하여 선비가 두려움에 떨기도 하였다.28) 이때 남흉노의 선우가 한에 귀부하자 북흉노는 고립되어 약해졌고, 48년 흉노는 남북으로 갈라졌다. 선비는 49년에 처음으로 驛을 통하여 후한에 사신을 보냈다.29) 결국 요서지역의 이런 제반 정치적 혼란 등으로 인하여 요동요외의 맥인(구려)이 우북평, 어양, 상곡, 태원 등지의 원정을 용이하게 한 배경으로 이해되는 것이다. 여기서 다음의 기사를 살펴보자.

> B-1) 25년(49) 춘정월 遼東徼外의 貊人이 右北平, 漁陽, 上谷, 太原을 구략하였다. 遼東太守 祭肜이 招降하였다. 烏桓의 大人이 來朝하였다.30)
> B-2) 25년 봄 句驪가 右北平, 漁陽, 上谷, 太原을 구략하자 遼東太守 祭肜이 恩信으로 招하자 다시 款塞하였다.31)
> B-3) 춘정월 遼東徼外의 貊人이 寇邊하자 太守 祭肜이 招降하였다. 肜이 또 財利로서 鮮卑 大都護 偏何를 撫納하고, 그 異種을 招致하니 駱驛款塞하였다.32)
> B-4) 2년(49) 봄에 장군을 보내어 漢의 北平, 漁陽, 上谷, 太原을 습격하자

---

27) 『後漢書』卷89, 南匈奴列傳, "二十一年冬 復寇上谷 中山 殺略鈔掠甚衆 北邊無復寧歲".
28) 『後漢書』卷90, 烏桓鮮卑列傳, "光武初 匈奴强盛 率鮮卑與烏桓寇抄北邊 殺略吏人 無有寧歲 建武二十一年 鮮卑與匈奴入遼東 遼東太守祭肜擊破之".
29) 『後漢書』卷90, 烏桓鮮卑列傳, "二十五年 鮮卑始通驛使".
30) 『後漢書』卷1, 光武帝紀, "二十五年 春正月 遼東徼外貊人 寇右北平 漁陽 上谷 太原 遼東太守祭肜招降之 烏桓大人來朝".
31) 『後漢書』卷85, 東夷列傳, 高句驪, "二十五年春 句驪寇右北平 漁陽 上谷 太原 而遼東太守祭肜以恩信招之 皆復款塞".
32) 『資治通鑑』卷44, 漢紀, 光武帝建武25年, "春正月 遼東徼外貊人寇邊 太守祭肜招降之 肜又以財利撫納鮮卑大都護偏何 使招致異種 駱驛款塞".

遼東太守 蔡彤이 恩信으로 待하여 다시 和親하였다.[33]

위 기사 중 B-4)의 『삼국사기』 기사에 비해 B-1)과 B-3)에서는 원정의
주체가 '遼東徼外의 貊人'으로 나와 있는 점을 주목하여 보자. 徼는 障
塞와 같은 것으로,[34] B-1)『후한서』 광무제기의 '遼東徼外貊人'이 B-2)
의 『후한서』 고구려전 기사에서는 '句驪'로 나와 있는 점이 주시되는 것
이다. 구려는 주몽의 고구려 건국보다도 훨씬 앞서 시기에 그 용례가 나
온다.

C-1) 玄菟, 樂浪은 武帝 때에 설치되었다. 모두 朝鮮, 濊貉, 句驪蠻夷이다.[35]
C-2) 昭帝 始元 5년(기원전 82)에 臨屯, 眞番을 파하고 樂浪, 玄菟에 병합
하였다. 玄菟는 다시 句驪로 옮겼다.[36]
C-3) 武帝가 朝鮮을 멸하고 沃沮地를 玄菟郡으로 삼았다. 후에 夷貊所侵
하여 郡을 高句驪 西北으로 옮겼다.[37]
C-4) 6년(기원전 75) 춘정월 郡國의 무리를 모아 遼東玄菟城을 쌓았다.[38]
C-5) 漢武帝 元封 2년(기원전 109) 朝鮮을 伐하여 滿의 孫인 右渠를 죽이
고 그 땅을 四郡으로 나누어 沃沮城을 玄菟郡으로 삼았다. 後에 夷
貊所侵으로 郡을 句麗의 西北으로 옮기니 지금 所謂 玄菟故府가 그
것이다.[39]

이상에서 句驪라는 용례가 가장 먼저 나오는 기사는 C-1)의 '句驪蠻

---

33) 『三國史記』 卷14, 高句麗本紀, 慕本王, "二年春 遣將襲 漢北平 漁陽 上谷 太原
而遼東太守蔡彤 以恩信待之 內復和親".
34) 『漢書』 卷93, 佞幸傳, "師古曰 徼猶塞也 東北謂之塞 西南謂之徼 塞者 以障塞爲名".
35) 『漢書』 卷28, 地理志, "玄菟 樂浪 武帝時置 皆朝鮮 濊貉 句驪蠻夷".
36) 『後漢書』 卷85, 東夷列傳 濊, "昭帝 始元五年 罷臨屯眞番 以幷樂浪玄菟 玄菟復
徙居句驪".
37) 『後漢書』 卷85, 東夷列傳 東沃沮, "武帝滅朝鮮 以沃沮地爲玄菟郡 後爲夷貊所侵
徙郡於高句驪西北".
38) 『漢書』 卷7 昭帝紀, "六年 春正月 募郡國徒築遼東玄菟城".
39) 『三國志』 卷30 烏丸鮮卑東夷傳 東沃沮, "漢武帝 元封二年 伐朝鮮 殺滿孫右渠 分
其地爲四郡 以沃沮城爲玄菟郡 後爲夷貊所侵 徙郡句麗西北 今所謂玄菟故府是也".

夷'로, 구려와 한의 고구려현과는 분리해서 보아야 한다. 즉 高句驪縣은
『한서』지리지 현도군조에 의하면 현도군 3현 중의 하나로 나온다. 玄菟
郡이 한무제 원봉4년에 설치되었다는『한서』지리지에 따른다면 고구려
현은 적어도 기원전 107년경 이전부터 있었다는 것이 된다. 이것은 C-2)
와 C-3)과 C-4), C-5)에 의하면 현도군은 본래 沃沮城에 있었는데 기원
전 75년 경에 '夷貊所侵'으로 句麗의 서북으로 옮겼다는 것이다. 그렇다
면 구려는 현도군이 생기기 이전에 벌써 있었고, 구려는 현도군 또는 漢
의 고구려현과는 관련이 없다고 할 수 있다. C-1)의 기사에 의해서도 한
무제가 현도와 낙랑을 설치할 때에 이미 朝鮮, 濊貉, 句驪蠻夷가 존재하
고 있었음을 보여 준다. 따라서 기원전 107년 이전에도 구려는 존재하고
있었다는 것이 된다.

그러면 B-1), B-2), B-3)에서 등장하는 요동요외맥인 또는 구려는 朱
蒙의 고구려라고 볼 수 없게 된다. 이런 면에서 A-1)에서 "高句驪를 下
句驪라 更名"이라 나오고, A-2)에서도 "高句驪王을 下句驪侯로 更名"으
로, A-3)의 "高句麗를 下句麗라 更名"이라 한 것과 대비된다. 왕망이
'고'를 '하'로 바꾸게 한데서도 알 수 있듯이 A-1), A-2), A-3) 기사의 상
황은 주몽의 고구려라고 볼 수 있는 것이다. 따라서 굳이 구려의 성격을
규명한다면 구려는 주몽의 고구려에 앞선 原高句麗人이었을 것으로 보
인다.[40] 또한 현도군은 C-3)과 C-5)에 의하면 기원전 75년 경에 옥저성
에서 구려의 서북으로 옮긴 것이며, 이후에 구려와 현도군은 접경하게
됨에 따라 서로 반목과 질시가 이어졌다.[41]

---

40) 朴燦奎, 2008,「沸流國考」『高句麗早期歷史研究』, 동북아역사재단, 120쪽.
41) 원고구려인이라 하는 句驪는 C-3)에 의하여도 '高句驪'라고 칭한 점으로 보아 '高
句驪'라는 명칭이 더 바른 표현일 것으로 보이나,『한서』가 후한 반고에 의해 편
찬된 것을 고려하면 주몽의 고구려와 구분하기 위해 원고구려는 句驪로 표기되었
을 가능성도 있다. 따라서 본고에서도 원고구려를 표기할 때에는 句驪 또는 한글
로 구려라고 표기한다.

그렇다면 이제 마지막 남은 궁금증으로 이상에서 나오는 구려의 원거
주지가 과연 어디에 있었는지 검토하여 보자. 우선 桓仁지역의 望江樓
유적을 주목할 수 있는데, 이 망강루 유적은 지금까지 환인에서 발견된
積石墓 중에 가장 이른 시기에 해당한다.[42] 망강루 유적은 현재 7기의
적석묘를 가지고 있는데 이곳이 위치한 곳은 환인의 龍山으로 渾江이
마치 垓字처럼 띠를 두르듯이 감싸고 있다. 또 용산 위에 올라가면 환인
시내를 한 눈에 조망할 수 있는 좋은 위치에 망강루 유적이 있다. 망강
루 유적에서 서북으로 1km정도 떨어진 곳에 하고성자 고성이 있고 또
그 주변에 상고성자 적석묘군을 가지고 있는 상황이다. 따라서 망강루
유적이 구려 흔적의 하나가 아닌가 추정된다.

이런 사실을 토대로 하여 기원후 49년 요서원정의 주체를 '구려'로
보고 그 기사를 자세히 살펴보자. 구려의 요서원정이 가능하였던 것은
당시 요서지역의 정치적 상황과도 무관하지 않다. 즉 46년에 흉노의 국
난을 틈타 烏桓이 匈奴를 공격하며 흉노가 북으로 수 천리 쫓겨 가며
막남이 비어 있었고, 후한의 광무제는 오환에게 뇌물로 폐백을 주고 있
었던 상황이었다. 더구나 신의 왕망 이후 오환을 기미지배하던 흉노가
48년 10월 남북으로 분단된 처지였다.[43] 선비와 오환은 아직 후한의 邊
郡에 배치되기 이전 시점으로 이들은 아직 통일된 세력을 이루지 못하
고 있었는데,[44] 바로 구려는 이러한 요서지역에서 혼란과 힘의 공백 상
태를 이용하여 우북평, 어양, 상곡, 태원 등을 원정하였던 것이다.

구려의 원정이 우북평, 어양, 상곡, 태원 등까지 가능한 배경에는 후
대의 선비 예를 들면 그것은 더욱 분명하다. 선비는 후한 和帝의 永元

---

42) 王綿厚, 2008, 「試論桓仁 望江樓積石墓與卒本夫餘」 『高句麗早期歷史硏究』, 동북
아역사재단, 24쪽.
43) 『後漢書』 卷1, 光武帝紀, "二十四年 冬十月 … 於是分爲南北匈奴."
44) 방향숙, 2008, 「후한의 변군 운용과 요동·현도군」 『요동군과 현도군연구』, 동북
아역사재단, 240쪽.

〈사진 7〉 太原驛

〈사진 8〉 明代 太原縣城

(89~104년) 무렵에 右校尉 耿夔가 북흉노를 공격하여 격파하자 흉노는 도망가고 선비인들이 북흉노의 땅으로 옮겨 선비는 점차로 강성하여졌다.[45] 101년에 들어와 요동선비는 우북평, 어양을 침입하였고 118년 상곡에 쳐들어갔다. 122년에 선비는 마침내 태원을 공격하고 한나라 백성을 죽이고, 126년에는 代郡을 침공한 사실이 있다.[46] 이를 통해 선비족도 101년 이후 122년까지 우북평, 어양, 상곡, 태원을 원정한 사실을 알 수 있다. 결국 역설적으로 49년 구려의 우북평, 어양, 상곡, 태원 원정은 101년 이후 122년까지 선비의 우북평, 어양, 상곡, 태원 원정의 선례가 된다는 것이다. 또한 여기서 지적할 것은 선비도 126년 代郡 공격이 122년까지 태원 공격의 이후시점에 일어난 점으로, 이는 구려의 49년 우북평, 어양, 상곡, 태원 원정에서 대군이 빠져 있는 이유에 대한 시사점을 준다.

49년 구려의 태원에 대한 원정은 진행 방향상 상곡에서 대군을 거쳤을 것으로 생각되는데, B-1), B-2), B-3), B-4)에 대군이 빠져있고 태원이 기재되어 있는 것은 대군이 구려의 최종 원정목표가 아니고 태원이 최종 원정목표일 가능성이 높다는 점이다. 본래 우북평, 어양, 상곡은 전국 燕이 설치한 군명이고 태원은 전국 秦이 기원전 247년에 설치한 군명이었다.[47] 『후한서』 군국지에 따른다면, 우북평군은 대개 그 위치가 오늘날 난하 부근으로 인정되는데, 우북평군은 101년 요동선비가 우북평을 침공하여 어양에 들어간 것처럼[48] 어양과 지근거리에 있었음을 알 수 있

---

45) 『後漢書』 卷90, 烏桓鮮卑列傳, "和帝永元中 大將軍竇憲遣右校尉耿夔擊破匈奴北單于逃走 鮮卑因此轉徙據其地".

46) 『後漢書』 卷90, 烏桓鮮卑列傳, "(和帝永元)十三年 遼東鮮卑寇右北平 因入漁陽 … 延平元年 鮮卑復寇漁陽 … (元初五年) 冬 鮮卑入上谷 … 延光元年冬 復寇鴈門 定襄 遂攻太原 掠殺百姓 … 順帝永建元年秋 鮮卑其至難寇代郡".

47) 姜維東 外著, 2006, 『正史高句麗傳校注』, 吉林人民出版社, 75쪽.

48) 『後漢書』 卷90, 烏桓鮮卑列傳, "(永元)十三年 遼東鮮卑寇右北平 因入漁陽 漁陽太守擊破之".

〈사진 9〉 북경 교외 密云에 있는 漁陽古郡 遺址

다. 어양군은 어양 등 9성으로 되어 있고 상곡군은 涿鹿 등 8성으로 구성
되어 있었는데, 모두 오늘날 북경 부근으로 우북평 서쪽에 어양군이, 어양
군 서쪽에 상곡군이 인접하여 있었다. 그런데 이들 3개군과는 달리 태원
군은 이보다 다소 떨어져 있는 오늘날 산서성에 위치하여 있다는 점이다.
   여기서 무엇보다도 중요한 사실은 구려의 원정 방향이 중국 쪽에서 시
작하여 구려의 방향으로 표기된 것이 아니고, 구려 쪽에서 시작하여 중국
방향으로 표기된 점이다. 원전사료인 B-1), B-2)『후한서』광무제기와『후
한서』고구려전 등에 모두 그렇게 기재되어 있다.『사기』흉노열전에 5
군의 순서가 상곡 → 어양 → 우북평 → 요서 → 요동군으로 이어지고
있음이 확인된다.[49]『후한서』광무제기와『후한서』고구려전 등이 중국
측 기록인 만큼 구려공격에 대한 정황을 태원 → 상곡 → 어양 → 우북

---

49)『史記』卷110, 匈奴列傳, "其後 燕有賢將秦開 爲質於胡 胡甚信之 歸而襲破走東
   胡 東胡却千餘里 … 燕亦築長城 自造陽至襄平 置上谷 漁陽 右北平 遼西 遼東郡
   以拒胡".

평 등의 순서로 기록되어야 함이 마땅하다. 그러나『후한서』광무제기와
『후한서』고구려전 등에는 그렇게 기록되어 있지 않았다. 오히려 우북평
→ 어양 → 상곡 → 태원 등 구려와 가까운 곳부터 시작하여 먼 곳의
순서로 기재되어 있다는 점이다. 따라서 49년 구려의 원정은 구려에서
요동 → 우북평 → 어양 → 상곡 →태원 등의 순서로 원정한 사실이라고
파악할 수 있다.

이와 함께 구려의 원정이 가능하였던 배경의 하나는 滿離 등 선비족
의 협조가 있었기 때문일 것이다.[50] 또 다른 배경에는『삼국지』고구려
전의 '不復詣郡', A-1)의 "貊人이 犯邊"하는 것과 A-2)에서 "貊人이 寇
邊"하는 일이 더욱 심해졌다는 데서 그 단서를 찾을 수 있다. 후한 조정
은 그에 대한 반작용으로 41년에 祭肜을 요동태수로 임명하게 된 것이
다. 제융은 요동태수에 임명된 이후에 요동군뿐만 아니고 현도와 낙랑까
지도 관할하였고,[51] 멀리 韓과 왜까지도 朝獻을 하는 등[52] 그 위세가
'野無風塵'이라 할 정도였다. 따라서 당시 요동군은 말이 요동군이지 다
른 한군현은 물론 기타 제이에 있어 위협적인 존재임이 틀림없었다.[53]
앞서 지적대로 넓은 의미로 맥인의 의미 속에는 구려도 포함되어 있다.
이런 상황에서 기원전 107년 이전부터 존재해왔던 구려의 주도적 참여
로 요서원정이 이루어진 것이다. 물론 그렇다고는 하여도 49년 원정은
신생의 주몽 고구려인들도 동조하는 汎貊人系, 汎高句麗人에 의해 이루
어진 것으로 이해할 수 있다. 결국 구려에 의한 요서원정의 목적은 당시
구려가 위치한 지리적 특성상 원정지에 대한 점령보다도 군수물자 등에

---

50)『後漢書』卷20, 祭肜傳, "肜以三虜連和 卒爲邊害 二十五年 乃使招呼鮮卑示以財
　　利 其大都護偏何 遣使奉獻 願得歸化 肜慰納賞賜 稍復親附 其異種滿離 高句驪之
　　屬 遂駱驛款塞 上貂裘好馬 帝輒倍其賞賜".
51)『後漢書』卷20, 祭肜傳, "東盡玄菟及樂浪 胡夷皆來內附 野無風塵".
52)『後漢書』卷85, 東夷列傳, "遼東太守祭肜威讋北方 聲行海表 於是濊貊倭韓萬里
　　朝獻".
53) 권오중, 1992,『樂浪郡研究』, 일조각, 100쪽.

대한 약탈전적인 성격이 보다 강하다고 하여야 할 것이다.

2. 新大王代의 幽州와 幷州遠征

다음으로 고구려 新大王代인 168년 후한의 幽州와 幷州 원정 기사를 검토하여 보자. 우선 고구려의 국내 정치적인 측면에서는 모본왕이 신하에 의해 살해된 것처럼 신대왕의 직전왕인 次大王도 신하인 明臨答夫에 의해 살해되는 비상상황에서 즉위한 점을 들 수 있다. 『삼국사기』에 의하면 신대왕은 태조왕의 季弟로서 왕위에 올랐으나 전왕의 시해와 함께 즉위하여 처음부터 정치적으로 왕권이 취약했을 것으로 보인다. 이는 전왕인 차대왕을 시해한 명림답부가 신대왕의 즉위 다음해인 166년에 국상 및 패자에 올라 내외병마를 맡는 점에서 시사된다. 신대왕이 처음에 왕위에 올랐을 때에 "숭고한 자리에 처하니 감히 편안할 겨를이 없다."[54]라는 표현과 167년에 신대왕이 卒本地域에 가서 제사를 지낸 점 등에서도 유추된다. 또한 마침 168년에 한의 현도군 태수 耿臨이 침략해 온 바도 있다.

한편 대외적인 측면에서는 당시 요서지역 鮮卑의 동향과 관련이 깊다고 인정된다. 101년부터 126년 사이에 후한의 우북평, 어양, 상곡, 태원, 대군 등을 공격하였던 선비는 檀石槐의 시대에 들어와 더욱 강화되며 전성기를 구가하였다. 단석괴는 대략 137년부터 181년까지 살았던 걸출한 인물로 선비를 대제국으로 만들었다. 선비가 동부의 夫餘로부터 서쪽의 敦煌에 이르는 등 넓은 지역을 차지하게 되자 단석괴는 선비의 땅을 3부로 나누어 통치하였는데, 이때 땅의 크기가 동서로 1만4천여 리, 남

---

54) 『三國史記』 卷16, 高句麗本紀, 新大王, "據于崇高 不敢遑寧".

북으로 7천여 리에 이르렀다.55) 다음의 기사를 살펴보자.

> D-1) 桓帝末(166~167) 鮮卑, 南匈奴 및 高句驪의 嗣子 伯固가 함께 畔하
> 여 寇鈔하였다. 四府에서 玄을 천거하자 度遼將軍으로 삼아 黃鉞을
> 주었다. 玄은 鎭에 이르러 병사를 쉬게 하며 훈련하였다. 그런 뒤에
> 諸將을 독려하여 胡虜와 伯固 등을 討擊하니 모두 破散하여 退走하
> 였다. 在職 3년 만에 邊境이 安靜되었다56)
> D-2) 建寧 元年(168) … 12월 鮮卑와 濊貊이 幽州와 幷州를 침구하였다.57)

위의 기사는 『후한서』로서 위와 같은 내용은 『삼국사기』에는 보이지
않고 있다. D-1)에서 보이는 "高句驪의 嗣子 伯固"는 고구려의 신대왕
으로 후한 靈帝가 168년에 황제의 자리에 올랐고, 신대왕이 165년에 등
극하였으니까 桓帝 말은 166년부터 167년 사이라고 판단된다. 이때에
신대왕이 선비 및 남흉노와 함께 후한의 변경을 공격하자 환제가 橋玄
을 度遼將軍으로 삼아 이를 물리쳤다는 내용이다. 이는 168년에 선비와
예맥이 유주와 병주를 침구하였다는 D-2)의 기사와도 그 내용에서 일맥
상통한다고 보여 진다.

D-2)에서 나오는 '濊貊'은 일단 부여와 고구려 중의 하나로 볼 수 있
는데, 이는 다음과 같은 논리에 의해서 이다. 즉 A-1)『한서』왕망전에
부여와 예맥이 따로 나오고, 예맥이 마침내 반란을 일으키어 엄우가 이
를 물리치고 고구려후추를 참하였다고 되어 있다. 또 『한서』왕망전에

---

55) 『後漢書』卷90, 烏桓鮮卑列傳, "北拒丁零 東卻夫餘 西擊烏孫 盡據匈奴故地 東西
萬四千餘里 南北七千餘里 網羅山川 水澤鹽池 … 乃分其地爲三部 從右北平以
東至遼東 接夫餘濊貊二十餘邑爲東部 從右北平以西至上谷十餘邑爲中部 從上谷
以西至敦煌 烏孫二十餘邑爲西部 各置大人主領之 皆屬檀石槐".
56) 『後漢書』卷51, 橋玄傳, "桓帝末 鮮卑 南匈奴及高句驪嗣子伯固並畔 爲寇鈔 四府
擧玄爲度遼將軍 假黃鉞 玄至鎭 休兵養士 然後督諸將守討擊胡虜及伯固等 皆破
散退走 在職三年 邊境安靜".
57) 『後漢書』卷8, 孝靈帝紀, "建寧元年 … 十二月 鮮卑及濊貊寇幽幷二州".

는 '誅貉將軍 楊俊'과 '討穢將軍 嚴尤'가 각기 따로 나오고 있는 점이
확인됨으로, D-2)에서 나오는 '예맥'은 주몽의 고구려로 볼 수 있다. 이
것은 태조왕대에 들어와서 고구려가 56년에 동옥저를 정벌하고 118년에
현도군과 146년에는 요동군을 공격하는 등 활발한 대외원정을 감행한
점에서도 드러난다. 121년과 122년에도 고구려가 현도군과 요동군을 공
격하자 부여는 현도군을 도와 고구려를 공격한 점도 들을 수 있다.58) 더
큰 문제는 국내지역을 중심으로 대외원정에 적극적이었던 이러한 고구
려를 배후에 두고 부여가 유주와 병주를 원정할 이유가 없다는 점이다.
더구나 고구려가 공격하던 후한의 현도군을 돕는 입장에 있던 부여가 후
한의 유주와 병주를 공격하였다는 것은 있을 수 없다는 논리이다.

따라서 D-2)에서 나오는 '예맥'은 D-1)기사에 백고가 나온다는 점과도
연결한다면 여기서의 '예맥'59)은 고구려로 해석할 수밖에 없다.60) 물론
D-1)과 D-2)의 기사에 모두 전쟁주체의 하나로 선비가 등장하는 점이나
교현의 재직 3년 만에 변경이 안정되었다는 시간의 한정성 측면에서도
그러하다. 결국 168년에 고구려의 신대왕이 선비와 함께 오늘날 중국의
하북성, 북경, 산서성 일대인 유주와 병주를 원정하였다는 것으로 해석할
수 있다는 것이다. 물론 이와 같은 고구려의 원정은 당시 단석괴라는 선
비의 강력한 통치자가 존재하였기 때문에 가능하였다고 보여 진다.

그런 점에서는 선비의 후한 변경 공격이 168년 이후에도 이어져 169
년, 171년, 172년에 병주, 173년에 유주와 병주, 174년에 병주, 175년과
176년에 유주, 179년, 180년, 181년에 유주와 병주 등 거의 매년에 걸쳐

---

58) 『三國史記』 卷15, 高句麗本紀, 大祖大王, "六十九年 … 十二月 王率馬韓濊貊一
　　萬餘騎 進圍玄菟城 扶餘王遣子尉仇台 領兵二萬 與漢兵幷力拒戰 我軍大敗 七十
　　年 王與馬韓濊貊侵遼東 扶餘王遣兵救破之".

59) 濊貊은 『唐大詔令集』 卷130, 平亂, 破高麗詔에 "島夷陪隷 虐弒其君 毒被朝鮮 災
　　流濊貊"이라고 되어 있어 당나라 시기에도 고구려를 지칭한 바 있다.

60) 손영종, 2008, 『조선단대사 고구려사』 4, 과학백과사전출판사, 25쪽.

〈사진 10〉 北京 북쪽에 있는 居庸關 長城

공격하였다는 사실도 유의할 수 있다.『자치통감』에 의하면 169년 11월
에 신대왕이 요동을 공격하자 현도군 태수 耿臨이 이를 막았다는 것과
『삼국사기』에는 172년 후한의 대병이 침범하자 명림답부가 이를 막았다
는 내용이 전하여 지고 있다. 이로 볼 때 166년과 168년 사이에 고구려
가 선비와 함께 유주와 병주 등 변경을 원정하자 후한은 이에 대한 대응
차원에서 169년에 현도군 태수가, 172년에는 후한의 본국병이 고구려를
침공한 것으로 파악된다. 49년의 원정에서 구려가 만리라는 선비의 일개
집단을 활용하였다고 볼 여지와, 166년부터 168년 사이의 원정에서도
단석괴라는 걸출한 선비 수장과 연결되어 있었을 가능성이 지적된다. 태
조왕대인 121년에도 고구려는 선비와 함께 요동을 공격한 사실에서도
그러한 사실이 방증된다.

태조왕이라는 왕호에서 볼 수 있듯이 태조왕은 많은 대외전쟁을 벌인
국조와 같은 왕으로 기록되어 있다. 이런 측면에서 구려는 주몽의 고구

려에 의해 태조왕대에 통합되었을 것으로 보여 진다. 『삼국사기』 태조
왕대 기사를 잘 살펴보면 이를 알 수 있다. 72년에 貫那部의 沛者 達賈
를 보내어 藻那를 쳐서 그 왕을 잡은 기사와,[61] 74년에는 桓那部의 沛
者인 薛儒를 보내 朱那를 쳐 그 왕자 乙音을 사로잡아 古鄒加로 삼았
다[62]는 기록이 있다. 조나와 주나가 어디에 있었는지 분명하지는 않으
나 조나와 주나에 왕과 왕자가 있었다는 것은 그들이 일개의 독립체임을
증명한다고 할 수 있다.[63]

여기서 조나와 주나의 정벌 이후 태조왕대에 요동군 쪽으로 진격이 잦
아지는 사실을 주목하여야 한다. 즉 105년에 요동군의 6현을 약탈하자 요
동태수 경기가 이를 막았다는 내용이 전한다. 또 같은 해 9월에 경기가 맥
인을 격파한 점과 118년에 태조왕이 예맥과 더불어 현도군을 공격하였고,
121년에는 요동태수 蔡諷이 예맥의 渠帥를 격살한 것과 같은 해 4월에는
선비와 함께 요동군의 遼隊縣까지 공격하는 등 요하 인근까지 진출하게
된 사실도 나온다.[64] 또 121년 12월에는 마한, 예맥과 함께 현도성을 공격
하자 부여왕이 그 아들 尉仇台를 보내 한나라 병사를 도운 일도 있다.[65]
122년에도 마한, 예맥과 함께 요동을 공격하자 부여왕이 다시 원병을 보내
현도를 구하기도 하였다. 이처럼 태조왕대는 맥인 또는 예맥이 여러 번 등
장하고 특히 고구려가 예맥과 함께 한군현을 공격한 사실이 있다.

그렇다면 태조왕대에 유난하게 많이 등장하는 예맥은 누구일까. 여기

61)『三國史記』卷15, 高句麗本紀, 大祖大王, "二十年 春二月 遣貫那部沛者達賈伐藻
那 虜其王".
62)『三國史記』卷15, 高句麗本紀, 大祖大王, "二十二年 冬十月 王遣桓那部沛者薛儒
伐朱那 虜其王子乙音爲古鄒加".
63) 임기환, 2008,「고구려 초기 5부의 형성과 변천」『高句麗早期歷史研究』, 동북아
역사재단, 66쪽.
64)『三國史記』卷15, 高句麗本紀, 大祖大王, "夏四月 王與鮮卑八千人 往攻遼隊縣
遼東太守蔡諷 將兵出於新昌戰沒".
65)『三國史記』卷15, 高句麗本紀, 大祖大王, "十二月 王率馬韓 穢貊一萬餘騎 進圍
玄菟城 扶餘王遣子尉仇台 領兵二萬 與漢兵幷力拒戰 我軍大敗".

서 예맥은 옥저지역의 예맥과 고구려 북방에 있는 부여, 고구려인(주몽
의) 자체 3가지로 설정할 수 있다. 우선 옥저지역의 예맥은 이미 낙랑군
의 동부도위에 소속되어 있어 태조왕대에 등장하는 예맥이 될 수 없다.
『후한서』 동이열전에는 "沃沮濊貊悉屬樂浪"라고 되어 있어 그것을 알
수 있다.[66] 또한 고구려 북방의 부여도 앞서 본대로 121년과 122년에
고구려가 마한, 예맥과 함께 현도성, 요동을 공격하자 부여왕과 그 왕자
위구태를 보내 한을 도운 일을 볼 때에 태조왕대에 등장하는 예맥이 될
수 없다. 마지막으로 예맥이 맥인으로 (주몽의)고구려인을 뜻하는 경우
는 앞서 A-1)의 기사에서 '고구려후추'가 나오는 중에 '부여지속' 중에
부여와 예맥이 거론되고 또 예맥이 드디어 반란을 일으켰다는 내용을 볼
때 예맥은 맥인으로 고구려인을 뜻한다고 할 것이다. 따라서 역설적으로
태조왕대에 예맥이 자주 등장하고 이들로 하여금 대외전쟁에 나선 점을
고려한다면 태조왕대에 원고구려인 지역 즉 오늘날 환인지역을 완전하
게 고구려가 통합하였다고 볼 수 있다.[67]

태조왕대 이후의 맥과 관련하여 梁貊에 대해서도 알아보자. 신대왕은
즉위 후 2년에 명림답부를 국상으로 삼고 패자와 내외병마를 더하며 양
맥부락을 거느리게 하였다.[68] 신대왕이 166년에 양맥을 국상인 명림답
부에게 맡긴 것은 166년부터 168년 사이의 유주와 병주 원정에도 일정
한 연계점이 있지 않나 판단된다. 지리적으로 양맥은 현재 富爾江과 혼

---

66) 『後漢書』 卷85 東夷列傳 濊, "至昭帝 始元五年 罷臨屯眞番 以幷樂浪玄菟 玄菟復
　　徙居句驪 自單單大領已東 沃沮濊貊悉屬樂浪 後以境土廣遠 復分領東七縣 置樂
　　浪東部都尉".
67) 여기서 더 부연하자면 환인일대가 구려 즉 원고구려 지역의 하나라면 환인에 있
　　는 즉 五女山城이 주몽 고구려의 1차 國都라는 현재의 통설과 겹치는 결과가 초
　　래한다. 이와 관련하여 필자는 오녀산성을 주몽 고구려의 1차 국도인 졸본지역으
　　로 인정하지 않고 있다.
68) 『三國史記』 卷16, 高句麗本紀, 新大王, "拜荅夫爲國相 加爵爲沛者 令知內外兵馬
　　兼領梁貊部落".

강의 합류처로 인정되는데, 이곳은 고구려의 국도인 국내지역에서 新開河 하도를 타고 가면 부이강과 혼강이 만나는 곳에 이르게 되고 다시 부이강을 따라 가면 蘇子河가 나오게 된다. 또 소자하를 타고 가다 보면 오늘날 撫順과 심양에 이르게 되고 심양에서 요하를 건너 醫巫閭山에 이르게 되며 여기서 요서지역의 선비와 만나게 되는 것이다. 그럼으로 양맥은 고구려에게 있어서 요동군과 현도군을 일거에 통제할 수 있을 뿐만 아니라[69] 요하를 건너 선비족과도 연결할 수 있는 중요한 지역이라 할 수 있다. 그렇기 때문에 신대왕은 국상인 명림답부에게 이 지역을 맡겼던 것으로 보여 진다. 이는 고구려가 태조왕 3년인 55년에 한나라 군대를 대비하기 위하여 요서지역에 10개의 성을 쌓았다는 기록[70]도 이런 측면에서 이해하여야 할 것이다.

물론 신대왕대의 원정은 고구려가 아직 요동을 완전하게 확보하지도 못한 시점에 발생한 사건이라는 점은 인정된다. 그런 점에서 신대왕대의 원정은 그것으로 유주와 병주를 점령하겠다는 계산보다도 원정지에 대한 약탈전적인 성격이 존재한다고 생각된다. 신대왕의 직전왕인 차대왕이 신하의 시해로 죽는 등 비상상황에서 즉위한 점을 고려할 때에, 신대왕이 원정이라는 비상상황을 통하여 왕권강화를 도모하였다는 측면도 배재할 수는 없다. 따라서 166년부터 168년 사이의 원정은 요서지역에서 선비라는 이민족의 발흥과 맞물려 신대왕이 원정을 통해 자신의 취약한 정치적 기반을 타파하려는 것과 약탈전을 통해 부족한 물자를 보충하려는 고대전쟁의 특성이 복합적으로 깔린 원정이라 판단된다.

---

69) 주몽의 고구려는 유리왕대인 기원후 14년에 이미 양맥을 정벌한 바 있는데(『三國史記』 卷13, 高句麗本紀, 瑠璃王, "三十三年 … 兵二萬 西伐梁貊減其國 進兵襲取漢高句麗縣"), 이 양맥을 통하여 현도군 고구려현까지 진공할 만큼 양맥은 고구려 대외확장에 있어 중요한 지역의 하나였다.
70) 『三國史記』 卷15, 高句麗本紀, 大祖大王, "三年 春二月 築遼西十城 以備漢兵".

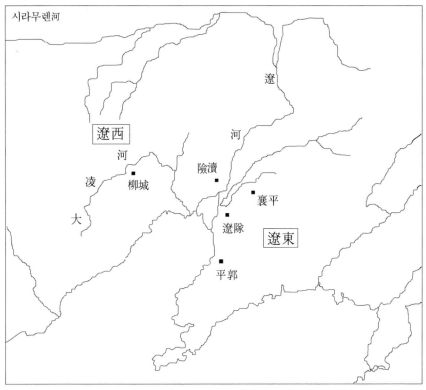

〈지도 1〉 後漢代의 遼西

제3장

廣開土王代 前後 高句麗의 遼西攻略

1. 美川王代의 遼西攻略

신대왕대 유주와 병주원정 이후에 상당기간 고구려는 요서에 진출하는 사례를 보이고 있지 않다. 즉 168년으로부터 150여 년이 흐른 319년에 이르러야 고구려의 요서진출이 나타나고 있다. 319년에 이르러 고구려의 요서진출이 다시 이루어 진 것은 고구려에서 요동군, 현도군, 낙랑군 등 한군현과의 치열한 쟁투가 우선이었기 때문일 것이다. 313년과 314년 낙랑군과 대방군의 소멸이 이루어진 다음에 고구려는 요서진출에 대한 여력이 생긴다. 낙랑군과 대방군을 고구려가 멸하여 이제는 후방의 염려를 고려하지 않고도 요서로 진격하여 요동의 배후를 압박할 수 있었다.[1] 바로 319년(미천왕 20)에 고구려 장군 如孥가 요하를 넘어 요서 지역인 棘城을 공격한 것이다.

A) 20년(319) 冬12월에 晉의 平州刺史 崔毖가 來奔하였다. 처음에 崔毖는 陰說로 고구려와 段氏, 宇文氏가 함께 慕容廆를 공격하기로 하여 三國이 棘城을 進攻하였다. 廆는 閉門自守하였는데 홀로 宇文氏에게 牛酒를 보내어 대접하였다. 고구려와 段氏는 宇文氏와 廆가 공모가 있는 것을 의심하여 각각 군사를 이끌고 돌아갔다. 宇文大人 悉獨官이 말하기를 고구려와 段氏의 병사가 비록 철수하였으나 홀로 이를 취하겠다고 하였다. 廆가 그의 아들 皝과 長史 裵嶷로 하여금 정예병을 이끌고 前鋒에 서게 하고 스스로 大兵을 거느리고 이를 따랐다. 悉獨官이 대패하여 겨우 몸을 빼어 도망하였다. 崔毖는 이 소식을 듣고 그 兄子 燾를 시켜 棘城에 가서 거짓으로 축하하게 하였다. 廆가 병사로 대응하자 燾는 두려워하여 자수하였다. 廆가 燾를 돌려보내어 毖에게 말하기를 항복하는 것은 上策이요 달아나는 것은 下策이라며 군사를 이끌고

---

1) 김미경, 1996, 「高句麗의 樂浪·帶方地域 進出과 그 支配形態」『學林』17, 12쪽.

뒤를 쫓았다. 崧는 數十騎와 더불어 집을 버리고 來奔였으며 그의 부
중은 모두 廆에게 항복하였다. 廆는 그의 아들 仁에게 遼東을 진수하
게 하니 官府市里가 전과 같았다. 我將 如孥가 于河城을 점거하자 廆
가 장군 張統을 보내 이를 습격하여 사로잡고 그 부중 千餘家를 부로
로 잡아 棘城으로 돌아갔다. 왕이 수차 군사를 보내어 遼東을 공격하
니 廆는 慕容翰과 慕容仁을 보내어 막았다. 왕이 화맹을 구하니 翰과
仁은 이내 돌아갔다.2)

이상은 『삼국사기』 고구려본기 미천왕 20년조의 기사인데, 『진서』
모용외 재기에도 같은 내용이 전해지고 있다.3) 慕容廆가 요서지역에서

---

2) 『三國史記』卷17, 高句麗本紀, 美川王 "二十年 冬十二月 晋平州刺史崔毖來奔 初
崔毖陰說我及段氏 宇文氏 使共攻慕容廆 三國進攻棘城 廆閉門自守 獨以牛酒 犒
宇文氏 二國疑宇文氏 與廆有謀 各引兵歸 宇文大人悉獨官曰 二國雖歸 吾當獨取
之 廆使其子皝與長史裵嶷 將精銳爲前鋒 自將大兵繼之 悉獨官大敗 僅以身免 崔
毖聞之 使其兄子燾 詣棘城僞賀 廆臨之以兵 燾懼首服 廆乃遣燾歸 謂毖曰 降者上
策 走者下策也 引兵隨之 毖與數十騎 棄家來奔 其衆悉降於廆 廆以其子仁鎭遼東
官府市里 安堵如故 我將如孥據于河城 廆遣將軍張統 掩擊擒之 俘其衆千餘家 歸
于棘城 王數遣兵寇遼東 慕容廆遣慕容翰 慕容仁伐之 王求盟 翰仁乃還".

3) 『晋書』卷108, 載記, 慕容廆 "時平州刺史 東夷校尉崔毖自以爲南州士望 意存懷集
而流亡者莫有赴之 毖意廆拘留 乃陰結高句麗及宇文 段國等 謀滅廆以分其地 太興
初 三國伐廆 廆曰 彼信崔毖虛說 邀一時之利 烏合而來耳 旣無統一 莫相畏伏 吾
今破之必矣 然彼軍初合 其鋒甚銳 幸我速戰 若逆擊之 落其計矣 靖以待之 必懷疑
貳 迭相猜防 一則疑吾興毖譎而覆之 二則自疑三國之中與吾有韓魏之謀者 待其人
情沮惑 然後取之必矣 於是三國攻棘城 廆閉門不戰 遣使送牛酒以犒宇文 大言於衆
曰 崔毖昨有使至 於是二國果疑宇文同於廆也 引兵而歸 宇文悉獨官曰 二國雖歸
吾當獨兼其國 使用人爲 盡衆逼城 連營三十里 廆簡銳士配皝 推鋒而前 翰領精騎
爲奇兵 從旁出 直衝其營 廆方陣而進 悉獨官自恃其衆 不設備 見廆軍之至 放率兵
距之 前鋒始交 翰已入其營 縱火焚之 其衆皆震擾 不知所爲 遂大敗 悉獨官僅以身
免 盡俘其衆 於其營候獲皇帝玉璽三紐 遣長史裵嶷送于建鄴 崔毖懼廆之仇己也 使
兄子燾僞賀廆 會三國使亦至請和 曰 非我本意也 崔毖敎我耳 廆將燾示以攻圍之
處 臨之以兵 曰 汝叔父敎三國滅我 何以詐來賀我乎 燾懼 首服 廆乃遣燾歸說毖曰
降者上策 走者下策也 以兵隨之 毖與數十騎家室奔于高句麗 廆悉降其衆 使燾及高
瞻等于棘城 待以賓禮 明年 高句麗寇遼東 廆遣衆擊敗之 裵嶷自建鄴 帝遣使者拜
廆監平州諸軍事 安北將軍 平州刺史 增邑二千戶 尋加使持節 都督幽州東夷諸軍事
車騎將軍 平州牧 進封遼東郡公".

세력확대를 꾀하자 고구려는 晋의 平州刺史 겸 東夷校尉인 崔毖와 이외의 段氏, 宇文氏 등과 연합하여 그가 있던 棘城을 공격하였다.[4]『진서』모용 외 재기에는 "毖意龐拘留 乃陰結高句麗及宇文 段國等 謀滅龐以分其地"라 하여 모용외를 멸하고 그 땅을 고구려와 최비, 단씨, 우문씨가 나누어 가지기로 비밀리에 결탁하였다는 것이다. 그러나 최비를 중심으로 한 삼국의 이해관계는 서로 달리 하고 있었다.[5] 고구려와 단씨는 우문씨가 모용외와 공모하고 있다고 의심하였는데, 결국 이들 4개파 연합군이 결렬된 뒤에도 고구려군은 철수하지 않고 이 지역에 그대로 눌러 있었다. 여기서 최비가 우문씨나 단씨한테로 도망가지 않고 고구려로 도망한 것은 이들보다 고구려가 그만큼 강력하다는 뜻이다. 또 모용외에게 있어 가장 큰 적대 세력이었다는 것을 방증한다.

그렇기 때문에 위『삼국사기』기사에서 고구려 장군 如孥가 '于河城'을 점거하자 모용외가 장군 張統을 보내 여노를 사로잡고 그 부중 천여 가를 부로로 잡아 극성으로 돌아갔던 것이다. 그러자 바로 고구려가 요동을 공격하였고 또 모용외는 모용한과 모용인을 보내어 이를 막았던 것이다. 이듬해인 320년 고구려는 다시 요동을 공격하는 등 모용씨와 더불어 요하를 넘나들며 치열하게 싸웠다.

한편『삼국사기』에 "三國進攻棘城"과『진서』모용외 재기에 "於是 三國攻棘城"이라 나오는데, 棘城의 위치에 대해서는 다음과 같은 기사를 참고할 수 있다.

> B-1) 柳城郡 … 棘城은 곧 顓頊之墟로 郡城의 동남 1백70리에 있다.[6]
> B-2) 大棘城은 義州의 서북에 있다.[7]

---

4) 공석구, 1998,『高句麗 領域擴張史 硏究』, 서경문화사 ; 공석구, 2005,「고구려의 요동지방 진출정책과 모용씨」『軍史』54.
5) 지배선, 1986,『中世東北亞史硏究』, 일조각, 43쪽.
6)『通典』卷178, 州郡 "柳城郡 … 棘城 卽顓頊之墟 在郡城東南一百七十里".

위 『통전』과 『대청일통지』에 극성이 營州의 동남 170리 지점과 義州
의 서북에 있다는 기록을 검토하면 극성은 지금 錦州의 義縣 일대로 추
정된다.[8] 또 고구려군이 점거한 于河城은 『삼국사기』에는 '我將如弩據
于河城'으로 『자치통감』에는 '高句麗將如奴子據于河城'으로 되어 있어
고구려 장군의 이름이 비록 다르게 나오고 있으나, '據于河城'은 같다.
그러므로 '據'字의 의미를 고려하고 "廆가 장군 장통을 보내 이를 습격
하여 사로잡고 그 부중 千餘家를 부로로 잡아 극성으로 돌아갔다."는 것
을 보면, 우하성은 극성에서 가까운 거리에 있다고 보여 진다. 여기서
'據于河城'에서 于河城으로 보지 않고 '土'가 '于'로 와전된 것이라는
견해와,[9] 우하성을 하성으로 보고 이 하성이 요하 하류 부근에 있었다는
의견도 제기된 바 있다.[10] 우하성의 표기방식과 그 위치가 논란이 있더
라도 이상에서 살펴 본 극성의 위치를 고려한다면 319년 고구려군이 요
서지역에 진출하였던 것임은 분명하다.

이후 391년에 광개토왕이 즉위할 때까지 고구려가 다시 요서지역으
로 진출하는 사례가 보이고 있지 않다. 319년 이후 391년까지 72년간
고구려의 요서진출이 현재의 자료로서는 보이고 있지 않는다는 점이다.
이것은 모용외의 아들 모용황이 우문씨, 단씨 등을 물리치고 337년 燕王
으로 등극하는 등 모용씨의 발흥에 일차적 배경이 있다. 『진서』 모용외
재기에 의하면 모용외는 "使持節 都督幽州東夷諸軍事 車騎將軍 平州牧
進封遼東郡公"이라 하여 그 세력을 인정받게 된다.

고구려의 입장에서는 342년에 전연의 모용황이 고구려 국도에 침공
하여 王母 周氏는 물론 미천왕의 시신과 남녀 5만여 구를 약탈하고 환
도성에 불을 지르는 등 그 피해가 막심한 것에 원인이 있다고 할 수 있

---

7) 『大淸一統志』 卷65, 錦州府 "大棘城在義州西北".
8) 孫進己·馮永謙 總纂, 1989, 『東北歷史地理2』, 黑龍江人民出版社, 72쪽.
9) 정인보, 1983, 『薝園 鄭寅普全集4(朝鮮史研究 下)』, 연세대출판부, 113쪽.
10) 손영종, 2006, 『조선단대사(고구려사1)』, 과학백과사전출판사, 175쪽.

다. 이처럼 모용씨가 고구려의 왕도를 침공하여 왕릉을 파괴하고 시신을 노획하는 행위는, 고구려에게 깊은 상처를 안겨 준 것은 분명하다. 고구려는 하는 수없이 343년에 왕제를 모용황에게 보내어 미천왕의 시신만은 반환받을 수 있었다. 왕모는 355년이 되서야 겨우 돌려받을 수 있었지만 5만여 구는 끝내 돌려받지 못하여 고구려의 국력에도 상당한 타격을 입었다. 더구나 371년 10월에는 백제 근초고왕이 3만의 군사로 평양성을 공격하여 고국원왕이 이를 막다가 전사하는 사건마저 벌어졌다. 국란이 계속되던 고구려로서는 국내의 안정이 우선이었을 것이고, 요서로 재차 진출하는데 일정한 시간이 필요하였던 것이다. 고구려의 요서진출은 391년 정복군주 광개토왕의 등장과 함께 다시 나타났다.

2. 廣開土王의 稗麗攻破

광개토왕은 즉위년인 391년 9월 거란을 대상으로 첫 외정에 나서 거란남녀 5백구를 노획하고 고구려의 함몰민 1만을 데리고 귀환하였다.[11] 거란은 이미 광개토왕이 즉위하기 13년 전인 378(소수림왕 8)년에 고구려의 북변을 침공하여 8부락을 함락시킨 사실이 있었다.[12] 광개토왕은 즉위 후 4년만인 395년에 稗麗를 공격하였다.

> C) 永樂五年(395) 歲在 乙未에 王이 稗麗가 不□□人 躬率하여 토벌하였다. 富山負山을 지나 鹽水上에 이르러 그 三部落 六·七百營을 파하니 牛馬群羊이 不可稱數였다. 旋駕하여 襄平道를 지나 □城, 力城, 北豊으로 東來하였다.[13]

---

11) 『三國史記』卷18, 高句麗本紀, 廣開土王元年 "九月 北伐契丹 虜男女五百口 又招諭本國陷沒民口一萬而歸".

12) 『三國史記』卷18, 高句麗本紀, 小獸林王8年 "秋九月 契丹犯北邊 陷八部落".

이상에서 나오는 稗麗에 대하여는 보통 거란의 일파로 보는 주장이 있는데, 이 경우에 있어 패려의 위치는 요녕성 瀋陽방면이라는 주장[14]과, 『요사』 지리지의 기록[15]과 『발해국지』를 근거[16]로 현재 太子河 상류지역으로 본 견해가 있다.[17] 하지만 이상의 두 지역이 패려일 경우 광개토왕이 패려를 정벌하고 襄平道를 통해 개선하는 교통로 상의 조건과 맞지 않기 때문에 이 견해는 성립하기 어렵다. 그럼 먼저 패려의 한자 표기부터 살펴보자. 광개토왕비의 탁본유형에 따라 이에 관해 달리 보이고 있어 이 문제를 우선 해결할 필요가 생기기 때문이다. 패려의 표기는 '碑麗'로 본 견해[18]와 '稗麗'[19]로 본 견해가 있는데 후자가 원석탁본을 근거로 하고 있어 '稗麗'가 보다 더 타당하다고 생각된다. 그런데 이 '稗麗'가 『진서』 동이전에 나오는 '神離國'과 관련이 있다는 연구가 있어 왔다.[20] 즉,

> D) 神離國은 肅愼의 西北에 있고 말로 2百日을 가야하며 호구 2萬을 다스린다. 寇莫汗國은 養雲國에서 또 百日을 가야하고 5萬餘戶를 다스린다. 一羣國은 莫汗에서 또 5百10日을 가야하는데 모두 肅愼에서 5萬餘里 떨어져 있다. 그 風俗土壤이 전부 未詳이다. 泰始三年(267) 각 小部는 사신을 보내 方物을 받쳤다. 太熙(290~)初에 이르러 다시 牟奴國의 帥長 逸芝惟離, 模盧國의 帥長 沙支臣芝, 于離末利國의 帥長

---

13) 徐建新, 2006, 『好太王碑拓本の硏究』, 東京堂出版 "永樂五年歲在乙未王以稗麗不□□人躬率往討 過富山負山至鹽水上破其三部洛六七百營牛馬群羊不可稱數於是旋駕因過襄平道東來□城力城北豊".
14) 박시형, 1966, 『광개토왕 릉비』, 사회과학원출판사, 154쪽.
15) 『遼史』 卷38, 地理志 "集州 … 古陴離郡地".
16) 『渤海國志』 卷2, 地理志 "集州古陴離郡地有渾河".
17) 王健群, 1984, 『好太王碑硏究』, 吉林人民出版社, 137쪽.
18) 박시형, 1966, 앞의 책, 150쪽 ; 王健群, 1984 앞의 책, 137쪽.
19) 徐建新, 2006, 『好太王碑拓本の硏究』, 東京堂出版, 316~317쪽.
20) 천관우, 1979, 「廣開土王陵碑文 再論」 『全海宗博士華甲紀念史學論叢』, 일조각, 521~522쪽.

加牟臣芝, 蒲都國의 帥長 因末, 繩余國의 帥長 馬路, 沙樓國의 帥長
釤加 등이 각각 正副使의 사신을 東夷校尉 何龕에 보내 歸化했다.[21]

　이상에서 나오는 肅愼이 裨離國의 서북에 있고 말로 2백일을 가야한
다고 전하고 있다. 위 인용에서 계속된 아래 문장을 보면 이것은 3세기
후반의 동북아 사정을 말해주고 있다고 판단된다. 물론 여기서 나오는
何龕은 285년부터 290년 사이에 晋의 東夷校尉로 있었던 자로, 牟奴國
등이 그에게 사신을 보내어 방물을 받쳐다는 내용이 또한 전한다. 문제
는 裨離國이 '숙신의 서북에 있고 말로 2백일을 가야하고 호구가 2만'이
라는 점이다. 숙신은 후일의 勿吉 혹은 靺鞨로 변하는데, 말갈의 위치는
다음의 사료를 통해서 알아 볼 수 있다.『위서』두막루국전에 "豆莫婁國
在勿吉國北千里 去洛六千里 舊北扶餘也 在失韋之東 東至於海 方二千
里"[22]와『위서』실위국전에는 "失韋國 在勿吉北千里"[23]와『魏書』勿
吉國傳에 "勿吉國 在高句麗北 舊肅愼國也"와 같은 책에 "國有大水 闊
三里餘 名速末水 其地下濕 築城穴居"[24]를 보면 숙신은 '速末水', 오늘
날 길림성 일대의 松花江 부근에 있었던 족속이라 할 수 있다.

　裨離國이 '숙신의 서북에 있고 말로 2백일을 가야한다'면 裨離國의
위치는 오늘날 서요하 일대를 상정할 수 있는데, 구체적으로는 서요하의
서쪽과 시라무렌하 남쪽의 科爾沁沙地 일대라고 볼 수 있다. 그런데 C)
의 광개토왕비의 395년조에서 패려는 "鹽水上에 이르러 그 3부락 6·7

---

21)『晋書』卷97, 列傳, 東夷 "裨離國在肅愼西北 馬行可二百日 領戶二萬 寇莫汗國去
　　養雲國又百日行 領戶五萬餘 一羣國去莫汗又五百十日 計去肅愼五萬餘里 其風俗
　　土壤並未詳 泰始三年 各遣小部獻其方物 至太熙初 復有牟奴國帥逸芝惟離 模盧
　　國帥沙支臣芝 于離末利國帥加牟臣芝 蒲都國帥因末 繩余國帥馬路 沙樓國帥釤加
　　各遣正副使詣東夷校尉何龕歸化".
22)『魏書』卷100, 列傳, 豆莫婁國.
23)『魏書』卷100, 列傳, 失韋國.
24)『魏書』卷100, 列傳, 勿吉國.

〈사진 11〉 내몽골 翁牛特旗 가는 도중의 科爾沁沙地

백영을 파하니 우마군양이 불가칭수였다.”라고 나와 있다. 여기서 패려의 위치와 관련하여 또 다른 단서인 염수가 나오는데, 이 경우 鹽水는 海鹽이 아닌 池鹽으로 판단된다.『후한서』선비전에도 “水澤 鹽池”라는 말이 나오는데,25)『진서』동이전에 나오는 ‘裨離國’이 서요하의 중류와 상류에 근방에 있었다면 염수는 지염으로 科爾沁沙地 일대 어느 곳에 있었다고 생각된다.

다만 여기서 광개토왕이 C)에서 “선가하여 양평도를 지났다.”는 기록이 유의된다. 이 경우 양평은 요동지역의 양평으로 인정되는데,26) 이렇게 놓고 볼 때 광개토왕의 군대는 醫巫閭山을 우회하여 오늘날 遼陽 지역으로 개선하게 되는 것이다. 결국 D)의『진서』동이전에서 나오는 ‘裨離國’

---

25)『後漢書』卷90, 鮮卑傳 “鮮卑邑落百二十部 各遣使入質 … 北拒丁零 東卻夫餘 西擊烏孫 盡據匈奴故地 東西萬四千餘里 南北七千餘里 網羅山川 水澤鹽池”.

26)『晉書』卷109, 載記, 慕容皝 “遇仁於險瀆 仁知事發 殺皝使 東歸平郭 … 皝自征 遼東 克襄平”.

이 광개토왕비에 나오는 패려로 이어지는 것이 아닌가 생각된다.[27)]

그렇다면 395년에 광개토왕이 왜 패려를 원정하였을까. 이 문제는 C)의 광개토왕비의 '우마군양이 불가칭수'라는 것에서 단서를 찾을 수 있다. 보통 소와 함께 양은 군대의 식량으로 사용된 것을 확인할 수 있다. 『한서』에 "馬牛羊以給軍食"[28)]과 『전당문』에 '牛羊以充軍食'[29)]과 『요사』에 "野

---

27) 여기서 稗麗가 광개토왕비에 나오기 이전에는 과연 어떤 형태로 사료에 나오는지 그 가능성을 타진하여 보기로 한다. 이에 관련하여서는 먼저 선진문헌을 검토할 수 있다. 『관자』에 '卑耳之谿'(『管子』 卷16, 小問 "桓公北伐孤竹 未至卑耳之谿十里 闖然止")가 나오고 있고, 『설원』에는 구체적으로 "제환공이 북으로 고죽을 치러가다가 卑耳의 계곡에 10리도 채 못 이르러 갑자기 멈추었다. … 과연 10를 더 가더니 물이 있었으며 왈 遼水라 하였다."(『說苑』 卷18, 辨物 "齊桓公北征孤竹 未至卑耳谿中十里 闖然而止 … 行十里果有水 曰遼水")라는 데서 '卑耳'를 주목할 수 있다. 여기서 卑耳와 稗麗라는 단어를 비교하면 '稗'자의 '禾'변을 탈락시킬 경우 '卑'가 남는 다는 것과 함께, '麗'자의 발음을 '이' 또는 '리'로 읽을 수 있다는 점이다. '離'자 국명은 『후한서』 부여전에서 索離國과 『삼국지』 부여전에는 高離國의 예를 들어 볼 수 있다. 이에 대해 『說文解字』에서는 '易曰離 麗也'라고 하였고 또 '古文麗爲離'라고 하였듯이, '離'와 '麗'가 통하고 있음을 알게 된다. 사전적 설명에서도 '麗'자가 나라 이름일 경우에는 '려'가 아닌 '리'로 발음된다는 것도 이에 부합된다. 또한 卑耳라는 국명과 관련하여서는 고구려의 다른 표현인 '貊耳'라는 명칭을 들어 볼 수 있다. 『후한서』 고구려전에 '句驪一名 貊耳'라고 나와 있는데, 여기서 맥은 『후한서』 광무제기의 '遼東徼外貊人'에서 보듯 貊은 고구려를 지칭한다고 볼 수 있다. 따라서 '맥이'와 '비이'라는 단어를 통해 볼 때 '耳'자가 고대에 있어 나라 또는 종족을 의미하는 어미로 사용되고 있다고 보여 진다. 그렇다면 선진문헌에 나오는 비이가 4세기 후반의 광개토왕비에 나오는 패려와 과연 어떤 관련성이 있을까. 이 문제와 관련하여서는, 『설원』에 '肅愼'(『說苑』 卷18, 辨物 "於是肅愼氏貢楛矢石弩 長尺而咫")이라는 단어가 나오고, 또 광개토왕비에도 肅愼이 나오고 있는 점을 고려할 수 있다. 물론 광개토왕비에 나오는 숙신이라는 단어에 대해 이의가 없는 것은 아니다. 광개토왕비에 나오는 숙신의 표기에 대해 王健群은 帛愼으로 보고 있지만, 武田幸男과 白崎昭一郎, 徐建新 등은 肅愼으로 읽고 있다. 광개토왕비에 나오는 肅愼을 帛愼이 아닌 肅愼으로 볼 경우 이는 『설원』에 나오는 숙신과 같다고 여겨진다. 따라서 숙신이 『설원』에 나올 정도로 오랜 족속이라면 패려도 '卑耳'라는 초기의 형태로 선진문헌에 출현된 것으로 이해할 수 있다.

28) 『漢書』 卷70, 傳常鄭甘陳段傳 "湯縱胡兵擊之 殺四百六十人 得其所略民四百七十

獸數千以充軍食"30)이라는 기사에서 보듯, 소와 양은 고대국가에서 군대의 식량으로 이용되었던 것을 알 수 있다. 고구려에서는 양이 풍족하지 않았다. 『통전』의 변방 고구려조에 "말은 모두 작아 산에 오르기 편하고 소와 돼지를 기른다."31)라고 하는데서 말과 소, 돼지가 나오는 반면 양은 없다. 645년 요동성이 당군에 함락하며 약탈된 "牛馬犬豕 不可勝數"라는 표현가운데 소, 말, 개, 돼지만 나올 뿐 양에 대한 언급은 없다.32) 또한 고연수와 고혜진 등 고구려군이 당에 패하여 빼앗긴 가축 중에 말이 3만필, 소가 5만두가 있었고,33) 668년 멸망 시 당이 끌고 간 고구려의 가축에 소와 말 그리고 낙타가 있지만 양은 보이지 않는다.34) 따라서 양이 습지가 아닌 초지에서 방목하였다는 사실을 고려하면, 고구려에서는 그 방목조건이 맞지 않아 사육되지 않았던 것이다.35)

고구려에서 널리 사육되지 않았던 양은 내몽골 지역에서 주로 생산되고 있었다. 『후한서』오환전에는 오환이 흉노에게 복속한 후 매년 소, 말, 양가죽을 보낸다는 기사가 보이고 있다.36) 『삼국지』오환전에는 죽

人 還付大昆彌 其馬牛羊以給軍食".
29) 『全唐文』親征高麗手詔 "多驅牛羊以充軍食".
30) 『遼史』卷2, 太祖紀 "獲野獸數千以充軍食".
31) 『通典』卷186, 邊防, 高句麗 "其馬皆小 便登山 畜有牛豕 豕多白色".
32) 『册府元龜』卷117, 帝王部, 親征 "須克遼東城 訖焚以報 太子至是太宗知城必下麾無忌師首戰馳至 烽所焚之 乃麾戰士登城 高麗蒙楯拒戰 天子命抛車飛錫繼中 其楯壯士數百人 攢長矟而攻之 高麗兵大潰 其留戰者盡煁燒死者萬餘人 牛馬犬豕不可勝數 俘其勝兵萬餘人口四萬 收倉粟五十萬石 以其城爲遼州".
33) 『舊唐書』卷198, 列傳, 高麗 "獲馬三萬匹 牛五萬頭".
34) 『舊唐書』卷5, 本紀, 高宗 "移高麗戶二萬八千二百 車一千八十乘 牛三千三百頭 馬二千九百匹 駝六十頭 將入內地".
35) 韓茂莉, 1999, 『遼金農業地理』, 社會科學文獻出版社, 12쪽.
36) 『後漢書』卷90, 烏桓鮮卑列傳 "俗善騎射 弋獵禽獸爲事 隨水草放牧 居無常處 … 食肉飲酪 以毛毷爲衣 … 大人以下 各自畜牧營產 不相徭役 … 送牛馬羊畜 以爲娉幣 壻隨妻還家 … 祠用牛羊 畢皆燒之 … 聽出馬牛羊以贖死 … 匈奴 歲輸牛馬羊皮".

〈사진 12〉 초원에 널려 있는 양떼들

은 大人에게 제사지낼 때는 소와 양을 받쳤다는 기록과,[37] 388년에 북위 道武帝가 고막해를 정벌하여 그 4부락의 말, 소, 양, 돼지 10여 만을 획득한 기사가 있다.[38] 417년에는 유연이 북연의 풍발에게 말 3천필과 양 萬口를 준 기사가 나오고 있다.[39] 이상과 같은 기사를 검토한다면 오환과 그 후대의 고막해, 奚가 위치한 노로아호산 이북 지역은 양이 많이 산출되는 지역이었다고 판단된다.

　물론 광개토왕이 양에 대한 다수의 획득만을 위해 패려를 원정하였던 것으로는 볼 수 없다. 그러나 '우마군양 불가칭수'라는 광개토왕비의 기사를 주목하여 본다면 '우마군양'의 획득이 고구려인들의 눈에는 분명히 패려 원정으로 얻는 매력적인 요소였을 것이다. 특히 고구려에서 다수

---

37) 『三國志』 卷30, 烏丸鮮卑東夷傳 "先大人有健名者 亦同祠以牛羊 祠畢皆燒之".
38) 『魏書』 卷100, 列傳, 庫莫奚 "其民不潔淨 以善射獵 好爲寇鈔 登國三年 太祖親自出討 至弱洛水南 大破之 獲其四部落 馬牛羊豕十餘萬".
39) 『晋書』 卷125, 載記, 馮跋 "蠕蠕大但遣使獻馬三千匹 羊萬口".

생산되지 않은 양이 不知其數(群羊)로 패려 진영에 널려 있다는 것은, 고구려가 이 지역을 원정하여 영역 지배하기 위한 목적보다도 '우마군양'의 획득에 더 많은 목적이 있지 않나 생각된다. 결국 광개토왕은 군용물자로서 다량의 우마군양을 획득하여 이후의 정복활동에 더욱 탄력을 받게 되는 것이다.

3. 廣開土王의 後燕攻略

다음으로 광개토왕의 후연지역 공략에 대해 알아보기로 한다. 이와 관련해서는 우선 북위와 후연과의 관계, 특히 두 나라 간에 벌어진 395년의 參合陂戰을 중심으로 前後 정치적, 군사적 사정을 검토할 필요가 있다. 384년 燕王을 자칭하며 후연을 건국한 慕容垂는 中山 즉 오늘날 하북성 定州에 본거지를 두며 386년 황제를 칭하였는데, 394년 8월에는 전연의 계승권을 놓고 대립하던 西燕을 멸망시키고 산동을 동진으로부터 빼앗았다. 이처럼 후연은 서로는 산서로부터 동은 산동과 요서에 이르는 등 전연의 영토를 능가하게 되었다. 그런데 후연의 북방에서는 代의 拓跋珪가 386년 북위를 건국하였다. 처음에 후연은 북위와 연대하며 흉노의 劉顯 세력이나 서연에 대항하며 빈번히 사신을 교환하였다. 하지만 391년 후연의 모용수가 名馬를 요구하자 북위가 이를 거부하고 반대로 서연에 접근함에 따라 후연과 북위와의 관계는 점차 악화되었고 충돌위기까지 몰리게 되었다. 물론 이것은 북위의 세력 확대에 따라 후연과의 이해관계가 충돌하는 측면이 있다고 분석된다.[40]

후연의 모용수는 이 같은 북위의 행태를 꺾기 위해 서연을 멸망시킨

---

40) 三崎良章, 2002, 『五胡十六國』, 東方書店, 105쪽.

기회를 이용하여 395년 5월 태자인 慕容寶에 명하여 보기 1만8천명 등 10만군으로 북위를 공격하게 하였다.[41] 북위군이 이때 오르도스 지방으로 물러남에 따라 후연과 북위군은 黃河를 두고 대치하였지만, 395년 10월 기후조건이 악화되자 후연군은 후퇴하여 參合陂 근방에 숙영하게 되었다.[42] 그런데 395년 11월 기후가 급변하여 황하가 갑자기 결빙하자 북위군은 그 기회를 놓치지 않고 얼어붙은 황하를 도강하여 참합피에 宿營하고 있던 후연군을 급습하였고, 불의

〈사진 13〉 내몽골 涼城縣에는 參合陂와 관련된 길도 있다

의 일격을 당한 후연군을 혼란 끝에 대패를 당하였다.

E-1) 10月 辛未에 寶는 배에 불을 지르고 밤에 몰래 도망하였다. 11月 己卯에 帝는 軍을 進軍시키어 江을 건너 乙酉 저녁에 參合陂에 이르렀고 丙辰에 大破하였다. 陳留王 紹와 魯陽王 倭奴, 桂林王 道成, 濟陰公 尹國, 北地王世子 鍾葵, 安定王世子 羊兒 以下 文武將吏 數千人을 사로잡았다. 器甲輜重 軍資雜財가 10餘萬을 헤아렸다.[43]

---

41) 『資治通鑑』卷108, 晋紀, 孝武帝太元20年(395) "燕王垂遣太子寶 … 帥衆八萬 自五原伐魏 … 步騎萬八千爲後繼".
42) 參合陂의 위치에 대하여는 산서성 陽高의 동북과 내몽골 涼城의 동북에 있는 岱海와 察哈爾右翼前旗의 북방에 있는 黃旗海 등 세 가지 설이 있다.
43) 『魏書』卷2, 太祖紀, 登國10年(395) "冬十月辛未 寶燒船夜遁 十一月己卯 帝進軍

E-2) 燕의 병사 4·5萬人이 一時에 무기를 내려놓고 손을 거두고 나아가서
붙잡히니 그 나머지 살아 도망친 자는 불과 數千人이었다. 太子 寶
등은 모두 單騎로 달아나 겨우 죽음을 면하였다. 燕의 右僕射 陳留悼
王 紹를 죽였고 魯陽王 倭奴와 桂林王 道成, 濟陰公 尹國 등 文武將
吏 數千人을 산채로 붙잡았다. 兵甲과 糧貨가 鉅萬을 헤아렸다.[44]

북위는 395년 11월 황하를 건너가 후연군을 대파하였다. 이때 후연군
4·5만 명이 북위에 항복하였는데, 태자 모용보는 단기로 달아나 겨우 죽
음만은 모면하였다. 북위에 포로로 붙잡힌 후연의 文武將吏가 수천 명
이었다. 북위가 후연군으로 부터 노획한 물자도 兵甲과 糧貨가 鉅萬을
헤아리게 되었는데, E-1)의 『위서』태조기에는 구체적으로 器甲輜重과
軍資雜財가 10여 만이라 하였다.

이 참합피전의 결과로 북위와 후연과의 관계는 역전하게 되었다. 즉
북위는 이 승리로 화북진출에의 길이 열리게 된 것이다. 그런데 모용수
는 참합피전의 패배 다음 해인 396년 3월에 북위의 平城을 공격하여 승
리하였지만, 중산으로 돌아오던 중 참합피를 거치게 되었다. 모용수는
그곳에 산더미같이 쌓여 있는 후연군의 시체를 보고 분한 나머지 병을
얻게 되고 396년 4월 上谷에서 갑자기 죽는다. 모용수가 죽고 그의 4자
인 慕容寶가 즉위하였는데, 북위의 탁발규는 이를 틈타 396년 8월에 보
기 40여 만, 정기 2천여 리의 대군을 동원하여 후연을 일거에 멸하려는
행동에 돌입하였다.[45] 북위는 397년 2월 중산을 압박하였다.

    濟河 乙酉夕 至參合陂 丙辰 大破之 語在寶傳 生擒陳留王紹 魯陽王倭奴 桂林王
    道成 濟陰公尹國 北地王世子鍾葵 安定王世子羊兒以下文武將吏數千人 器甲輜重
    軍資雜財十餘萬計".

44) 『資治通鑑』 卷108, 晋紀, 孝武帝太元20年(395) "燕兵四五萬人 一時放仗歛手就禽
    其遺迸去者不過數千人 太子寶等皆單騎僅免 殺燕右僕射陳留悼王紹 生禽魯陽王
    倭奴 桂林王道成 濟陰公尹國等文武將吏數千人 兵甲糧貨以鉅萬計".

45) 『資治通鑑』 卷108, 晋紀, 孝武帝太元21年(396) "八月 己亥 魏王珪大擧伐燕 步騎
    四十餘萬 南出馬邑 踰句注 旌旗二千餘里 鼓行而進 … 襲燕幽州".

F-1) 2월 己巳에 帝는 진군하여 楊城에 머물렀다. … 寶무리는 大敗하여 斬
首가 萬餘級이었고, 그 장군 高長 등 四千餘人이 산채로 잡혔다. 戊寅
에 寶가 中山에서 脫走하고 器仗輜重이 數十萬을 헤아렸다. … (겨울
10월 甲申) 그 所屬의 公卿, 尙書, 將吏, 士卒 등 降者가 二萬餘人이었
다. 그 장군 張驤과 李沈, 慕容文 등이 먼저 항복하여 왔지만 모두 도
망가자 그날 다시 잡혔다. 모두 사면하여 불문에 붙였다. 그 곳에 전하
는 皇帝璽綬, 圖書, 府庫, 珍寶, 簿列을 數萬이나 획득하였다.[46]

F-2) 2월 己巳朔에 珪가 돌아와서 楊城에 주둔하였다. … (寶는) 그 무리
步卒 十二萬과 騎 三萬七千을 모두 발동하여 曲陽의 柏肆에 주둔하
게 하고 滹沱水 북쪽에서 그들을 맞이하였다. 丁丑에 魏軍이 이르러
滹沱水 남쪽에 군영을 쳤다. … 戊寅에 위가 무리를 정돈하고 도착
하여 연과 더불어 서로 대치하니 燕軍이 사기를 빼앗겼다. 寶가 군사
를 이끌고 中山으로 돌아오는데 魏兵이 따라와서 이를 공격하니 燕
兵이 계속 패하였다. 寶는 두려워서 大軍을 버리고 騎兵 二萬을 이끌
고 도망하여 돌아오는데, 마침 그때 大風雪이 와 凍死者가 서로 베개
를 밴 것 같았다. 寶는 魏軍이 따라잡을 것을 두려워하여 士卒에게
명하여 袍仗과 兵器 數十萬을 모두 버리도록 하니 寸刃조차 가지고
돌아오지 못하였다. 燕의 朝臣과 將卒이 魏에 항복하고 포로로 잡힌
자가 甚衆하였다. (3월) 燕主 寶가 中山을 탈출하였다. … 丙辰에 寶
가 薊안에 있는 府庫를 모두 옮겨 북쪽의 龍城으로 운반하였다. …
(9월) 中山에 기근이 심하자 慕容麟이 二萬餘人을 인솔하여 新市를
점거하였다. 甲子 그믐에 魏王 珪가 進軍하여 공격하였다. … 겨울
10월 丙寅에 麟이 퇴각하여 泒水에서 방어하였다. 甲戌에 珪가 麟과
더불어 義臺에서 싸워 大破하니 斬首가 九千餘級이었다. 麟이 數十
騎와 더불어 달려 妻子를 데리고 西山으로 가서 끝내 鄴으로 도망
하였다. 甲申에 魏가 中山에서 이기니 燕의 公卿, 尙書, 將吏, 士卒
등 降者가 2萬餘人이었다. 張驤과 李沈이 먼저 일찍이 魏에 항복하
였다가 다시 도망하여 떠나갔지만 珪가 入城하여 모두 사면하였다.
燕의 璽綬, 圖書, 府庫의 珍寶를 萬數나 획득하여 群臣과 將士들에
게 차등 있게 賞으로 나누어 주었다.[47]

---

46) 『魏書』 卷2, 太祖紀, 皇始2年(397) "二月己巳 帝進幸楊城 … 寶衆大敗 斬首萬餘
級 擒其將軍高長等四千餘人 戊寅 寶走中山 獲其器仗輜重數十萬計 … (冬十月
甲申) 其所署公卿 尙書 將吏 士卒降者二萬餘人 其將張驤 李沈 慕容文等先來降
尋皆亡還 是日復獲之 皆赦而不問 獲其所傳皇帝璽綬 圖書 府庫 珍寶 簿列數萬".

〈사진 14〉 내몽골 涼城 동북에 있는 岱海

〈사진 15〉 내몽골 豊鎭 북방에 있는 黃旗海

이상은 북위가 모용보를 공격하여 후연이 계속 패하였다는 것을 보여
주고 있다. 모용보는 두려운 나머지 대군을 버리고 기병 2만을 이끌고
도망하여 돌아오는데, 마침 그때 큰 바람과 눈이 와 동사자가 서로 베개
를 밴 것 같았다고 하였다. 모용보는 북위군에 붙잡힐 것을 두려워하여
사졸에게 명하여 袍伏과 兵器 수십만을 모두 버리도록 하였다. 후연의
조신과 장졸이 북위에 항복하고 포로로 잡힌 자가 수도 없이 많았고, 그
결과 북위는 후연의 器伏輜重 수십만을 획득하였다. 모용보는 하는 수
없이 중산을 버리고 요서지역의 龍城으로 천도하여 후연의 명맥을 이어
갔는데,『진서』지리지에는 "그 후 모용수의 아들 보가 또 화룡으로 옮
기고 幽州에서 廬薄鎭에 이르는 이남의 땅이 북위에 편입되었다."[48]는
기사는 이때의 정황을 말해 주고 있다. 397년 9월 중산을 지키고 있던
慕容麟도 북위군에 대패당하고 397년 10월 중산의 공경, 상서, 장리, 사
졸 등 2만여 명이 항복하였다. 북위는 드디어 중산을 점령하였으며, 累
代에 걸친 후연의 진기한 보물을 수만이나 획득하여 군신들과 將士들에
상으로 나누어 주었다.

후연의 모용보는 요서지역 용성으로 천도한 뒤 398년 2월 중산탈환
을 시도하다 실패하였고 398년 5월 용성으로 돌아오던 중 蘭汗에 의해
살해되었다. 398년 7월 모용보의 庶長子인 慕容盛이 그 뒤를 이었다. 모

---

47)『資治通鑑』卷109, 晋紀, 安帝隆安元年(397) "二月 己巳朔 珪還屯楊城 … 悉發
　　其衆步卒十二萬 騎三萬七千屯於曲陽之柏肆 營於滹沱水北以邀之 丁丑 魏軍至
　　營於水南 … 戊寅 魏整衆而至 與燕相持 燕軍奪氣 寶引還中山 魏兵隨而擊之 燕
　　兵屢敗 寶懼 棄大軍 帥騎二萬奔還 時大風雪 凍死者相枕 寶恐爲魏軍所及 命士卒
　　皆棄袍伏 兵器數十萬 寸刃不返 燕之朝臣將卒降魏及爲魏所係虜者甚衆 … (三月)
　　燕主寶出中山 … 丙辰 寶盡徙薊中府庫北趣龍城 … (九月) 中山飢甚 慕容麟帥二
　　萬餘人出據新市 甲子晦 魏王珪進軍攻之 … 冬十月 丙寅 麟退阻泒水 甲戌 珪與
　　麟戰於義臺 大破之 斬首九千餘級 麟與數十騎馳取妻子入西山 遂奔鄴 甲申 魏克
　　中山 燕公卿 尙書 將吏 士卒降者二萬餘人 張驤 李沈先詣降魏 復亡去 珪入城 皆
　　赦之 得燕璽綬 圖書 府庫 珍寶以萬數 班賞群臣將士有差".
48)『晋書』卷14, 地理志 "其後慕容垂子普又遷于和龍 自幽州至於廬薄鎭以南地入於魏".

용성도 401년 7월 禁軍의 반란으로 살해되고 그 숙부인 모용수의 아들 慕容熙가 天王의 위에 올라 후연의 명맥을 이어갔다. 395년의 참합피전 이후 397년까지 전개된 북위와 후연의 명운을 건 전투는 북위와 후연의 운명을 갈랐던 중요한 일전이었고, 이후 모용씨가 역사의 무대에서 사라지는 계기가 되었다.

이와 같이 격변하는 동북아 정세의 흐름에 광개토왕도 좌시하지 않았을 것이다. 우선 광개토왕은 요서지역의 용성으로 물러앉은 후연의 동태를 알아보기 위해 400년 1월 후연에 사신을 보냈다.[49] 후연은 400년 2월에 "고구려왕 安이 燕을 섬기는데 태만하다하여 2월 병신에 연왕 盛은 스스로 병사 3만을 거느리고 침공하였다. 표기대장군 熙로 하여금 전봉을 삼아 신성 남소 2성을 함락시키고 700여리 땅을 개척하고 5천여 호를 옮기고 돌아왔다."[50]는 등 고구려의 허를 찔렀다. 후연이 400년 1월 사신파견에도 불구하고 한 달 만에 고구려를 침공한 것은 북위에게 중원을 탈취당한 압박감이 1차적 원인이었을 것이다. 또 북위에게 당한 압박감을 동방의 고구려에게 이를 전가시켜 고구려를 굴복시키려 했던 것으로 보인다.

광개토왕은 402년 5월 후연의 국도 용성에서 그리 멀지 않은 宿軍城을 공격하였는데,[51] 『삼국사기』에는 "왕은 병사를 보내어 숙군을 공격하니 연의 평주자사 慕容歸가 성을 버리고 도주하였다."[52]라고 기록되어 있다. 모용귀가 고구려군과 대응하지 않고 성을 버리며 도주할 정도

---

49) 『三國史記』 卷18, 高句麗本紀, 廣開土王9年 "春正月 王遣使入燕朝貢".

50) 『資治通鑑』 卷111, 晋紀, 安帝隆安4年(400) "高句麗王安事燕禮慢 二月 丙申 燕王盛自將兵三萬襲之 以驃騎大將軍熙爲前鋒 拔新城南蘇二城 開境七百餘里 徙五千餘戶而還".

51) 『資治通鑑』 卷112, 晋紀, 安帝元興元年(402) "五月 … 高句麗攻宿軍 燕平州刺史慕容歸 棄城走".

52) 『三國史記』 卷18, 高句麗本紀, 廣開土王11年 "王遣兵攻宿軍 燕平州刺史慕容歸 棄城走".

〈사진 16〉 의무려산 동쪽의 북진에 있는 北鎭廟

라면 이때 고구려군의 규모는 상당하였을 것이다. 숙군성의 위치에 대해
서는『진서』모용희 재기에 "모용보의 諸子를 모두 죽였다. 대성 肥如와
宿軍을 仇尼倪로 하여금 진동대장군 영주자사로 삼아서 숙군에 진주하
게 하였다."53)라는 기사와,『자치통감』의 "宿軍典軍 杜靜이 관을 싣고
궐에 들어가 극간하자 모용희가 이를 참하였다."54)라는 기사를 참고할
수 있다. 또『진서』지리지에 "영주자사가 숙군을 진수하였다."55)라는
기사를 고려한다면 결국 숙군성은 현재 의무려산 동쪽의 北鎭 지방으로
비정된다.56)

　고구려는 숙군성 공격에 이어 또다시 "마침 고구려가 燕郡을 공격하

53)『晋書』卷124, 載記, 慕容熙 "盡殺寶子 大城肥如及宿軍 以仇尼倪爲鎭東大將軍
　　營州刺史 鎭宿軍".
54)『資治通鑑』卷114, 晋紀, 安帝義熙3年(407) "宿軍典軍杜靜載棺詣闕極諫 熙斬之".
55)『晋書』卷14, 地理志 "營州刺史鎭宿軍".
56) 孫進己・馮永謙 總纂, 1989,『東北歷史地理2』, 黑龍江人民出版社, 126쪽.

여 백 여인을 殺略하였다."57)라며 연군을 친다. 이 기사는『자치통감』
404년 12월조에 나와 있고,58)『삼국사기』에는 403년 11월조에 나와 있
는데,59)『자치통감』과『삼국사기』의 기사가 1년의 차이를 보이고 있다.
404년 12월 광개토왕의 연군공격은 그 위치에 대하여 북경 지방설과60)
朝陽과 錦州에 이르는 지역과,61) 북경 근처의 薊城으로 보고 고구려가
그곳에 있던 모용황의 廟를 지키던 군사를 공격한 것으로 주장62)하는
설이 있다. 하지만 399년 12월에 후연의 연군태수 高湖가 3천호를 이끌
고 북위에 내속한 기사와,63) 402년 1월 후연 모용희의 공격으로 북위가
令支를 포기한 사건을 보면,64) 계성을 중심으로 한 幽州일대는 북위와
후연의 접경지대로 이들 두 나라가 일진일퇴의 공방이 있었음을 알 수
있다. 영지는 407년 高雲정권 성립이후 유주자사 慕容懿가 영지를 들어
북위에 항복할 때까지 후연의 관할 하에 있었던 것으로,65) 영지는 오늘
날 난하 하류의 서안으로 비정되고 있다.66)

따라서 고구려가 계성지역에 있다고 하는 연군을 공격하여 중원지역
에 웅거하고 있던 당시 북위를 자극할 필요는 없었다.『진서』지리지에

---

57)『晋書』卷124, 載記, 慕容熙 "會高句驪寇燕郡 殺略百餘人".
58)『資治通鑑』卷113, 晋紀, 安帝元興3年(404) "十二月 … 高句麗侵燕".
59)『三國史記』卷18, 高句麗本紀, 廣開土王13年 "冬十一月 出師侵燕".
60) 손영종, 1990,『고구려사』1, 과학백과사전종합출판사, 309쪽 ; 이인철, 1998「德
    興里壁畵古墳의 墨書銘을 통해 본 고구려의 幽州經營」『歷史學報』158, 13쪽.
61) 지배선, 1987,「北燕에 대하여」Ⅰ『東方學志』54·55·56합집, 863쪽 ; 지배선,
    1998『中世 中國史 研究(慕容燕과 北燕史)』, 연세대출판부, 303쪽.
62) 지배선, 2009,「고구려 광개토왕의 燕郡(北京)침공원인에 대쪽어」『白山學報』83,
    203쪽.
63)『魏書』卷2, 太祖紀 "二年 … 十有二月甲午 慕容盛征虜將軍 燕郡太守 高湖 率戶
    三千內屬".
64)『魏書』卷2, 太祖紀 "五年春正月丁丑 慕容熙遣將寇遼西 虎威將軍宿沓干等拒戰
    不利 棄令支而還".
65)『資治通鑑』卷114, 晋紀, 安帝義熙3年(407) "幽州刺史上庸公懿以令支降魏 魏以
    懿爲平州牧 昌黎王".
66) 孫進己·馮永謙 總纂, 1989, 앞의 책, 20쪽.

"그 후 모용수의 아들 보가 또 화룡으로 옮겼는데, 유주에서 盧薄鎭에 이르는 이남의 땅이 북위에 편입되었다."는 기사를 고려하더라도 연군이 계성 즉 오늘날 북경 일대에 있었다는 견해는 성립하기 어렵다. 『신당서』 지리지에 "營州의 동쪽 180리에 燕郡城이 있다."[67]라는 것을 고려하면, 연군은 요녕성 義縣 동남일대로 보는 것이 합리적이다.[68]

후연의 모용희는 다시 405년 1월에 衝車와 地道를 이용하여 요동을 공격하였지만, 때마침 큰 비와 눈이 쏟아져 병사가 많이 죽자 회군하였다.[69] 역시 이 기사도 『삼국사기』에는 404년 1월조에 기록되어 있고, 『자치통감』에는 405년 1월조에 "연왕 희가 고구려를 정벌하였다. 무신에 요동을 공격하여 성을 함락시키려 하였는데, 희는 장사들에게 명하기를 '먼저 올라가지 말고 그 성을 깎아 평지로 만들기를 기다려서 짐은 황후와 함께 輦을 타고 입성할 것이다'라고 하였다. 이로 말미암아 성중에서는 더욱 방비를 엄중히 하니 그들을 이기지 못하고 돌아가 버렸다."[70]라고 나와 있다. 405년 1월 요동 공격에 실패한 모용희는 공격의 방향을 바꾸어 고구려 木底城을 공격하였다.

> G) 熙와 함께 苻氏가 거란을 습격하려 하였으나 그 무리가 많은 것을 보고 두려워하여 돌아가려 하였으나 苻氏가 듣지 않았다. 마침내 輜重을 포기하고 輕裝으로 高句驪를 습격하였다. 周行이 3천여 리나 되자 士馬가 피로하고 날씨가 추워 죽은 자가 길을 이었다. 木底城을 공격하였지만 이기지 못하고 돌아왔다.[71]

---

67) 『新唐書』 卷43, 地理志 "營州東百八十里至燕郡城".

68) 王綿厚·李健才, 1990, 『東北古代交通』, 瀋陽出版社, 141쪽.

69) 『晉書』 卷124, 載記, 慕容熙 "熙伐高句驪 以苻氏從 爲衝車地道以攻遼東 熙曰 待刻平寇城 朕當與后乘輦而入 不聽將士先登 於是城內嚴備 攻之不能下 會大雨雪 士卒多死 乃引歸".

70) 『資治通鑑』 卷114, 晉紀, 安帝義熙元年(405) "春正月 … 燕王熙伐高句麗 戊申攻遼東 城且陷 熙命將士 毋得 先登 俟刻平其城 朕與皇后乘輦而入 由是城中得嚴備 不克而還".

이 기사는『삼국사기』의 405년 12월조로『자치통감』에는 406년 1월
조에 나와 있는데,72) 후연은 404년73)과 405년74)에도 거란을 공격한 바
있다. 위 기사에서 보듯 모용희는 거란 대신 고구려를 치기 위해 3천여
리나 되는 거리를 周行하였으나, 406년 1월 때는 겨울이어서 병사와 말
이 장거리 路程으로 피로에 지쳤고 또 凍死者가 길에 즐비하였는데도
모용희는 고구려의 목저성을 무리하게 공격하였다가 실패하였다. 이때
고구려는 용성으로 국도를 옮긴 후 이처럼 계속 압박해 오는 후연을 일
단 배후에서 견제하기 위하여, 발해만을 두고 떨어져 있던 산동반도의
南燕에 접근하였다.75) 남연은 398년 1월 慕容德이 건국하여 399년 8월
廣固에 도읍을 정하였고 400년 1월에 황제를 칭한 모용씨 정권의 하나
였다. 남연은 북으로 북위에게, 남으로는 동진에게 가로 막혀 있었으나
국력을 착실히 신장시켜 병력이 37만에 인구 2백만에 달하기도 하였
다.76) 남연에서 405년 8월 모용덕이 죽고 그 형의 아들인 慕容超가 즉
위하였을 때에 고구려가 모용초에게 접근하였다.

고구려는 남연에 千里馬, 生羆皮障泥77) 등을 주며 접촉하였고, 모용
초는 그 답례로 水牛와 能言鳥를 고구려에 주었다.78) 이에 대해『삼십

---

71)『晉書』卷124, 載記, 慕容熙 "熙與苻氏襲契丹 憚其衆盛 將還 苻氏弗聽 遂棄輜重
輕襲高句驪 周行三千餘里 士馬疲凍 死者屬路 攻木底城 不克而還".

72)『資治通鑑』卷114, 晋紀, 安帝義熙2年(406) "春正月 … 燕王熙陘北 畏契丹之衆
欲還 苻后不聽 戊申 遂棄輜重 輕兵襲高句麗".

73)『晉書』卷124, 載紀, 慕容熙 "熙北襲契丹 大破之".
    『晉略』國傳七 "九月 襲契丹 破之".

74)『晉略』國傳七 "十二月 襲契丹".

75) 武田幸男, 1989,『高句麗と東アジア』, 岩波書店, 215쪽.

76) 三崎良章, 2002, 앞의 책, 108쪽.

77) 羆는『山海經』에서도 나오고 있는데, 熊은 '곰'으로 羆는 '말곰'으로 해석되고 있
    다(정재서 역주, 1985『山海經』, 민음사, 190쪽). 障泥는 馬具의 한 가지로, 鐙子
    와 말 옆구리 사이에 드리워 흙이 튀어 오르는 것을 막는 물건으로 말다래라고도
    한다.

78)『三十國春秋輯本』"安帝 … 義熙元年(405) … 高句麗以千里馬 生羆皮障泥 獻於

국춘추집본』과 『태평어람』 등에 '獻於南燕'으로 나오는 것을 보면 396
년에 후연 모용보가 광개토왕에게 "封遼東帶方二國王"[79]이라고 책봉하
는 것과는 내용면에서 차이가 난다고 할 수 있다. 남연이 광개토왕을 후
연처럼 책봉하지 않고 수우와 능언조로 답례하였다는 것은, 고구려가 후
연에 대한 군사적 조치를 앞두고 후연의 배후세력인 남연에 접근한 것을
보여 준다. 국내적으로도 고구려는 405년도에 들어와 메뚜기와 가뭄의
해[80]가 일어나 후연을 공격할 상황은 아니었다. 그 후로부터 1년 정도의
유예기간을 거쳐 고구려는 후연에 대한 공격을 단행한 것으로 보이는데,
이는 407년의 후연 공격으로 광개토왕비 영락17년조에서 이를 찾아 볼
수 있다.

4. 永樂17年條에 대한 檢討

그럼 永樂17年條에 대해 구체적으로 검토하여 보기로 한다.

> H) 十七年(407) 丁未에 敎로 步騎五萬을 파견 □□□□□□□□師□
> □合戰하며 斬煞蕩盡하였다. 所獲鎧鉀이 一萬餘領이고 軍資器械가
> 不可稱數였다. 沙溝城□[81]城□住城□□□□□□□城을 還破하였
> 다.[82]

南燕 燕王超大悅 答以水牛 能言鳥".

『太平御覽』 卷359, 兵部 "高句驪以千里馬 生羆皮障泥獻于南燕 燕王超大悅 答以
水牛 能言鳥".

79) 『梁書』 卷54, 列傳, 高句驪;以句驪王安爲平州牧 封遼東帶方二國王".

80) 『三國史記』 卷18, 高句麗本紀, 廣開土王15年 "秋七月 蝗旱".

81) 王健群 석문에는 '婁'로 되어 있다.

82) 廣開土王碑 "十七年丁未敎遣步騎五萬□□□□□□□□□師□□合戰 斬煞蕩
盡所獲鎧鉀一萬餘領軍資器械不可稱數還破沙溝城□城□住城□□□□□□□

그동안 H)의 기사를 가지고 그 대상이 대후연전과 대백제전이라는 견해로 양분되고 있었다. 이중 대후연전은 구체적인 논거를 제시한 것은 아니어서 그 논리가 막연하다고 할 수 밖에 없는데, 대백제전에 대한 논지는 다음 몇 가지로 축약될 수 있다. 우선 광개토왕의 일생에 모두 64개의 성을 경략하여 396년 백제로부터 58개성, 407년에 백제로부터 6개성을 얻어 전부 64개성으로 그 숫자가 맞아 떨어진다고 하는 견해가 있다. 하지만 396년조에 나오는 성이 무려 58개성인데 비하여 407년조에 나오는 성이 결자를 포함한다하여도 그 수가 상대적으로 매우 적다는 점을 지적할 수 있다. H)에 의하면 沙溝城 이하의 글자가 대부분 마모되어 보이지 않는 글자가 모두 10자로 파악되며, 407년조의 성이 6개성인지도 불분명하다. 더구나 407년조에 나오는 沙溝城, 婁城은 396년조에 백제로부터 얻은 58개성과는 달리 광개토왕의 守墓人烟戶에 하나도 들어가 있지 않아 이 주장은 설득력이 없다. 광개토왕은 407년조에 나오는 사구성, 누성으로 하여 이들 성에게 國烟看烟을 맡기지 않았고, 국연간연에 보이는 성들은 오직 396년조의 성들뿐으로 396년조와 407년조의 성들은 근본적으로 성질이 다른 것이다.

다음으로 407년조에 나오는 沙溝城이 417년에 축조했다는 沙口城[83]으로 보고, 407년에 파괴된 것을 백제가 417년에 개축하였다고 추정한 바 있다. 그러나 『삼국사기』에 沙口城을 개축했다는 기록은 어디에도 나오고 있지 않고, '溝'와, '口' 등 그 한자표기도 다르며, 무엇보다도 407년 당시에 '沙口城'이라는 성 자체가 없었다는 점이 지적된다. 마지막으로 누자 계통의 성이 모두 백제성이라고 주장한 견해를 들어보자. 사실 婁城은 396년조 뿐만 아니라 410년조인 동부여 관련기사에서도 味

城"(徐建新).

83) 『三國史記』卷25, 百濟本紀, 腆支王13年 "秋七月 徵東北二部人年十五已上 築沙口城 使兵官佐平解丘監役".

仇婁 등84)이 나오듯이 누자 계통의 성이 백제성에만 나오는 것이 아니
다. 이는 『삼국지』 관구검전에 나오는 옥저의 買溝婁85)와 『삼국지』 동
옥저전에 나오는 置溝婁86)에서 누자의 사례를 든다면 이 주장은 근거를
잃게 된다.

> I) 본디 5族으로 涓奴部, 絶奴部, 順奴部, 灌奴部, 桂婁部가 있다. 본디 涓
> 奴部에서 王이 나왔으나 점점 微弱해져 지금은 桂婁部에서 그것을 대
> 신한다. … 지금 오랑캐들은 이 城을 幘溝漊라고 부른다. 溝漊는 句麗
> 名으로 城이다.87)

이상의 『삼국지』 고구려전에서 幘溝漊라는 표현에서도 漊, 즉 婁字가
보이고 있다. 고구려의 본디 5부족 가운데 연노부에서 계루부로 왕권이
교체되었다는 내용에서, 桂婁部에 婁字가 들어가 있는 점도 주목된다.
또한 『삼국사기』의 '鴨淥水以北已降城十一'에 나오는 屑夫婁城에 婁字
가 보이는 것88)도 그러한데, 누자 계열의 성이 모두 백제의 성이라는 주
장은 설득력이 없게 된다. 따라서 이상에서 본 것처럼 407년조가 대백제
전이라고 주장할 수 있는 근거는 없다.

반대로 407년조가 대후연전이라는 새로운 근거의 제시는 다음과 같
다. 즉 북위와 후연이 395년 11월에 벌인 참합피전인데, 여기에 407년조
와 유사한 전쟁상황이 기술되어 있다는 점이다. E-1)의 『위서』 태조기에
'器甲輜重 軍資雜財十餘萬'이라는 것과 E-2)의 『자치통감』에 '兵甲糧貨
以鉅萬計'가 나오는 것은 광개토왕비의 407년조의 '所獲鎧鉀一萬餘領

---

84) 廣開土王碑 "二十年庚戌東夫餘 … 味仇婁鴨盧卑斯麻鴨盧"(徐建新).
85) 『三國志』卷28, 魏書, 毋丘儉 "六年 復征之 宮遂奔買溝".
86) 『三國志』卷30, 魏書, 東沃沮 "北沃沮一名置溝婁 去南沃沮八百餘里 其俗南北皆
　　同 與挹婁接".
87) 『三國志』卷30, 魏書, 高句麗 "本有五族 有涓奴部 絶奴部 順奴部 灌奴部 桂婁部 本
　　涓奴部爲王 稍微弱 今桂婁部代之 … 今胡猶名此城爲幘溝漊 溝漊者 句麗名城也".
88) 『三國史記』卷37, 雜志.

軍資器械不可稱數'라는 기사와 전쟁상황이 유사하다는 것이다. 또한 396년 8월 북위가 보기 40여 만의 대군을 동원하여 397년 2월 모용보군을 패퇴시키고 F-1)의 '器仗輜重 數十萬'이라는 표현과 F-2)의 '袍仗 兵器數十萬'이라는 노획품을 얻는 장면도 그렇다. 후연이 395~397년 사이에 북위군에게 약탈당한 '器甲輜重 軍資雜財十餘萬計', '兵甲糧貨以鉅萬計', '器仗輜重數十萬計', '袍仗 兵器數十萬'이란 내용은 광개토왕비 407년조의 '所獲鎧鉀一萬餘領 軍資器械不可稱數'와 유사하다는 것이다. 반면에 407년조가 대백제전이라고 주장할 때, '所獲鎧鉀一萬餘領 軍資器械不可稱數'에 유사한 사료가 국내외 문헌의 어디에도 존재하지 않는다는 점에서도 407년조가 대백제전이라고 볼 수 있는 근거는 없다.

이제『위서』태조기와『자치통감』에 나오는 395~397년 사이, 북위에 약탈당한 후연의 '器甲輜重 軍資雜財十餘萬計', '兵甲糧貨以鉅萬計', '器仗輜重數十萬計', '袍仗 兵器數十萬'을 분석하여 보자. 이를 통해서 볼 때 후연이 보유한 무기종류는 '器甲', '兵甲', '器仗', '袍仗', '輜重', '兵器' 등으로 표현되고 있고, 군수품에 대해서는 '軍資雜財', '糧貨' 등으로 나오고 있으며 그 수량에 대해서는 '數十萬計', '十餘萬計', '數十萬', '鉅萬計' 등으로 표현되고 있음을 알 수 있다. 이는 한때 중원대륙의 일부를 지배하였던 후연의 막강한 군사적 역량과 무기체계를 보여주는 용어들이다.

이를 광개토왕비 407년조의 '所獲鎧鉀一萬餘領 軍資器械不可稱數'와 비교하자. 즉『위서』태조기와『자치통감』의 '器甲', '兵甲'은 407년조의 '鎧鉀'과 대응되고 '軍資雜財'는 '軍資器械'와 대응되며 '數十萬計', '十餘萬計', '數十萬' 등은 '不可稱數'와, 또 '鉅萬計'는 '一萬餘領'과 대비된다는 점이다. 407년으로부터 불과 10여 년 전에 발생한 북위와 후연 간의 전쟁에서 후연이 북위에게 약탈당한 위와 같은 내용이 광개토왕비 407년조와 거의 모든 면에서 대비된다는 점은 407년조가 대후

〈사진 17〉 진시황 병마용박물관에   〈사진 18〉 진시황 병마용박물관에
전시된 鎧錍   전시된 甲冑

연전임을 강하게 증명한다.

특히 '兵甲糧貨以鉅萬計'와 '所獲鎧錍一萬餘領'에서 볼 때, 후연의 철
제 갑옷 능력을 조명할 수 있다. 보통 '兵甲'과 '鎧錍'은『주례』鄭玄注에
"甲今之鎧也 司甲兵戈盾官之長"이라고 나오고 있어 '甲'이 주로 춘추전
국시대에 사용되었다면 '鎧'는 한대 이후에 주로 사용된 것으로 이해되고
있다.89)『상서』설명편에 의하면 '甲冑는 전쟁의 근본'90)이라고 할 정도
로 고대전쟁에서 갑주가 차지하는 비중은 컸다. 일령 개갑에 쓰이는 갑편
이 臨淄 齊王墓에서 2244개, 西安 龍首村墓에서 2625개, 滿城 中山王墓
에서 2859개가 사용된 것으로 나와 있어,91) 고대국가에 있어 '병갑'과

---

89) 林 巳奈夫, 1972,『中國殷周時代の武器』, 京都大 人文科學研究所, 395쪽.
90)『尙書』說命篇 "惟甲冑起戎".
91) 白云翔, 2005,『先秦兩漢鐵器的考古學研究』, 科學出版社, 238~239쪽.

'개갑' 생산은 용이한 작업이 아닌 것이다. 한편으로 이는 435년에 북연이
북위군에게 갑옷 3천령을 받치고 곧바로 436년에 멸망하였다는 사실
과,[92] 436년 고구려 장군 갈로맹광이 화룡성에 입성하여 북연의 무기고를
탈취하고 군사들에게 닳아서 헤진 갑옷을 벗게 하였으며 그리고 새 갑옷
으로 갈아입게 하여 성 안을 대대적으로 노략하였다[93]는 기사도 고대전
쟁에서 갑옷이 차지하는 비중을 새삼 느끼게 한다.

따라서 『위서』 태조기와 『자치통감』에 나오는 후연의 '器甲輜重 軍
資雜財十餘萬計', '兵甲糧貨以鉅萬計', '器仗輜重數十萬計', '袍仗 兵器
數十萬'은 407년조와 대비할 수 있는 좋은 자료로서 의미가 무엇보다도
크다고 할 수 있다. '兵甲'과 '鎧鉀' 그리고 '鉅萬計'와 '一萬餘領' 등을
비교한다면 당시 그에 해당하는 국가는 동아시아에서 후연 밖에 없다고
판단할 수 있다. 이 전쟁의 결과로 고구려는 407년조 표현대로 '所獲鎧
鉀一萬餘領 軍資器械不可稱數'라는 막대한 군수물자를 얻어 동방의 대
국으로 한층 더 나아갔던 것이다.[94]

다음으로 407년 광개토왕의 후연에 대한 정벌 이후 遼西정치사의 전
개는 다음과 같이 파악할 수 있다. 즉 고구려가 407년 후연을 공격하였
다고 해도 후연을 완전히 멸망시키지는 않았다고 본다. 이는 광개토왕비
영락 6년조에 백제를 정벌하며 殘主의 항복을 받으면서도 백제를 멸망

---

92) 『資治通鑑』 卷122, 宋紀, 文帝元嘉12年(435) "己卯 魏樂平王丕等至和龍 燕王以
   牛酒犒軍 獻甲三千".
93) 『資治通鑑』 卷123, 宋紀, 文帝元嘉13年(436) "高麗遣其將葛盧孟光將衆數萬隨陽
   伊至和龍迎燕王 高麗屯于臨川 燕尙書令郭生因民之憚遷 開城門納魏兵 魏人疑之
   不入 生遂勒兵攻燕王 王引高麗兵入自東門 與生戰于闕下 生中流失死 葛盧孟光
   入城 命軍士脫幣褐 取燕武庫精仗以給之 大掠城中".
94) 407년조와 관련해 沙溝城의 위치에 대하여는 요녕성 北鎭 동남쪽에 西沙河와 東
   沙河가 있고 이곳에 溝幇子라는 지명이 있는 것을 주목할 수 있다. 또 溝幇子鎭
   바로 위에 沙河子라는 지명과 이 일대에 鴨子溝河가 관통하고 있고 그 인근에 黑
   魚溝河가 西沙河와 합류한다는 점을 고려하면 沙溝城은 이 溝幇子鎭 부근이 아
   닌가 생각된다.

시키지 않고 백제 王弟와 大臣 10명을 인질로 잡고 還都하는 것과 같다. 광개토왕의 군사력으로 이때 능히 백제를 멸망시킬 수 있었지만 고구려는 백제의 멸망보다는 굴복을 원하였다. 마찬가지로 그동안 지속적으로 고구려를 괴롭혔던 후연을 407년 정벌하면서도 후연을 멸망시키지 않고 대신 후연의 굴복을 원하였다. 이는 후연의 서쪽에 있는 또 다른 국가인 북위와의 전쟁을 연속적으로 유발하기 때문이다.

그런데 407년 광개토왕 정벌 이후 그 여파인지 몰라도 요서지역의 정세는 요동치기 시작하였다. 즉 당시 요서지역은 고구려족과 漢族이 교차하는 일종의 점이지대였는데,95) 고구려족의 후예라는 高雲96)과 한족인 馮跋 등에 의해 407년 7월 모용희는 살해되고97) 이어 고운마저 409년 총신에 의해 살해되며 한족인 풍발이 天王에 즉위함으로써 모용씨는 역사에서 사라졌다. 고구려는 고구려의 후예인 고운이 살해되어도 이에 깊게 개입하지 않은 것으로 보인다. 중원의 대국으로 커나가는 북위와 직접적인 대립을 원하지 않았던 것이다. 때문에 고구려의 입장에서 순응하는 국가가 요서지방에 존재할 필요가 있었다. 이는 후일 북연의 풍발 정권이 고구려에 적대적이지 않은 것만 봐도 알 수 있다. 풍발의 둘째 동생인 馮丕가 414년 5월에,98) 고구려로 피난한 것도 북연이 고구려와 적대성이 없다는 것을 나타낸다.99)

풍발 이후 북연정권은 중원의 거대한 정권인 북위와 요동의 대국인 고구려와의 사이에 나름대로 일종의 완충국가 역할을 하며 생존하는 전략을 추구하였다. 그러나 북위는 이것을 용납할 수 없었다. 북위는 북연

---

95) 三崎良章, 2002, 앞의 책, 107쪽.

96) 『晋書』卷124, 載記, 慕容雲 "慕容雲字子雨 寶之養子也 祖父和 高句驪之支庶".

97) 『魏書』卷95 列傳, 徒何慕容廆 "熙盡殺寶諸子 改年爲建始(407) … 中衛將軍馮跋兄弟閉門拒熙 執而殺之 立夕陽公雲爲主".

98) 『資治通鑑』卷116, 晋紀, 安帝義熙10年(414) "跋弟丕避難在高句麗 跋召之 以爲左僕射 封常山公".

99) 지배선, 1989, 「北燕에 대하여 (Ⅱ)」 『東洋史學研究』 29, 161쪽.

을 멸망시키고 요서지역에서 그 세력을 확대하고자 하여 계속 북연을 쳤고 그 완료 시점이 436년이었다. 이때에 북연을 두고 서로 대치하던 동방의 대국인 고구려와 중원의 대국인 북위가 대결하는 것은 당연하였다. 따라서 북연의 국도인 화룡에서 고구려군 2만과 북위군 1만이 정면대립하게 된 것이다. 물론 이때 북연왕 馮弘은 그 백성 만호와 함께 고구려로 망명하였다.[100]

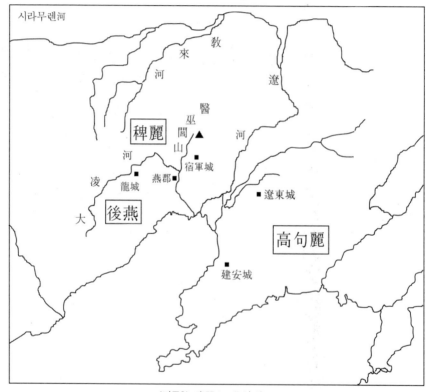

〈지도2〉 廣開土王代의 遼西

---

100) 『十六國春秋』北燕錄, 馮宏傳 "五月乙卯宏率龍城萬戶東徙".
　　 『資治通鑑』卷123, 宋紀, 文帝元嘉13年(436) "五月 乙卯 燕王帥龍城見戶東徙".

제4장

長壽王代 前後 高句麗의
遼西進出과 西方境界

1. 高句麗軍의 和龍進出

전장에서 잠시 언급한 바 있는 장수왕의 북연국도 화룡진출을 알아보기 전에 우선 북연을 중심으로 동아시아 정세의 흐름을 파악하여 보자. 즉 東晉의 북벌로 410년 남연이 멸망하자 요서지방에는 북연만이 남게 되었는데, 북연은 기본적으로 친남조 및 친유연 정책을 취할 수밖에 없는 사정이었다. 411년 7월에 유연가한 斛律이 말 3천 필을 받치며 구혼하자 북연의 馮跋은 곡률에게 자신의 딸인 낙랑공주를 주고 交婚정책을 맺으며 접근하였다.[1] 북연은 414년 5월 거란과 고막해를 복속시키며 그 大人을 歸善王에 임명하는 등 요서지역에 대한 장악에도 나섰다.[2] 이는 북연이 북위 등 주변으로부터의 위협에 대응하고 배후의 안정을 도모하기 위한 정책으로 풀이된다.[3] 이러한 의미에서 북연은 유연과 교혼정책을 다시 추진하였고, 414년 풍발은 유연 곡률의 딸을 처로 삼고자 하였다.[4] 그 과정에서 정변이 일어나 유연가한 곡률이 큰형의 아들인 步鹿眞에 의해 가한위에서 쫓겨나고 보록진은 곡률의 아우인 大檀에 의해 죽는 일이 일어났다. 곡률은 대단에 축출되고 북연으로 망명하였는데, 곡률은 救勒으로 가던 중 풍발의 부하에게 살해되었다. 유연의 새로운 가한인 대단은 풍발에게 사신을 보내고 말 3천 필과 양 만구를 보내는 등 북연과 유연은 계속 연대관계를 유지하였다.[5]

---

1) 『魏書』卷103, 列傳, 蠕蠕 "跋聘斛律女爲妻 將爲交婚".
2) 『資治通鑑』卷116, 晉紀, 安帝 義熙10年(414) "契丹 庫莫奚皆降於燕 跋署其大人 爲歸善王".
3) 정재훈, 1998, 「古代東蒙古史研究 書評」『歷史學報』158, 331쪽.
4) 『魏書』卷103, 列傳, 蠕蠕 "神瑞元年 與馮跋和親 跋聘斛律女爲妻 將爲交婚".
5) 『資治通鑑』卷116, 晉紀, 安帝 義熙10年(414) "大檀亦遣使獻馬三千匹 羊萬口于燕".

반면 이 무렵 북위와 북연은 대립관계를 형성하고 있었다. 414년 8월 북위는 謁者 于什門을 북연에 보내며 북위 태종의 조서를 받으라고 하였지만, 풍발은 이를 거부하고 우십문을 24년간 억류하였다.[6] 풍발의 입장에서는 고막해와 거란을 복속시키고 유연마저 말과 양을 바치는 상황에서 북위와 대립각을 세웠던 것이었다. 그러자 북위는 418년 5월 長孫道生에게 정기 2만으로 북연을 공격하게 하고, 이들은 龍城에 이르러 북연민 1만여 가를 徙民하고 돌아오기도 하였다.[7] 북연과 북위가 갈등을 겪고 있는 사이에 유연가한 대단이 424년, 427년, 428년에도 북위의 변경을 공격하자, 세조 태무제는 429년 4월 유연을 대대적으로 토벌하기로 작정하고 429년 6월에 공격하여 歸降者가 3십여 만에 戎馬 百餘萬匹을 얻는 대대적인 성과를 올렸다.[8] 이로 인해 유연가한 대단은 병으로 죽고 그 아들 吳提가 敕連可汗으로 등극하였다.

434년 2월에 유연의 가한은 북위의 서해공주를 부인으로 맞이하고 자기의 여동생을 북위의 세조에게 주는 등 혼인관계를 맺었으며, 말을 2천 필이나 주었다. 이처럼 430년대 전반기에 유연과 화친관계를 맺은 것은 북위가 북연을 공격하기 위한 사전 포석으로 풀이된다.[9] 그러는 가운데 북연에서는 430년 8월 풍발의 막내아우 馮弘이 북연천왕에 즉위하였는데,[10] 풍홍은 432년 1월에 정비인 王氏를 폐하였고 그 소생인 馮崇마저 태자에서 폐하자 풍숭은 북위에 투항하였다. 북위는 433년 2월 풍

6) 『魏書』卷87, 列傳, 節義 “于簡 字什門 代人也 太宗時爲謁者 使喩馮跋 及至和龍 … 見跋不拜 跋令人按其項 … 旣見拘留 … 二十四年 後馮文通上表稱臣 乃送什門歸”.

7) 『魏書』卷3, 太宗紀, 泰常3年 5月 “遣征東將軍長孫道生 給事黃門侍郞奚觀率精騎二萬襲馮跋 … 道生至龍城 徙其民萬餘家而還”.

8) 『魏書』卷103, 列傳, 蠕蠕 “分軍搜討 東至瀚海 西接張掖水 北渡燕然山 東西五千餘里 南北三千里 高車諸部殺大檀種類 前後歸降三十餘萬 俘獲首虜及戎馬百餘萬匹”.

9) 潘國鍵, 1988, 『北魏與蠕蠕關係硏究』, 臺灣商務印書館, 69쪽 ; 박한제, 1988, 『中國中世胡漢體制硏究』, 일조각, 198쪽.

10) 『資治通鑑』卷121, 宋紀, 文帝 元嘉7年(430) “弘遂卽天王位”.

숭에게 "假節 侍中 都督 幽平二州 東夷諸軍事 車騎大將軍 領護東夷校尉 幽平二州牧 封遼西王"[11]이라는 작위를 주었는데, 이 장군호는 북위 전시대를 통하여 최고위의 작위에 해당하였다.[12] 풍홍과 풍숭 등 부자의 대립은 풍숭으로 하여금 북위로 투항하게 하였고, 이는 당연히 북위가 북연을 침공하기 위한 명분을 만들어 주었다.

북연왕 풍홍은 434년 1월 북위에 사신을 보내 화친을 구하였으나 북위가 이를 거절하였다. 북연은 434년 3월 21년간 억류하고 있던 북위의 우십문을 돌려보냈다. 북연은 436년 2월 북위에 사신을 보내 시자를 보내겠다고 하였으나 북위는 이를 거절하고 말았다.[13] 북위는 436년 2월 고구려 등 여러 나라에 사신을 보내 북연에 대한 일종의 선전포고를 알렸다. 북위는 북연 태자의 입시를 계속 요구하였으나 반응이 없자 434년 6월에 북연을 다시 공격하여 사민하고 돌아오는 등[14] 결과적으로 북연은 436년 이전까지 북위로부터 모두 5차례의 침공을 받은 셈이 되었다.

고구려는 425년 이후에 10년 만인 435년 6월 북위에 사신을 보냈다.[15] 이런 배경에는 432년, 433년, 434년, 435년 등 430년대에 들어와 연속 4회에 걸쳐 북위가 북연을 공격한 것에 대한 심각성을 느꼈기 때문일 것이다. 435년의 사신에서 고구려는 북위에게 國諱를 요청하였다.[16] 이는 고구려가 북위 측에 명분을 세워주며,[17] 당시 동북아 정세에 대한 보다 면밀한 관찰을 하기 위해 사신을 파견한 것으로 보인다. 명분을 받

---

11) 『魏書』卷97, 列傳, 馮跋.
12) 三崎良章, 1982, 「北魏の對外政策と高句麗」『朝鮮學報』102, 125쪽.
13) 『魏書』卷4, 世祖紀 "太延二年 … 二月戊子 馮文通遣使朝貢 求送侍子 帝不許".
14) 『資治通鑑』卷122, 宋紀, 文帝 元嘉11年(434) "六月 … 燕王不遣太子質魏 … 魏主遣撫軍大將軍永昌王健等伐燕 收其禾稼 徙民而還".
15) 『三國史記』卷18, 高句麗本紀, 長壽王 23年 "夏六月 王遣使入魏朝貢 且請國諱".
16) 『魏書』卷100, 列傳, 高句麗 "世祖時 釗曾孫璉始遣使安東奉表方物 幷請國諱 世祖嘉其誠款 詔下帝系名諱於其國".
17) 篠原啓方, 2006, 「高句麗的 國際秩序認識의 成立과 展開」, 高麗大學校 博士學位論文, 119쪽.

은 북위는 고구려에 답례를 하고 내정을 파악할 필요가 있었다. 그래서 북위는 員外散騎侍郞 李敖를 고구려에 파견하며,18) 장수왕에게 "都督 遼海諸軍事 征東將軍 領護東夷中郞將 遼東郡開國公 高句麗王"이라는 작위를 주었다. 북위가 장수왕에게 '요해제군사'와 '영호동이중랑장'을 함께 내려 준 것은 의미심장한 일이기는 하나, 풍숭보다는 작호가 낮은 것에 해당하였다. 433년 2월 북위가 북연 풍숭에게 준 작호는 假節의 車騎大將軍으로 이는 정1품인데 비해, 고구려는 이것보다 두 단계 낮은 정동장군으로 종1품에 해당한다.19)

고구려가 중국의 제왕조로부터 받은 작위는, 355년 12월 전연으로부터 고국원왕이 받은 "營州諸軍事 征東大將軍 營州刺史 樂浪公"20)이 처음이고, 396년에 후연의 모용보가 광개토왕에게 "平州牧 遼東帶方二國王"21)이라는 작위를 준 사례가 있다. 장수왕의 등장 이후 420년대까지 고구려는 북위보다는 남조와의 관계가 더 깊었는데, 413년 동진은 장수왕에게 "使持節 都督營州諸軍事 征東將軍 高句驪王 樂浪公"을,22) 420년 송은 장수왕에게 "使持節 都督營州諸軍事 征東將軍 高句驪王 樂浪公"과 422년에 송은 "散騎常侍와 督平州諸軍事"라는 작호를 장수왕에게 더하여 주었다.23) 장수왕도 424년에 長史 馬婁 등을 보내자 송도 사신을 고구려에 파견하였다.24)

한편 북위의 李敖는 평양성으로 들어가서 고구려의 내정을 면밀히 조

---

18) 『三國史記』 卷18, 高句麗本紀, 長壽王23年 "世祖嘉其誠款 使錄帝系及諱以與之 遺員外散騎侍郞李敖".
19) 三崎良章, 1982, 앞의 논문, 157쪽, 163쪽.
20) 『晋書』 卷110, 載記, 慕容儁 "儁以釗爲營州諸軍事 征東大將軍 營州刺史 封樂浪公".
21) 『梁』 卷54, 列傳, 高句驪 "以句驪王安爲平州牧 封遼東帶方二國王".
22) 『宋書』 卷97, 列傳, 夷蠻, 高句驪國.
23) 『宋書』 卷97, 列傳, 夷蠻, 高句驪國.
24) 『宋書』 卷97, 列傳, 夷蠻, 高句驪國 "少帝景平二年 璉遣長史馬婁等詣闕獻方物 遣使慰勞之".

사한 결과, "(고구려는) 요동에서 남쪽으로 1천여 리 떨어진 곳으로서 동쪽으로는 柵城, 남쪽으로는 小海에 이르고 북쪽은 舊夫餘에 이른다. 民戶는 前魏 때보다 3배나 많다. 그 땅은 동서가 2천 리이며 남북은 1천여 리나 된다."[25]라고 북위조정에 보고하였다. 고구려는 일단 435년 가을 북위에 다시 사신을 보내 장수왕의 작호수여에 대한 사례를 하면서 북위조정에 대한 탐색을 하였다.[26] 북위는 樂平王 丕 등에게 명하여 435년 6월에 4만 대군으로 북연을 정벌하였는데, 북연은 방어할 생각을 하지 않고 북위군에게 소, 술, 갑옷 3천 등을 주며 비위맞추기에 급급하였다.[27] 따라서 435년 후반부터 북연은 국가 멸망에 대한 위기감으로 충만해 있었다.[28] 북연왕 馮弘은 고구려에 의거하여 후일을 도모하였고 435년 11월 비밀리에 尙書 楊伊를 고구려에 보내 자신의 망명을 타진하였다.

> A) 上下가 危懼하였다. 文通(풍홍)의 太常 陽岷가 다시 文通에게 請罪하고 항복하면서 속히 王仁을 入侍하도록 명할 것을 권하였다. 文通이 말하기를 "나는 아직 이를 참을 수 없다. 만약 일이 잘못되면 또 東으로 高麗에 가서 後擧를 도모하겠다." 岷가 말하기를 "魏가 天下之衆으로 一隅之地를 공격한다면 臣의 愚見으로는 그 勢는 반드시 土崩할 것입니다. 또 고려는 夷狄이라 信期하기가 어려운 데다가 처음에는 비록 相親한다 해도 끝내는 변할 것이 두렵습니다. 만일 일찍이 조치를 취하지 않는다면 후회하여도 소용이 없습니다." 文通은 이를 듣지 않고 乃密하게 고려에게 맞아줄 것을 求하였다.[29]

---

25) 『魏書』卷100, 列傳, 高句麗 "敕至其所居平壤城 訪其方事 云 遼東南一千餘里 東至 柵城, 南至小海 北至舊夫餘 民戶參倍於 前魏時 其地東西二千里 南北一千餘里".

26) 『三國史記』卷18, 高句麗本紀, 長壽王23年 "秋 王遣使入魏謝恩".

27) 『資治通鑑』卷122, 宋紀, 文帝 元嘉12年(435) "戊申 魏主命驃騎大將軍樂平王丕 鎭東大將軍徒河屈垣 等帥騎四萬伐燕 … 己卯 魏樂平王丕等至和龍 燕王以牛酒 犒軍 獻甲三千 屈垣責其不送侍子 略男女六千口而還".

28) 『三國史記』卷18, 高句麗本紀, 長壽王23年 "魏人數伐燕 燕日危蹙".

29) 『魏書』卷97, 列傳, 馮跋 "上下危懼 文通太常陽岷復勸文通請罪乞降 速令王仁入

당시 북연이 취할 선택은 북위에 나라를 들어 항복하거나 북연왕이
유연 또는 고구려에 망명하는 수밖에 없었는데, 유연은 이미 북위로부터
429년에 대대적인 공격을 받아 세력이 많이 약해져 있는 상태였다. 434
년 2월 북위가 西海公主를 유연의 救連可汗에게 주었고 칙련가한은 그
에 대한 보답으로 말 2천 필을 북위에 바친 바 있어,[30] 유연은 북연왕의
망명지로 적합하지 않았다. 풍숭과 유연을 모두 복속시키고 고구려마저
안심시켰다고 판단한 나머지 북연을 멸망시키고자 침공하려 하였던 것
이다. 북연도 국가 멸망의 위기감을 느껴 436년 2월 무자에 사신을 북위
에 보내 시자를 보내겠다고 하였으나 북위는 이를 거절하였다.[31]

북위는 436년 2월 임진에 使者 10여 무리를 고구려 등에 보내 북연에
대한 일종의 선전포고를 알렸다.[32] 이는 북위가 435년 이오에 이어 고
구려에 두 번째로 사신을 보낸 것이다. 이같은 주변상황을 정리한 북위
는 436년 4월 북연에 대한 전면 공격에 나섰다. 그러나 고구려도 A)의
『위서』 馮跋傳에서 풍홍이 고구려와 비밀리에 접촉한 결과에 따라 즉각
대응하여 고구려군 2만이 和龍에 출병하였다.

> B-1) 辛未에 平東將軍 娥清과 安西將軍 古弼이 精騎 1萬을 거느리고 馮
> 文通을 討伐하였는데, 平州刺史 元嬰도 遼西將軍을 거느리고 會合
> 하였다. 文通은 急迫하게 쫓기어 高麗에 구조를 求하였는데, 고려는
> 그 大將 葛蔓盧에게 步騎 2萬으로 文通을 맞아들이게 하였다.[33]

侍 文通曰 吾未忍爲此 若事不幸 且欲東次高麗 以圖後擧 岷曰 魏以天下之衆擊一
隅之地 以臣愚見 勢必土崩 且高麗夷狄 難以信期 始雖相親 終恐爲變 若不早裁
悔無及也 文通不聽 乃密求迎於高麗".
30)『資治通鑑』卷122, 宋紀, 文帝 元嘉11年(434) "魏主以西海公主妻柔然敕連可汗
　　… 幷獻馬二千匹".
31)『魏書』卷4, 世祖紀, 太延2年 "二月戊子 馮文通遣使朝貢 求送侍子 帝不許".
32)『魏書』卷4, 世祖紀, 太延2年 "壬辰 遣使者十餘輩詣高麗東夷諸國 詔諭之".
33)『魏書』卷4, 世祖紀, 太延2年 "辛未 平東將軍娥清 安西將軍古弼 率精騎一萬討馮
　　文通 平州刺史元嬰又率遼西將軍會之 文通迫急 求救於高麗 高麗使其大將葛蔓盧

B-2) 高麗가 도착하면, 文通은 장차 東으로 도망가려 하였으나, 많은 백성이 이를 걱정하였다. 大臣 古弼는 民心으로 인해 이를 좋지 않게 여겨, 무리를 거느리고 文通을 공격하여 城門을 열고 官軍을 끌어들였다. 弼은 古弼의 속임수라고 생각하여서 入城하지 않았다. 高麗軍이 이르자, 文通은 이내 이를 따랐다. 文通은 도망하면서 婦人에게 갑옷을 입혀서 대열에 끼도록 하였으며, 精卒 및 고려 陳兵으로 그 외곽을 맡도록 했다. 弼의 部將 高苟子가 騎兵을 거느리고 賊軍에게 衝擊을 주었으나, 弼이 술에 취해 칼을 뽑고 휘두르면서 이를 막았기 때문에 文通은 동쪽으로 도망하였다. 將士들은 모두 弼이 攻擊하지 않았던 것을 怨望하였다. 世祖가 크게 노하여, 불러들여서 내쫓고 廣夏門의 卒로 삼았다.[34]

B-3) 高麗는 장군 葛盧孟光과 衆數萬을 파견하였는데 陽伊와 함께 和龍에 이르자 燕王이 맞이하였다. 고려군은 臨川에 주둔하였고, 燕의 尙書令 郭生은 백성들이 옮기는 것을 싫어한다는 이유로 성문을 열어 魏兵을 받아들였으나, 魏人이 이를 의심하여 들어가지 않았다. 드디어 生은 군사를 동원하여 燕王을 공격하였고 연왕은 고려병을 東門으로 불러들여서, 生과 더불어 闕下에서 싸웠는데 生은 流矢에 맞아 죽었다. 갈로맹광이 입성하여 군사들에게 닳아서 헤진 옷을 벗도록 명령하였다. 燕의 武庫를 취하여 정교한 병기를 나누어주고 城中을 대대적으로 노략하였다. 5月 乙卯에 燕王이 龍城의 見戶를 거느리고 東으로 이사하며 宮殿에 불을 질렀는데, 불은 열흘이 지나도록 꺼지지 않았다. 婦人에게 갑옷을 입히어 중앙에 있게 하고, 陽伊 등에게는 精兵을 거느리게 하여 밖에서 있게 하였다. 갈로맹광은 騎兵을 이끌고 殿後를 맡으며 方軌로 나아가니 前後 八十餘里였다. 古弼의 部長 高苟子가 騎兵을 거느리고 이를 쫓고자 하였으나, 弼이 술 취해 칼을 뽑아서 이를 막으니 연왕은 도망갈 수가 있었다.[35]

以步騎二萬人迎文通".

34) 『魏書』卷28, 列傳, 古弼 "高麗救至 文通將東奔 民多難之 其大臣古弼 因民心之不欲 遂率衆攻文通 開城門以引官軍 弼疑古弼譎詐 不入城 高麗軍至 文通乃隨之 文通之奔也 令婦人被甲居中 其精卒及高麗陳兵於外 弼部將高苟子率騎衝擊賊軍 弼酒醉 拔刀止之 故文通得東奔 將士皆怨弼不擊 世祖大怒 徵還 黜爲廣夏門卒".

35) 『資治通鑑』卷123, 宋紀, 文帝 元嘉13年(436) "高麗遣其將葛盧孟光將衆數萬隨陽伊至和龍迎燕王 高麗屯于臨川 燕尙書令郭生因民之憚遷 開城門納魏兵 魏人疑之 不入 生遂勒兵攻燕王 王引高麗兵入自東門 與生戰于闕下 生中流失死 葛盧孟

B-4) 馮宏(풍홍)의 字는 文通으로 跋의 막내동생이다. … 句麗將 葛居孟
光은 數萬을 이끌고 楊伊를 따라 臨川에 駐屯하였다. 尚書令 郭生은
백성들이 옮기는 것을 싫어한다는 핑계로 城門을 열고 魏軍을 끌어
들였으나, 魏軍이 의심하여 들어가지 않았다. 드디어 生은 군사를 동
원하여 宏을 공격하자 宏은 句麗兵을 東門으로 불러들여 生과 함께
闕下에서 싸웠는데 生은 流矢에 맞아 죽었다. 句麗軍이 入城하여 武
庫를 奪取하여 이를 나누어 주고 城內 美女들을 모두 句麗 軍人들이
掠奪하였다. 5월 을묘에 宏은 龍城 萬戶를 이끌고 백성들이 옮겨갔
다. 宮殿에 불을 지르자 一旬間 끊이지 않았다. 婦人들에게 갑옷을
입히어 列의 중앙에 있게 하고 楊伊 등에게 精兵을 거느리고 밖에서
호위하도록 하였다. 光은 騎兵을 이끌고 맨 뒤에 서서 수레를 나란히
행진하니 前後 八十餘里였다. 魏軍이 遼水까지 추격하였으나 공격하
지 못하고 돌아왔다.36)

이상은 고구려군과 북위군이 북연국도 화룡에서 대치하고 있는 상황
을 열거한 것으로, B-1)에서 북위군 1만과 대적하기 위하여 고구려군 2
만이 화룡에 진출한 것을 보여 준다.37) 고구려군 數는 B-1)에 '보기 2만'
인데 비해 B-3)에는 '衆數萬'으로 되어 있는 점이 확인된다. 전쟁은 436
년 3월에 북위의 娥淸, 古弼이 정기 1만으로 출병하여 4월 북연의 백랑
성을 공격한 데서 출발하였다. B-2)와 B-3)에서 나오는 북연 대신 古壆

光入城 命軍士脫幣褐 取燕武庫精仗以給之 大掠城中 五月 乙卯 燕王帥龍城見戶
東徙, 焚宮殿 火一旬不滅 令婦人被甲居中 陽伊等勒精兵居外 葛盧孟光帥騎殿後
方軌而進 前後八十餘里 古弼部將高苟子帥騎欲追之 弼醉 拔刀止之 故燕王得逃
去".

36) 『十六國春秋』北燕錄, 馮宏傳 "馮宏字文通跋之季弟 … 句麗將葛居孟光率衆數萬
隨楊伊來迎屯於臨川 尚書令郭生因民之憚遷開門而引魏軍 魏軍疑而不赴 生遂勒
衆攻宏 宏引句麗兵入自東門 與生戰於闕下 生中流矢卒 句麗軍既入城 取武庫甲
以給其衆 城內美女皆句麗軍人所掠 五月乙卯宏率龍城萬戶東徙 焚燒宮殿火一旬
不絕 令婦人被甲居中 楊伊等勒精兵於外而居 光率騎後殿方軌而進 前後八十餘里
魏軍追至遼水不擊而還".

37) 북위군의 수가 평주자사 拓跋嬰이 이끄는 遼西諸軍까지 포함하여 4만이었다는
주장(지배선, 1990, 「北燕에 대하여 (Ⅲ)」『東洋史學研究』 32, 37쪽)도 있다.

〈사진 19〉 朝陽시내를 관통하는 大凌河

와 상서령 郭生은 북연 정권 내에서 친북위파로 보이는데, 이들이 북위군을 화룡성[38]에 끌어 들이려 하였으나 북위군은 의심하고 입성하지 않았다.

고구려군은 葛盧孟光[39]을 필두로 尙書 楊伊를 따라 臨川에 주둔하였다. 이때 북연의 대신 古遑와 상서령 곽생이 군사를 동원하여 북연왕 풍홍을 공격하자 풍홍은 고구려군을 동문으로 불러들여 闕下에서 곽생과 싸웠는데, 이때 곽생은 流矢에 맞아 죽었다. 고구려군은 바로 화룡성에 입성하고, 무고를 탈취하여 무기를 병사들에게 나누어 주고 城內 미녀들을 모두 약탈하였다. B-4)와 같이 고구려군은 또 궁전에 불을 지르고 이어 龍城萬戶를 이끌고 고구려로 옮겨갔다. 부인들에

---

38) 화룡은 본래 전연 모용황이 柳城을 龍城이라 개칭하고 그 신궁을 화룡궁이라고 한 데에서 나온 명칭이다(『通典』 卷178, 州郡 "慕容皝 … 改柳城爲龍城 遂遷都 龍城 號新宮曰和龍宮 後燕慕容寶 北燕馮跋 相繼都之").

39) 葛盧孟光은 『魏書』에 葛蔓盧, 『十六國春秋』에 葛居孟光, 『資治通鑑』과 『三國史記』에 葛盧孟光으로 표기되어 있어, 본고에서는 『자치통감』과 『삼국사기』의 기록을 따라 葛盧孟光으로 표기한다.

게 갑옷을 입히게 하여 갈로맹광이 기병을 이끌고 맨 뒤에 서서 수레를 호위하였
는데, B-3)과 B-4)에서 보듯 그 길이가 전후 80여 리나 되었다.

북위군은 화룡에 도착한 이후 수적인 열세로 고구려군과 대적할 수 없었다.
그렇기 때문에 고구려군이 화룡성에 진입하여 무기고를 탈취하고 미녀를 약탈하
는 등 점령군의 모습을 보이고 있다는 사실은, 단순히 고구려가 북연을 도와주려
왔다기보다는 고구려군의 자체 필요에 의해 출동한 것임을 보여 준다. B-4)에 의
하여도 북위군이 요하까지 고구려군을 추격하였다고 하나 공격하지 못하고 돌아
온 것도 이런 이유에서 이다. 따라서 436년 화룡에 진출하여 고구려군이 얻은
가장 큰 소득은 B-3)와 B-4)에서 보듯 '龍城見戶' 즉 '龍城萬戶'를 획득한 점이
다. '용성만호'는 1호를 5명으로 계산해도 5만 명에 해당하는데, 이 5만의 인구가
고구려 영내로 들어왔다는 것은 고구려에 있어 노동생산력의 증가를 뜻한다.

북연왕 풍홍의 일족은 용성만호와 함께 요하를 건너 고구려 영내로 들어와,
풍홍은 平郭을 거쳐 北豊에 거주하였다.[40] 『한원』에 의하면 평곽성이 건안성이
라 하였고[41] 북풍은 395년 광개토왕이 패려를 정벌하고 양평도로 귀환하는 데
에도 나타나고 있다. 고구려가 풍홍 一族을 內地가 아닌 요동에 거주시켰던 것은
이들을 이용하여 북위를 견제하고자 하는 목적이 우선이었기 때문일 것으로 풀
이된다.

북위도 이를 인식하고 436년 5월 산기상시 封撥을 고구려에 보내 풍홍의 송
환을 고구려에 요구하였으나,[42] 고구려는 436년 9월 북위에 사신을 보내 "풍홍
과 더불어 王化를 받들겠다."[43]라면서 이를 완곡히 거부하였다. 이는 풍홍을 북
위에 보내지 않고 고구려에 있게 하겠다는 의미로 북위와의 대립적 관계를 선택

---

40) 『魏書』 卷97, 列傳, 馮跋 "高麗乃處之於平郭 尋徙北豊".
41) 『翰苑』 卷30, 蕃夷部, 高麗 "高麗記曰 平郭城 今名建安城 在國西 本漢平郭縣也".
42) 『魏書』 卷4, 世祖紀, 太延2年 "五月乙卯 馮文通奔高麗 戊午 詔散騎常侍封撥使高
麗 徵送文通".
43) 『魏書』 卷4, 世祖紀, 太延2年 "九月庚戌 ⋯ 高麗不送文通 遣使奉表 稱當與文通
俱奉王化".

한 것이다.44) 고구려는 대북위 견제수단으로서 북연왕 풍홍을 이용하고자 했던 것으로 풍홍세력이 남조의 송과도 연합한다면,45) 북위에게도 위협적인 것이 된다. 따라서 풍홍이 고구려에 존재하고 있다는 것 자체가 고구려의 대북위 외교에 있어 하나의 무기가 될 수 있었다.

실제로 북위는 풍홍 송환을 거부하고 있던 고구려에 보복하기 위해 전쟁을 일으키려 하였다. 북위는 隴右의 기병을 동원하여 고구려를 침공하려 했지만 낙평왕 비가 반대하고 나섰다.46)『북사』고구려전에 낙평왕 비가 후일을 도모하자고 한 것으로 보아,47) 북위가 이때 고구려를 침공하기에는 사실상 역부족이었다.48) 436년 11월에 유연은 그동안의 화친관계를 중지하고 북위의 북쪽 변경을 침략하였다.49) 北涼과 吐谷渾이 아직 북위의 서쪽에서 버티고 있었으므로50) 북위가 고구려를 침공한다는 것은 어려운 일이었던 것이다. 이러한 점을 인식한 북위 태무제는 풍홍 송환 대신에 북연 영토에 대한 '북위화' 작업에 나섰다. 즉 437년 2월에 태무제는 幽州 순방에 나서 백성들을 위무하고, 437년 3에 南平王 渾을 鎭東大將軍 儀同三司로 삼으면서 그를 화룡에 鎭戍시켰다.51)『위서』고막해전에 "遼海를 열고 和龍에 成兵을 두었다."52)라는 것도, 이런 사실을 뒷받침한다고 하겠다.

---

44) 篠原啓方, 2006, 앞의 논문, 129~131쪽.
45)『三國史記』卷18, 高句麗本紀, 長壽王 26年 "遣使如宋 上表求迎 宋太祖遣使者王白駒等迎之".
46)『資治通鑑』卷123, 宋紀, 文帝 元嘉13年(436) "魏主以高麗違詔 議擊之 將發隴右騎卒 … 樂平王丕曰 和龍新定 宜廣脩農桑以豐軍實 然後進取 則高麗一擧可滅也 魏主乃止".
47)『北史』卷94, 列傳, 高句麗 "太武怒 將往討之 樂平王丕等議待後擧".
48) 이용범, 1989,『韓滿交流史 研究』, 동화출판공사, 179쪽.
49)『資治通鑑』卷123, 宋紀, 文帝 元嘉13年(436) "冬十一月 … 柔然與魏絶和親 犯魏邊".
50)『資治通鑑』卷123, 宋紀, 文帝 元嘉16年(439) "魏主之將伐涼州也".
51)『魏書』卷4, 世祖紀, 太延3年 "二月乙卯 行幸幽州 存恤孤老 問民疾苦 還幸上谷 … 高麗契丹國並遣使朝獻 三月丁丑 以南平王渾爲鎭東大將軍 儀同三司 鎭和龍".
52)『魏書』卷100, 列傳, 庫莫奚 "開遼海 置戍和龍 諸夷震懼 各獻方物".

2. 高句麗의 西方地域 境界

고구려는 437년 2월 북위에 사신을 보냈다.[53] 고구려는 이미 436년
9월에도 북위에 사신을 보낸 바 있는데,[54] 그럼에도 불구하고 고구려는
5개월 만인 437년 2월에 다시 사신을 보낸 것이다. 이처럼 연속 2회에
걸친, 특히 437년 2월의 사신 파견은 북위 태무제가 화룡진수를 위해 유
주에 순방하는 시점과 맞물려 있었다. 고구려의 437년 2월 사신 파견과
태무제의 437년 2월에 있은 유주순방, 그리고 437년 3월 화룡진수는 서
로 연계된 사건으로 보인다. 북위는 436년 11월에 柔然의 존재 등으로
인하여 고구려 침공이 어렵다는 것을 알고, 그 대신 西征하려 하였다.[55]
따라서 이 무렵 북위는 고구려와 함께 화룡 출병에 대한 전후처리에 나
선 것으로 판단된다.

그런 결과로 가늠할 수 있는 일련의 사건들로는 437년 2월 고구려의
사신 파견, 북위 태무제의 유주 순방과 437년 3월 화룡 진수, 444년 화
룡성에 營州를 설치하고 그 관할 하에 6군과 14현을 둔 일 등이다.[56]
이때 고구려는 풍홍에 대한 신병처리를 단행하였는데, 438년 3월에 북
연세력의 적자인 풍홍과 그 일가 10여 명을 살해하였던 것이다.[57] 이제
북연세력의 대표는 북위로부터 임명된 요서왕 풍숭 등이 남게 되었다.
이렇게 되자 고구려와 북위는 북연의 영토문제를 어떻게든 담판지었을

---

53) 『三國史記』卷18, 高句麗本紀, 長壽王 26年 "春二月 遣使入魏朝貢".
54) 『魏書』卷4, 世祖紀, 太延2年(436) "九月庚戌 … 高麗不送文通 遣使奉表".
55) 『資治通鑑』卷123, 宋紀, 文帝 元嘉14年(437) "十一月 壬申 還宮 … 今和龍已平
吾欲卽以此年西征 可乎".
56) 『魏書』卷106, 地形志 "營州 治和龍城 … 眞君五年(444)改置".
57) 『魏書』卷4, 世祖紀, 太延4年 "四年春三月庚辰 … 是月 高麗殺馮文通".
『魏書』卷97, 列傳, 馮跋 "高麗乃殺之於北豐 子孫同時死者十餘人".

것이다. 고구려는 북연의 국도인 화룡일대와 대릉하 이서 지역을 북위의
영역으로 인정하고, 반대로 북위는 고구려의 대릉하 하류 이동 지역에
대한 영유를 인정한다는 것이다.

대릉하 하류 이동 지역에 대한 고구려의 영유는 다음과 같은 사실에
기인한다. 즉 북위가 북에는 유연, 남으로는 송에 끼여 있어 이들로부터
협공을 당하면, 북위의 안위를 보장받을 수 없는 상황을 고구려가 적절
히 이용한 측면이 있다고 할 수 있다. 실제로 439년에는 송이 북위를
토벌하고자 할 때 고구려는 말 8백 필을 바친 적도 있었다.[58] 또 450년
북위 태무제가 송문제에게 보내는 국서에서 "예전에 북으로 유연, 서로
赫連(夏)과 蒙遜(北涼), 토욕혼, 동으로 풍홍과 고구려에 연결되었다."[59]
라는 사실도 이를 뒷받침한다. 중원대륙의 분열상황과 풍홍의 존재를 고
구려는 적절히 이용하여, 자국의 세력권을 요서지역에서 넓혀갔던 것으
로 분석할 수 있다.

> C) 馮氏의 운수가 다하여 그 남은 무리들이 도망하여 온 이후로부터 醜類
> 들이 점차 강성해졌습니다. 마침내 능멸과 핍박을 당하여 원한을 맺고
> 화가 연달아 미친 지 30여 년이 되었습니다.[60]

이상은 『위서』 백제전의 기사로 『삼국사기』 백제본기 개로왕 472년
조에도 그대로 나오고 있는 내용이다. C)의 "馮氏의 운수가 다하여 그
남은 무리들이 도망하여 온 이후"라는 표현은, 북연왕 풍홍이 고구려 영
내에 들어온 이후를 말하는 것이다. 여기서 "추류들이 점차 강성해졌습
니다."라는 말에 대해 북위의 적개심을 일으키려는 개로왕의 선동적인

---

58) 『宋書』 卷97, 列傳, 高句驪國 "(元嘉)十六年 太祖欲北討 詔璉送馬 璉獻馬八百匹".
59) 『宋書』 卷95, 列傳, 索虜 "彼往日北通芮芮 西結赫連 蒙遜 吐谷渾 東連馮弘 高麗".
60) 『魏書』 卷100, 列傳, 百濟 "自馮氏數終 餘燼奔竄 醜類漸盛 遂見陵逼 構怨連禍
　　三十餘載".

언사에 불과하다는 견해도 있으나,[61] 북위가 백제에 보낸 답서에 "고구려가 강성함을 믿고 경의 국토를 침범하였다."[62]라고 하여 '추류'는 결국 고구려를 지칭한다고 할 수 있다. 그런데 고구려를 침공하여 달라는 백제 개로왕의 요청에 대하여 북위는 "고구려는 선조 이래 번신이라 칭하며 供職하여 온 지 오래되고, 그대(백제)들과는 옛날부터 틈이 있었다 하여도 우리(북위)에게는 아직 슈을 어긴 허물이 없다."[63]라며 거절하고 있다. 따라서 "풍씨의 운수가 다하여 그 남은 무리들이 도망하여 온 이후로부터 추류들이 점차 강성해졌습니다."라는 말은 고구려의 세력권이 대릉하 하류 일대까지 확대되었다는 것을 의미한다고도 할 수 있다.

다음으로 북연 멸망 이전에 북연의 동쪽 경계가 어디였는지를 알아보자. 우선『위서』풍발전에 의하면 "宿軍의 땅에 불이 붙더니 10일이 지나서 꺼졌는데, 땅이 움직이더니 지네가 나왔으며 한 달이 지나 멈추었다."[64]라는 기사와 B-4)의『십육국춘추』북연록에 "위군이 요수까지 추격하였으나 공격하지 못하고 돌아왔다."라고 하는 데서, 북연 멸망 이전 북연의 영역이 요하 서쪽 지역까지 이르렀음을 알 수 있다. 숙군의 위치가 대릉하 동쪽의 현재 北鎭 부근에 해당하기 때문이다.[65]

436년 북연을 멸망시키고 화룡을 점거한 이후에 북위는 444년 화룡성에 '營州'를 설치하며 북연영토를 직접지배하기 시작하였다. 이것은『위서』지형지에 나와 있는 영주 관할 하의 6군과 14현을 검토하여 보면 분명히 알 수 있다. 6군은 昌黎郡(부속현 : 龍城, 廣興, 定荒), 建德郡(부

---

61) 이병도 역주, 1983,『삼국사기』, 을유문화사, 51쪽.

62)『魏書』卷100, 列傳, 百濟 "知高麗阻强 侵軼卿土 修先君之舊怨 棄息民之大德 兵交累載 難結荒邊".

63)『魏書』卷100, 列傳, 百濟 "高麗稱藩先朝 供職日久 於彼雖有自昔之釁 於國未有犯令之愆".

64)『魏書』卷97, 列傳, 馮跋 "宿軍地燃 一旬而滅 觸地生蛆 月餘乃止 和龍城生白毛長一尺二寸".

65) 孫進己·馮永謙 總纂, 1989,『東北歷史地理2』, 黑龍江人民出版社, 126쪽.

속현 : 石城, 廣都, 陽武), 遼東郡(부속현 : 襄平, 新昌), 樂良郡(부속현 : 永洛, 帶方), 冀陽郡(부속현 : 平剛, 柳城), 營丘郡(부속현 : 富平, 永安) 등으로, 이 6군 14현 중 대릉하의 동쪽지역으로 비정할 수 있는 곳이 없다는 점이다. 『한서』지리지 요동군조에는 대릉하 동쪽지역에 無慮縣과 險瀆縣이 있고『후한서』군국지 요동군조에도 무려현이 나오지만, 『위서』지형지 요동군조에는 무려현과 험독현이 없고 다만 襄平과 新昌이 있다. 『위서』지형지 요동군조에서의 양평은 '有靑山'으로 되어 있어『한서』지리지와『후한서』군국지 요동군조에 나오고 있는 양평과는 위치가 분명히 다르다. '청산'은『진서』모용외 재기에서 "太康10년(289) 모용외가 또 徙河의 靑山으로 옮겼다."[66]라고 되어 있고, 『통전』유성군 영주조에 "漢 徙河縣의 청산은 郡城의 동쪽 190리에 있다."[67]라는 기사를 고려하면, 『위서』지형지 요동군조에서의 양평은 요양의 '요동성'이 아닌 오늘날 대릉하 서쪽의 義縣 부근으로 판단할 수가 있다.[68] 『위서』지형지 창려군조에 나오는 龍城은 "447년에 柳城, 昌黎, 棘城을 병합하였다."라는 기사[69]에 狼水가 출현하는 등, 창려군도 대릉하 서쪽에 위치하였던 것으로 짐작된다. 따라서『위서』지형지 요동군조에 나오는 양평과 창려군조에 나오는 용성의 위치도 검토한다면 영주관할 하의 북위 6군과 14현이 모두 대릉하 서쪽지역에 있었던 것이다.

고구려가 대릉하 하류 동쪽을 영유하였던 흔적은 무려라는 고구려 성이 요하 서쪽에 위치한 것에서도 증명된다.[70] 이 무려라가 북위 말인 525~527년간에 설치되었다는 견해도 있지만,[71] 436년 사건 이후 설치

---

66) 『晋書』卷108, 載記, 慕容廆 "太康十年 廆又遷于徙河之靑山".

67) 『通典』卷178, 州郡 "漢徙河縣之靑山 在郡城東百九十里".

68) 箭內亘, 1913, 「晋代の滿洲」『滿洲歷史地理上』, 南滿洲鐵道株式會社, 248쪽.

69) 『魏書』卷106, 地形志 "龍城 眞君八年(447)倂柳城 昌黎 棘城屬焉 有堯祠 楡頓城 狼水".

70) 『隋書』卷81, 列傳, 高麗 "唯於遼水西拔賊武厲邏 置遼東郡及通定鎭而還".

71) 井上直樹, 2003, 「韓暨墓誌を通してみた高句麗の對北魏外交の一側面」『朝鮮

〈사진 20〉 요녕성 台安縣에 있는 孫城子古城

〈사진 21〉 孫城子古城 표지석

된 것으로 판단한 견해도 있다.[72] 당나라 시기의 자료에서도 고구려의
대릉하 이동 점유 사실을 확인할 수 있는데, 『당대조령집』의 親征高麗
詔에는 "뱀과 돼지를 險瀆에서 도륙하였다."[73]라는 기사에서 험독이라
는 지명이 나오는 것이 그것이다. 험독이 요하서쪽 台安縣의 孫城子古
城이기 때문이다.[74] 또 『책부원귀』와 『전당문』 唐代 묘지명에 '朕然後
經塗白狼之右 親巡玄菟之城',[75] '玄菟白狼之野 … 問三韓之罪',[76] '觀
兵玄菟 問罪白狼'[77] 등에서처럼 '白狼'이 자주 나오는 것도 주목된다.
백랑은 대릉하를 지칭하는데, '白狼之右', '白狼之野', '問罪白狼' 등에
서 보듯 '백랑'의 동쪽을 보통 고구려 지역으로 인식하는 경우가 많이
나타나고 있다.[78] 다음의 기사를 보자.

> D-1) 高麗는 扶餘의 別種이다. 그 國都는 平壤城으로 즉 漢 樂浪郡의 故
> 地이다. 京師로부터 동쪽으로 5천1백 리에 있다. 동으로 바다 건너
> 신라에 이르고 서북으로 遼水를 건너 營州에 이르며 남으로 바다 건
> 너 백제에 이르고 북으로 靺鞨에 이른다. 동서로 3천1백 리이고 남
> 북으로 2천 리이다.[79]
>
> D-2) 高麗는 본디 扶餘別種이다. 땅은 동쪽으로 바다 건너 신라에 이르고
> 남쪽은 역시 바다 건너 백제에 이르며 서북으로 遼水를 건너 營州와
> 접하며 북은 靺鞨이다.[80]

72) 박경철, 2005, 「高句麗 邊方의 擴大와 構造의 重層性」, 『韓國史學報』 19, 241쪽.
73) 『唐大詔令集』 卷130, 討伐, 親征高麗詔 "使持節遼東道行軍大總管 英國公勣 副總
　　管江夏郡王道宗 士馬如雲 長驅遼左 奮夷嶽之威 屠蛇豕於險瀆".
74) 遼寧省博物館 編, 1962, 『遼寧史蹟資料』, 內部資料, 53쪽.
75) 『册府元龜』 卷117, 帝王部, 親征.
76) 『全唐文』 卷194, 唐右將軍魏哲神道碑, 楊炯.
77) 尉遲敬德 墓誌銘(周紹良 主編, 2000, 『唐代墓誌彙編』, 上海古籍出版社).
78) 윤용구, 2005, 「隋唐의 對外政策과 高句麗 遠征」, 『北方史論叢』 5, 59쪽.
79) 『舊唐書』 卷199, 列傳, 高麗 "高麗者 出自扶餘之別種也 其國都於平壤城 卽漢樂
　　浪郡之故地 在京師東五千一百里 東渡海至於新羅 西北渡遼水至于營州 南渡海至
　　于百濟 北至靺鞨 東西三千一百里 南北二千里".
80) 『新唐書』 卷220, 列傳, 高麗 "高麗 本扶餘別種也 地東跨海踞新羅 南亦跨海踞百

이상은 『구당서』 고려전과 『신당서』 고려전에 나오는 내용으로서,
D-1)의 『구당서』 고려전에 고구려의 영토에 대해 말하면서 '동서로 3천
1백 리'라고 한 점과 D-2)의 '遼水를 건너 營州와 접한다'라고 한 점이
주목된다. 고구려의 동서 영토 크기에 대해 『태평환우기』에는 수나라
때 고구려의 영토가 '동서 6천 리'[81]라고 적고 있는데, 이는 435년에 북
위사신 이오가 고구려 영토에 대해 말한 '동서 2천 리'[82]라는 표현과 비
교할 때도 각각 1천 리와 4천 리가 더 늘어난 것이다. 다음으로 D-1),
D-2)에서 고구려의 서쪽 경계가 營州 즉 지금의 朝陽에 '이른다'거나
'접한다'는 기록에 유의하여 보자.

> E-1) 廣寧衛는 秦漢의 遼東郡地로 晋도 그러하였다. 後魏때 역시 遼東郡에
> 屬하였지만 後에 高麗에 沒하였다가 唐이 그 땅을 다시 取하였다.[83]
> E-2) 廣寧縣은 … 隋때 高麗에 屬하였다. … 義州는 … 隋때 高麗地에 屬
> 하였다.[84]

위에 들은 廣寧縣은 『요사』 지리지의 營州條에서도 보이고 있다. 광
녕은 현재 의무려산 동쪽에 있는 北鎭으로,[85] E-1)에서 이 지역이 고구
려에 '몰하였다'는 내용이 나오고 있어 주목된다. '몰하였다'는 것은 빼
앗겼다는 의미로, E-2)의 『성경통지』에서는 광녕에서 서쪽으로 더 나아
가 義州 즉 대릉하 하류 서안의 錦州 위에 있는 義縣까지 '高句麗地'라

濟 西北度遼水與營州接 北靺鞨".
81) 『太平寰宇記』 卷173, 四夷, 高句麗 "後漢時 南北二千里 至後魏 南北漸狹 纔千餘
里 至隋漸大 東西六千里".
82) 『魏書』 卷100, 列傳, 高句麗 "遼東南一千餘里 東至柵城, 南至小海 北至舊夫餘
民戶參倍於 前魏時 其地東西二千里 南北一千餘里".
83) 『讀史方輿紀要』 卷37, 山東 "廣寧衛 秦漢遼東郡地 晋因之 後魏亦屬遼東郡 後沒
於高麗 唐復取其地".
84) 『盛京通志』 卷23, 建置沿革 "廣寧縣 … 隋屬高麗 … 義州 … 隋屬高麗地".
85) 谷 光世, 1940, 『滿洲國地方誌』, 滿洲事情案內所, 509~512쪽.

〈사진 22〉 요녕성 北鎭에서 멀지않은 동북쪽에 高力板이라는 지명이 있다

고 적고 있다. 또 645년 또 당태종의 고구려 침공시 饋運使를 맡았던
韋挺이 "幽州 以北으로 부터 遼水 2천여 리 사이에 州縣이 없다."[86]라
는 말도 이와 관련해 음미하여 볼 수 있다. 이외에 의현에는 '高麗井
子'[87]와 함께 '高麗坂城'이 있고,[88] 현재에도 북진 인근에 '高力板'이라
는 지명이 있다는 점도 주시된다. 또한 武厲邏에 대해 武列城[89] 또는
武厲城[90] 등으로 표기된 것에서도 알 수 있듯이, 고구려성의 존재가 현
재 요하 서쪽에서도 확인된다. 吐黙特左旗 즉 의무려산 서북쪽의 阜新
지역의 고구려성과[91] 요녕성 新民 동북쪽의 巨流河 인근에 고구려 고성
이 있다고 전해지고 있고, 거류하 서북쪽 부근에는 高台山 高麗城이 있

---

86) 『舊唐書』卷77, 列傳, 韋挺 "謂挺曰 幽州以北 遼水二千餘里 無州縣".
87) 山崎總與, 1941, 『滿洲國地名大辭典』, 日本書房, 289쪽.
88) 『盛京通志』卷30, 城池.
89) 『北史』卷76, 列傳, 李景 "五年 車駕西 … 明年 攻高麗武列城 破之".
90) 『隋書』卷65, 列傳, 李景 "五年 車駕西巡 … 明年 攻高麗武厲城 破之".
91) 三宅俊成, 1975, 『東北アジア考古學の研究』, 國書刊行會, 444쪽.

으며 신민 남쪽 50리에 있는 古城子라는 마을에도 고구려성이 있다는 기록이 있다.[92] 이처럼 고구려가 遼河와 養息牧河, 서쪽으로 柳河의 사이에 끼어 있는 전략적 요충지인 신민 지역을 그냥 놔 둘리는 없었을 것이다.

그러나 무엇보다도 최근 요녕성 義縣지역에서 발견된 고구려불상 광배에 나타난 명문자료가 주목된다. 중국에서 발표된 논문[93]에 따르면 1990년대 말 의현에서 고구려 금동불상이 발견되었다고 하는데, 이 금동불상의 높이는 10.6센티이고 밑받침은 4센티미터의 원형으로 둘레직경이 7.5센티미터로 알려지고 있다. 금동불상의 전체높이는 18센티미터로 불상의 광배 뒷면에 3행의 명문이 새겨져 있어 눈길을 끄는데 내용은 다음과 같다.

> F) 大高句麗國甘山
>   寺覺緣師徒敬造
>   己酉年三月三日[94]

이상에서 나오는 기유년에 대해 중국학계는 安藏王 11년인 529년으로 보고 있으나,[95] 그보다 60년 앞선 장수왕 57년인 469년일 가능성이 크다. 의현 고구려 금동불상과 불교조각사의 양식상 거의 유사한 형태의 불상이 국내에도 존재하기 때문이다. 즉 延嘉七年銘 金銅佛立像인데 이 고구려 불상은 1963년 경남 의령에서 발견되었다. 연가칠년명 불상의 크기는 16.3센티로 의현 고구려 금동불상과 함께 사람이 휴대하여 이동 가능한 크기이다. 여기서 출토지에 관해 검토하면 宜寧은 당시 신라지역

---

92) 沈陽市圖書館編, 1985, 『東北名勝古迹軼聞』, 沈陽市圖書館社科參考部, 32~36쪽.
93) 耿鐵華, 2006, 「跋高句麗金銅佛造像」『東北史地』 6, 17~19쪽.
94) 풀이하면 '大高句麗國 甘山寺의 覺緣師徒가 己酉年 三月 三日에 敬造하다'이다 (원문출전은 耿鐵華, 앞의 논문, 17쪽).
95) 耿鐵華, 앞의 논문, 17~19쪽.

으로 현재 이렇다 할 古刹이 존재하지 않지만 義縣은 境內에 遼代의 奉國寺와 북위시대의 萬佛堂石窟이 대릉하 북안에 존재하는 등 의현지역은 고대부터 불교가 왕성하였던 지역으로 판단된다. 따라서 의령과 의현지역 고구려 불상이 모두 이동가능한 소규모 불상이더라도 두 개 불상의 출토지의 성격은 분명 다르다. 즉 의령은 당시 신라지역임으로 의령출토 고구려 불상은 고구려지역에서 만들어져 신라지역으로 이동되었을 가능성이 크지만 의현 고구려 금동불상은 위에서 들은 사실로 인하여 의현지역에서 만들어져 최근 발견되었을 가능성이 크다는 점이다.

다음으로 제작연대와 관련하여 연가칠년명 금동불상은 현재 동아시아 불교조각사의 양식상 539년 설이 통설로 자리 잡고 있지만,[96] 최근 479년설도 제기되고 있다.[97] 그렇다면 연가칠년명 금동불상의 제작연대가 통설인 539년을 따르던지 최근의 신설인 479년을 따르더라도 의현 고구려 금동불상의 제작연대가 529년 또는 469년 일 때에 두 연대 측정 모두 의현 고구려 금동불상이 연가칠년명보다 10년 앞서는 결과를 보여준다. 실제로 의현 고구려 금동불상의 조각기법이 투박하고 古拙한 반면 연가칠년명 금동불상은 광배의 투각기법이라던가 불상의 조각기법이 의현 고구려 금동불상에 비해 좀 더 세련된 느낌을 준다. 어떤 제작연도 설을 따르더라도 己酉年이라는 의현 고구려 금동불상의 干支銘은 己未라는 연가칠년명 금동불상의 간지명에 비해 10년 앞서고 있어, 의현 고구려 금동불상이 연가칠년명 금동불상보다 10년 앞서 제작된 것은 부인할 수 없는 결과를 보여 주고 있다. 이렇게 되면 현존하는 5건의 고구려 在銘 불상[98] 중에 의현 고구려 금동불상이 最古가 됨은 두 말할 나위없다.

그러나 무엇보다도 중요한 사실은 두 개의 금동불상에 새겨진 명문에

---

96) 김리나, 1989, 『韓國古代佛敎彫刻史硏究』, 일조각, 37쪽.

97) 문명대, 2003, 『관불과 고졸미』, 예경, 192쪽.

98) 延嘉七年銘 金銅佛立像, 建興五年銘 金銅佛立像, 永康七年銘 金銅佛立像, 癸未銘 金銅佛立像, 景四年銘 金銅佛立像.

서 이다. 의현 금동불상의 명문은 앞서 제시한 대로이지만 의령출토 금동불상의 명문은 다음과 같다.

> G) 延嘉七年歲在己未高麗國樂良
> 東寺主敬弟子僧演師徒卅人共
> 造賢劫千佛流布第卄九回現歲
> 佛比丘□類所供養[99)]

이상 제시된 두 개 불상의 명문을 통하여 볼 때에 제작국에 관하여는 연가칠년명 불상은 '高麗國'으로, 의현 불상은 '大高句麗國'으로 명기되어 있음을 알 수 있다. 그렇다면 여기서 고구려 국호에 대해 검토하는 것도 연가칠년명 불상과 의현 고구려 금동불상의 명문 해석에 도움이 된다. 즉 고구려가 '고구려'에서 '고려'로 국호를 변경한 것이 520년이라는 주장도 있지만,[100)] 『위서』 태조기 398년조에 "高麗雜夷三十六萬"[101)]이라는 기사와 같은 책의 435년조에는 "高麗鄯善國並遣使朝獻"[102)]이라는 것과, 436년조에 "遣使者十餘輩詣高麗"[103)]라는 기사를 볼 때, 이는 사실이 아님을 알 수 있다. 또한 『위서』 예지에 491년 북위 효문제가 장수왕의 죽음을 애도하면서 '高麗王璉'[104)]이라고 한 점과, 중원고구려비에서 '高麗大王'[105)]이라는 표현이 보이고 있는 점을 고려한다면 고구려가 '고구려'에서 '고려'로 국호를 변경한 것은 적어도 427년

99) 문명대, 앞의 책, 197쪽.

100) 李殿福, 1991, 『高句麗·渤海の考古と歷史』, 學生社, 168쪽.

101) 『魏書』 卷2, 太祖紀 "徙山東六州民吏及徙何 高麗雜夷三十六萬 百工伎巧十萬餘口 以充京師".

102) 『魏書』 卷4, 世祖紀 "丙午 高麗鄯善國並遣使朝獻".

103) 『魏書』 卷4, 世祖紀 "二月戊子 馮文通遣使朝貢 求送侍子 帝不許 壬辰 遣使者十餘輩詣高麗 東夷諸國詔諭之".

104) 『魏書』 卷183, 禮志 "是年 高麗王死 十二月詔曰 高麗王璉守蕃東隅 累朝貢職年踰期頤 勤德彌著 今旣不幸 其赴使垂至 將爲之擧哀".

105) 정영호, 1979, 「中原高句麗碑의 發見調査와 硏究展望」 『史學志』 13, 14~15쪽.

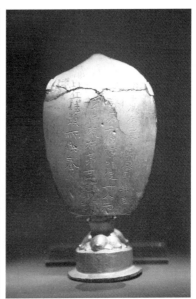

〈사진 23〉 연가칠년명 금동불입상 전면   〈사진 24〉 연가칠년명 금동불입상 후면

평양천도 시점 즈음이었다고 판단된다.[106]

　　연가칠년명 금동불상은 위 명문에서 처럼 '高麗國樂良'이 나온다는 점으로 보아 당시 고구려의 수도였던 평양에서 제작된 것으로 판단된다. 물론 연가칠년명 금동불상의 제작연대가 현재 통설인 539년을 따르던지 최근 제시된 479년설을 따르더라도 모두 427년 평양으로 천도하여 고구려의 국호가 고구려에서 고려로 바뀐 이후의 시점이다. 그렇기 때문에 연가칠년명 금동불상에서 당시 고구려의 표기가 '고려'로 명기가 된 것이다. 반면 의현 고구려 금동불상은 고려가 아닌 '大高句麗國'으로 명기가 되어 있다. 의현 고구려 금동불상과 불교조각 양식상 거의 유사한 연가칠년명 금동불상의 제작연대가 479년까지 제시된다면 의현 고구려 금동불상의 제작연대도 469년일 수밖에 없다. 더구나 연가칠년명 금동불

---

106) 정구복, 1992,「高句麗의 '高麗' 國號에 대한 一考」『湖西史學』19·20, 63쪽.

상과 의현 고구려 금동불상의 뒷면에 새겨진 명문의 書體도 거의 유사하다는 점도 지적되어 마땅하다. 즉 두 불상의 명문에서 공통적으로 보이는 글자 중에 '高', '麗', '師徒' 字가 유사한데 특히 '師徒'는 한 사람이 쓴 것 마냥 착각을 일으킬 독특한 書法을 보이면서도 유사하다.

따라서 의현 고구려 금동불상의 연대는 연가칠년명이 양식기준상 479년이라는 상한연대와 뒷면에 새겨진 서체 등을 종합하여 고려할 때에 의현 고구려 금동불상에 나오는 명문의 己酉年은 469년으로 귀결될 수 있다. 다만 연가칠년명 고구려 금동불상이 당시 고구려를 '고려국'라고 한데 비하여 의현 고구려 금동불상에서 '대고구려국'이라는 '句'의 사용과 '大'字의 사용은 당시 의현지역에서 유행하던 고구려 국호에 대한 표기법이라고 생각된다. 즉 제작연도에 관해 연가칠년명 불상이 '延嘉七年'이라는 고구려 연호를 사용한 반면 의현 고구려 불상은 연호가 없고 단지 '己酉年'이라고 표기되어 있는 점은 제작지와 관련이 있다. 연가칠년명 불상은 당시 고구려의 수도인 평양에서 만들어진 반면에 의현 고구려 불상은 변방인 甘山 즉 오늘날 대릉하 연변의 의현으로 추정되는 곳에서 만들어진 결과이다. 당시 감산이라는 지역에 고구려 연호보다는 '기유년'이라는 기년이 민중들에게 더욱 설득력있게 받아들여져 고구려 연호를 사용하지 않은 것으로 보인다.

결국 의현 불상에서 연가칠년명 불상에 없는 '대고구려'라는 국명의 사용은 장수왕대 의현을 비롯한 요서지역에 대한 고구려인들의 자부심에 대한 발로라고 생각된다. 이는 436년 장수왕의 북연국도 화룡에 진출하여 고구려의 국력 및 세력이 요서지역 의현까지 발현되어 그로부터 30여년이 흐른 469년에도 의현이 위치한 대릉하 하류 연안에 의연히 존재하고 있음을 증명한다고 할 수 있다.

한편 의현 금동불상에서 나오는 甘山이 실제 의현지역을 고구려 당시에 감산으로 불렀다면 광개토왕비에 나오는 富山도 그 위치 규명에 도

〈사진 25〉 의무려산에서 내려다 본 **遼西** 벌판

움을 줄 것이다. 즉 의현지역에 큰 산이 없는데도 감산이라는 명칭이 붙었다면 부산도 큰 산과 관계없이 대릉하와 의무려산 인근의 어느 곳을 지칭할 가능성도 존재한다. 결론적으로 의현 고구려 금동불상 명문 등에서 알 수 있듯이 북연멸망 이후 고구려와 북위는 요하 서쪽의 자연계선인 대릉하 하류 左岸과 右岸 및 의무려산을 경계로 대치하였다고 판단할 수 있다. 고구려는 대릉하 하류의 이동과 요하이서 지역 사이의 대부분을 대북위 전진기지로 삼아 군사지역(Military Zone)화하였을 것이며, 이는 수와 당의 침공 때까지도 이어졌다고 생각된다.107)

---

107) 당시 요하 하류 서쪽과 대릉하 하류 동쪽 사이는 오늘날처럼 비옥하고 안정된 평야지대가 아니었다. 다시 말해 지금과 같은 지리적 관점으로 요하 하류와 대릉하 하류 일대를 보아서는 안 된다. 즉 당시 그 곳에는 遼澤이라는 황무지가 있어 고구려가 이 지역을 차지하였다 해도 일반 백성이 대다수 거주하는 공간이 아니었다. 이 지역은 일종의 군사지역으로 對中國 전진기지와 같은 역할을 하였다. 그렇기 때문에 요하서쪽의 고구려성으로서 공식적으로 武厲邏만이 보이고 있는 것이다.

3. 高句麗의 東몽골進出

장수왕 재위 후반기인 479년에 고구려는 유연과 함께 地豆于瓜分을 도모하며 서북 지역에 대한 관심을 나타냈다. 479년 3월 고구려는 북위에 사신을 보냈고,[108] 9월에 다시 吐谷渾, 地豆于, 契丹, 庫莫奚, 龜玆 등과 함께 북위에 사신을 보냈다.[109] 479년 4월에는 유연이 북위에 조공하지만[110] 479년 8월 유연가한 予成은 직접 30만 기병을 동원하여 燕然山의 동남쪽 3천여 리까지 이르렀으나 북위가 수성전으로 대항하여 나와 싸우지 않자 유연가한이 회군한 일도 있는데, 이런 내용은 『남제서』[111]와 『양서』 芮芮國傳[112]에 기록되어 있다. 479년 11월에는 유연이 10여만의 기병으로 북위 북변을 다시 공격하였다가 회군하기도 하였다.[113] 『자치통감』에서도 이에 관한 기사가 479년 11월조에 보이고 있고, 莫弗賀勿于의 북위 내부에 대하여도 연결되어 나오고 있다.[114] 이런 일련의 정치적 흐름은 유연이 남조와 연결된 점도 있었지만,[115] 고구려와 유연이 지두우과분을 하려 한 행동으로 파악하여도 좋을 것이다.

고구려와 유연의 지두우과분 도모는 479년 12월에 이루어진 것으로 추정되

---

108) 『魏書』卷7, 高祖紀 "三年 … 三月 … 戊午 吐谷渾 高麗國各遣使朝獻".
109) 『魏書』卷7, 高祖紀 "九月 … 高麗 吐谷渾 地豆于 契丹 庫莫奚 龜玆諸國各遣使朝獻".
110) 『魏書』卷7, 高祖紀 "夏四月 … 辛卯 蠕蠕國遣使朝獻".
111) 『南齊書』卷58, 列傳, 芮芮虜 "建元元年八月 芮芮主發三十萬騎南侵 去平城七百里 魏虜拒守不敢戰 芮芮主於燕然山下縱獵而歸".
112) 『梁書』卷54, 列傳, 芮芮國 "齊建元元年 洪軌始至其國 國王率三十萬騎 出燕然山 東南三千餘里 魏人閉關不敢戰".
113) 『魏書』卷7, 高祖紀 "十有一月 … 蠕蠕率騎十餘萬南寇 至塞以還".
114) 『資治通鑑』卷135, 齊紀, 高帝 建元元年(479) "柔然十餘萬騎寇魏 至塞上而還 … 契丹莫賀弗勿于帥部落萬餘口入附于魏 居白狼水東".
115) 『南齊書』卷58, 列傳, 芮芮虜 "昇明二年 太祖輔政 遣驍騎將軍王洪使芮芮 剋期共伐魏虜".

며,116) 이는 이 무렵 고구려가 유연과 순치관계를 형성하고 있었기 때문에 가능한 일이었다.117) 지두우는 『위서』 지두우국전에 "실위의 서쪽 천여 리 되는 곳에 있다. 소와 양이 많고 명마가 나온다."118)라고 기술되어 있다. 室韋에 대하여는 『위서』 失韋傳에 "물길의 북쪽 천리와 화룡 북쪽 천여 리에 있다."119)고 하였고, 『북사』 室韋傳에는 "국토는 다습하고 언어는 庫莫奚, 契丹, 豆莫婁國과 같다. … (남실위) 그 나라는 철이 없어 고구려로 부터 공급받는다."120)라고 하였다. 『위서』 蠕蠕傳에는 "그 서쪽은 焉耆의 땅이고, 그 동쪽은 朝鮮의 땅이며 북쪽은 사막을 넘어 瀚海에 끝난다."121)라고 나와 있다. '조선'이 보통 고구려를 지칭하는 경우는 『구당서』에 "遼水之東 朝鮮之地"122)와 『신당서』에 "遼水之陽 盡朝鮮三韓之地"123)로 되어 있고, 또한 『전당문』에 '朝鮮舊壤',124) 『당대조령집』에 '毒被朝鮮',125) 曹三良묘지명에 '朝鮮遂陷'126)과 677년 보장왕이 朝鮮郡王127)에 임명된 예 등이 보이고 있다. 이로 볼 때 지두우와 실위는 각각 고구려와 접경하였던 것으로 볼 수 있다. 지두우는 오늘날 大興安嶺 산맥

---

116) 박원길, 2002, 「高句麗와 柔然·突厥의 關係」『高句麗國際關係』, 高句麗硏究會, 15쪽.

117) 『三國史記』 卷25, 百濟本紀, 蓋鹵王 18年 "或北約蠕蠕 共相脣齒".

118) 『魏書』 卷100, 列傳, 地豆于國 "在失韋西千餘里 多牛羊 出名馬".

119) 『魏書』 卷100, 列傳, 失韋 "在勿吉北千里 去洛六千里 路出和龍北千餘里 入契丹國".

120) 『北史』 卷94, 列傳, 室韋 "國土多濕 語與庫莫奚 契丹 豆莫婁國同 … 其國無鐵 取給於高麗".

121) 『魏書』 卷103, 列傳, 蠕蠕 "其西則焉耆之地 東則朝鮮之地 北則渡沙漠 窮瀚海".

122) 『舊唐書』 卷53, 列傳, 李密.

123) 『新唐書』 卷31, 天文志.

124) 『全唐文』 卷196, 左武衛將軍成安子崔獻行狀 "朝鮮舊壤 歌箕子之風謠 斗骨危城 屬烏孫之背誕地 惟孤竹 不聞謙讓之名 親則同株 曾無急難之意 特進泉男生以蕭牆搆釁 蔓草方滋 欲去危而就安 思轉禍而爲福 請歸有道 使者相望 天皇愍一物之推溝 詔公於國城內迎接 先之以造化之大示之 以雷霆之威 受其璧 焚其櫬".

125) 『唐代詔令集』 卷130, 平亂 破高麗詔 "島夷陪隷 虐弑其君 毒被朝鮮 災流濊貊".

126) 『唐代墓誌彙編續集』 大唐故左驍衛將軍上柱國開國墓誌 "廻駐日之戈 一呼而潰重圍 再擧而登萬□ 朝鮮遂陷 王旅用康 此又公之動也".

127) 『新唐書』 卷220, 列傳, 高麗. "儀鳳二年 授藏遼東都督 封朝鮮郡王".

〈사진 26〉 내몽골 북부 伊圖里河 인근의 大興安嶺

의 인근에 위치한 것으로 판단된다.

고구려와 유연의 지두우과분은 경제적으로는 광개토왕이 패려를 정벌하여
수많은 우마군양을 얻은 것과 마찬가지로 지두우에서 산출되는 소, 말, 양 등에
대한 실리적 목적도 분명히 있었다.[128] 한편 유연이 479년 8월과 11월 북위를
공격하자 고구려는 내몽골 지역의 莫弗賀勿于 거란을 원정하였는데, 막불하물
우는 이를 피하여 북위에 의지하였다.

> H-1) 太和 3年(479) 高句麗와 蠕蠕이 몰래 謀議하여 地豆于를 取해 나누려 하였
> 다. 거란은 그 侵軼이 두려워 莫弗賀勿于는 그 部落 수레 3千乘과 무리 萬
> 餘口를 거느리고 雜畜을 驅徙해 들어와 內附하기를 구하였다. 白狼水 동쪽
> 에서 멈추었다.[129]

---

128) 하지만 이때 지두우가 완전히 멸망하였는지는 의문이다. 이는 『魏書』 地豆于國
  傳에 482년에 북위에 조공한 기사와 함께 490년에도 지두우 관련기사(『魏書』
  卷100, 列傳, 地豆于國 "太和六年 貢使不絶 十四年 頻來犯塞")가 보이고 있기
  때문이다.

H-2) 後魏 때에 高麗의 침공을 받자 그 部落 萬餘口가 內附하여 白貔河에 머물 렀다.130)

H-3) 奇首八部가 高麗와 蠕蠕의 침공을 받자 간신히 萬口가 元魏에 내부하였다. … 潢河의 서쪽과 土河의 북쪽이 奇首可汗의 故壤이다. … 元魏末 莫弗賀 勿于가 高麗와 蠕蠕의 침공에 두려워하여 수레 3千乘과 무리 萬口를 이끌 고 內附하였다. 奇首可汗의 故壤을 떠나 白狼水 동쪽에 居住하였다.131)

『위서』 거란전에 의하면 465~471년 경에 '悉萬丹部, 何大何部, 伏弗郁部, 羽 陵部, 日連部, 匹絜部, 黎部, 吐六于部' 등의 거란 고팔부가 북위 조정에 名馬와 文皮를 헌납하는 기사가 나온다.132) H-1)기사에서 太和 3년 즉 479년에 고구려 와 유연이 지두우를 과분하려 하자, 침공을 두려워 한 막불하물우의 거란이 예하 부락의 수레 3천승과 무리 만여구를 이끌고 가축과 함께 白狼水 지금의 대릉하 동쪽으로 옮겨 갔다는 내용을 전하고 있다. H-1)기사의 원문에 의한다면 '止於白 狼水東'인데, 이 경우 '백랑수동'은 단순히 문맥 그대로 하여 '대릉하 동쪽'이라기 보다는 영주 지금의 조양 인근이 아닌가 생각된다. 왜냐하면 당대의 阿史那忠墓 誌銘에도 "契丹在白狼之東 居黃龍之右"133)에서 보듯 '백랑지동'이라는 똑같은 표현이 나오고 있으나, 여기서 '백랑지동'은 뒤에 나오는 '居黃龍之右'134)라는 말에서도 알 수 있듯이 대릉하 서쪽의 영주 근방으로 보이기 때문이다. 따라서

---

129) 『魏書』卷100, 列傳, 契丹 "太和三年 高句麗竊與蠕蠕謀 欲取地豆于以分之 契丹 懼其侵軼 其莫弗賀勿于率其部落車三千乘 衆萬餘口 驅徙雜畜 求入內附 止於白 狼水東".

130) 『隋書』卷84, 列傳, 契丹 "當後魏時 爲高麗所侵 部落萬餘口求內附 止于白貔河 其後爲突厥所逼".

131) 『遼史』卷32, 營衛志 "奇首八部爲高麗 蠕蠕所侵 僅以萬口附于元魏 … 潢河之 西 土河之北 奇首可汗故壤也 … 元魏末 莫弗賀勿于畏高麗 蠕蠕侵逼 率車三千 乘 衆萬口內附 乃去奇首可汗故壤 居白狼水東".

132) 『魏書』卷100, 列傳, 契丹 "顯祖時 … 悉萬丹部 何大何部 伏弗郁部 羽陵部 日 連部 匹絜部 黎部 吐六于部等 各以其名馬文皮入獻天府".

133) 『唐代墓誌彙編』阿史那忠墓誌銘 "契丹在白狼之東 居黃龍之右 近侵卉服 外結鳥夷".

134) 黃龍은 『水經注』에 "白狼水又北逕黃龍城東"에서 볼 수 있듯이 '龍城'의 다른 표현으로 營州 즉 지금의 朝陽을 가리킨다.

〈사진 27〉 내몽골 시라무렌하와 노합하가 만나는 곳에 있는 永州故城

H-1)기사의 거란이 백랑수 동쪽으로 옮겨갔다는 의미는 영주 인근으로 옮겨가 북위에 내부하였다라고 보는 해석이 타당하다.

479년 전후 거란은 고팔부 대신에 막불하물우가 동몽골에서 그 세력을 잡고 있었다고 판단되는데,135) H-3)의 『요사』 영위지와 『자치통감』 479년조 기사에 의하여도 확인이 된다.136) 막불하물우 거란이 수레를 3천 승이나 옮겨간 것은 유목민족에게 있어 수레와 말은 그것으로 집을 만들 만큼 중요한 자산이었기 때문일 것이다.137) 여기서 莫弗賀勿于의 '莫弗賀'에 대한 표기를 알아보자. H-1)의 『위서』 거란전의 막불하로 나오고 있고 『주서』 고막해전138)과 『수서』 거란전139)에는 '막하불'로 나오고 있음이 확인되며, 『북사』 물길전140)과 韓暨墓誌銘141)에는 각기 渠

---

135) 이재성, 1996, 『古代 東蒙古史研究』, 법인문화사, 180쪽.
136) 『資治通鑑』 卷135, 齊紀, 高帝 建元元年(479) "是時爲高麗所侵 求內附于魏".
137) 『遼史』 卷31, 營衛志 "車馬爲家".
138) 『周書』 卷49, 列傳, 庫莫奚 "分爲五部 一曰辱紇主 二曰莫賀弗".
139) 『隋書』 卷84, 列傳, 契丹 "開皇四年 率諸莫賀弗來謁 … 每部有莫何弗三人以貳之".
140) 『北史』 卷94, 列傳, 勿吉 "渠帥曰大莫弗瞞咄".

帥 대막불와 契丹國 대막불이라는 명칭도 나오고 있다. 莫弗賀勿于의 莫弗賀는 莫賀弗로도 함께 칭하고 있으나, 이때 막하불은『통전』돌궐전의 "其勇健者謂之始波羅 亦呼爲英賀弗"[142]라는 기사를 근거로 '勇者'의 뜻으로 해석되며,[143] 대막불은 거란족의 부족장이나 君長을 지칭한다.[144]『위서』거란전에 나오는 막불하는 용자와 함께『북사』물길전의 "渠帥曰大莫弗瞞咄"을 근거로 거란의 부족장을 뜻하는 것으로 생각된다.

이때 막불하물우 거란의 원래 거주지는 H-3)의『요사』영위지에 의할 때, 潢河와 土河가 만나는 지점인 것으로 볼 수 있다. 이는『요사』지리지에 이를 "동으로 潢河와 남으로 土河의 두 강이 合流하는 곳의 古號를 永州라 한다. … 木葉山이 있으며 이곳에 契丹 始祖廟를 세웠다."[145]라는 것에서도 뒷받침되고 있다. 潢河는 오늘날의 시라무렌하이고 土河는 老哈河로, 479년에 고구려가 내몽골 開魯 서남쪽의 시라무렌하와 노합하가 합류하는 곳 인근에 있는 永州故城까지 원정하였던 것으로 판단된다.

고구려가 유연과 함께 지두우를 과분하려 하고 막불하물우 거란을 원정한 정치적 의미는, 유연과 동조하며 북위를 견제하고 물길 등의 세력이 북위와 연결되는 것을 막으려는 의도였다.[146] 이는『위서』물길전에 "延興中(471~476년)에 乙力支를 파견하여 조공하였다. 太和初(477년~)에 또 말 5백 필을 받쳤다. … 契丹西界를 따라 和龍에 이르렀다. 스스로 말하기를 그 나라는 앞서 고구려의

141) "七年領大將軍契丹國大莫弗入朝"(王晶辰 主編, 2002『遼寧碑誌』, 遼寧人民出版社).

142)『通典』卷197, 邊防, 突厥.

143) 白鳥庫吉, 1970,『白鳥庫吉全集4(塞外民族史研究 上)』, 岩波書店, 220쪽 ; 愛宕松男, 1959,『契丹古代史の硏究』, 東洋史硏究會, 190쪽.

144) 이재성, 2006,「'大賀契丹'에 관한 旣存 學說의 批判과 새로운 見解」『東洋史學硏究』95, 64쪽.

145)『遼史』卷37, 地理志 "東潢河 南土河 二水合流 古號永州 … 有木葉山 上建契丹始祖廟 奇首可汗在南廟 可敦在北廟".

146) 이재성, 2008,「韓國 古代史上의 契丹(1)」『한-몽 역사학자들의 동북아역사 인식』, 동북아역사재단, 22쪽.

10부락을 깨트리고 백제와 비밀리에 水道를 따라 힘을 합해 고구려를 취하기로 공모하였다. 을력지를 대국에 봉사하여 그 가부를 청하였다."147)라는 기사에서도 입증된다. 471~476년 사이 물길이 화룡에서 북위와 연결을 도모하려 하였던 것이다.

당시 고구려의 강성에 대해 "彊盛不受制"148) 또는 "我方强"이라 전하고 있으며 이는 484년 북위에 보낸 사신의 서열이 남제에 이어 2위를 차지하게 되는 배경이 된다.149) 북위는 491년 장수왕이 죽은 뒤에 "車騎大將軍 太傅 遼東郡開國公 高句麗王"150)이라는 작위를 추증하여 내려 주었다. 이는 북위 정권이 외국왕에 내린 최초의 추증이며, 車騎大將軍은 북위의 장군호 중에 최고위였고 太傅 또한 북위 관계상 최상위 관직에 해당하였다. 이상 장수왕대는 436년 화룡진출과 그로 인한 고구려의 대릉하 하류 동쪽 영유와 479년 지두우과분 도모와 막불하물우 거란원정 등 고구려의 요서 및 동몽골 진출에 있어 최성기였음을 확인할 수가 있다.

이와 같은 장수왕대의 유산은 문자명왕대에도 그대로 이어지고 있다.

> I) 太和中(477~499) 著作佐郎에 제수되고 얼마 후 尙書儀曹郎中으로 옮겨 가고, 員外散騎常侍도 겸하였다. 명을 받아 高麗에 갔다. 高麗王雲(문자명왕)은 偏遠에 있는 것을 믿고 병을 핑계로 친히 詔를 받지 않았다. 封軌가 正色을 하고 이를 힐난하며 大義로서 이를 깨우치자 雲은 北面受詔하였다. 앞서 거란이 邊民 60餘 口를 虜掠하였고 또 고려를 위해 擁掠하여 동쪽으로 돌아갔다. 軌가 그 실상을 자세히 듣고 글을 보내 이를 나무라자 雲은 모두에 물자를 급여하여 돌려보내 주었다.151)

---

147) 『魏書』 卷100, 列傳, 勿吉 "延興中 遣使乙力支朝獻 太和初 又貢馬五百匹 … 從契丹西界達和龍 自云其國先破高句麗十落 密共百濟謀從水道幷力取高句麗 遣乙力支奉使大國 請其可否".

148) 『南齊書』 卷58, 列傳, 高麗 "三年(481) 遣使貢獻 乘舶汎海 使驛常通 亦使魏虜 然彊盛不受制".

149) 『三國史記』 卷18, 高句麗本紀, 長壽王 72年 "時魏人 謂我方强 置諸國使邸 齊使第一 我使者次之".

150) 『三國史記』 卷18, 高句麗本紀, 長壽王 79年 "遣謁者僕射 李安上 策贈車騎大將軍 太傅 遼東郡開國公 高句麗王 謚曰康".

위에서 나오는 '太和中'은 477~499년에 해당하는데, 문자명왕이 492년에 즉위하였으므로 이 기사는 492~499년 사이의 일에 해당함을 알 수 있다. 여기서의 거란은 479년 고구려의 공격을 받아 시라무렌하 유역에서 대릉하 동쪽인근으로 옮겨와 북위에 의지하였던 막불하물우 거란으로 짐작된다. 이들이 북위의 邊境民 60여 명을 노략하였던 것으로, 바로 이때 고구려가 대릉하 동쪽 인근지역에 진출하여 거란인이 노략한 북위의 변경민 60여 명을 붙잡아 갔던 것이다. 이 사건으로 볼 때 동몽골 지역의 거란이 아직도 고구려의 영향권 밑에 있었다고 이해된다. 한편 고막해와 거란은 이 무렵에 화룡 이북을 위협하였다. 고막해가 498년 安州에 침입한 기사[152]가 『위서』고막해전에 나오고 있고, 義縣萬佛堂 韓貞造像記[153]에는 502년 북위의 尉喩契丹使인 韓貞이 나오는 것을 보면 당시 영주 북방의 불안한 상황을 그대로 짐작하게 한다.

---

151) 『魏書』卷32, 列傳, 封懿 附 封軌 "太和中 拜著作佐郎 稍遷尙書儀曹郎中 兼員外散騎常侍 銜命高麗 高麗王雲恃其偏遠 稱疾不親受詔 軌正色詰之 喩以大義 雲乃北面受詔 先是 契丹虜掠邊民六十餘口 又爲高麗擁掠東歸 軌具聞其狀 移書徵之 雲悉資給遺還".

152) 『魏書』卷100, 列傳, 庫莫奚 "(太和)二十二年 入寇安州 營燕幽三州兵數千人擊走之 後復款附 每求入塞 與民交易".

153) 義縣萬佛堂 韓貞造像記 "大魏景明三年五月九日造 尉喩契丹使員外散騎常侍昌黎韓貞 前建德郡承沃黎戌軍主呂安辰 尉喩使令史奉國"(王晶辰 主編, 2002 『遼寧碑誌』, 遼寧人民出版社, 18~19쪽).

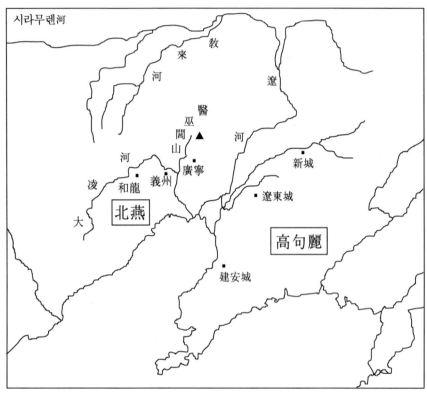

〈지도3〉北燕代의 遼西

제5장

嬰陽王代 隋와의 戰爭과 遼西攻擊

1. 隋文帝 侵攻前後 高句麗의 遼西攻擊

6세기 초반에 이르러도 營州 지방의 혼란한 상황은 계속 이어졌다.
북위가 유연 등 북방 유목민족의 방어를 위해 설치하였던 六鎭 중 沃野
鎭에서 523년 반란이 일어났는데, 난은 河南과 關隴지역으로 확대되었
고 결국 북위가 동서로 분열되는 원인을 제공하여 주었다. 이 기회를 이
용하여[1] 524년 10월 요서지역에서는 영주 성민 劉安定과 就德興이 刺
史 李仲遵을 붙잡고 燕王을 자칭하며 반란을 일으켰다.[2]

1977년 朝陽의 북쪽에서 발견된 韓暨墓誌에 의하면 韓暨의 아버지
韓詳이 북위의 平州司馬 諮議參軍으로 있을 때인 孝昌年間(525~527
년)에 한상이 고구려에 포로로 끌려간 사실이 나오고 있어 주목된다.[3]
묘지명에 한상이 평주사마 자의참군을 지냈다고 나오는 것은 고구려가
영주를 넘어 난하 근방의 平州까지 진출하였을 가능성도 있다.[4] 또한
한기묘지명에 龍城人과 함께 "高麗爲寇 被擁遼東"은 고구려가 525~527
년 사이에 영주 일대를 공격하여 한상 등을 포로로 하여 요동으로 데리
고 왔다는 것을 보여주는데, 이는 "率領同類五百餘戶歸朝奉國"이라는
표현에서도 짐작된다. 528년과 530년 사이에 영주보다 더 서쪽인 지금
의 난하 중류 지방에 위치한 安州에서 都督 江果가 城民을 이끌고 고구

---

1) 『資治通鑑』 卷150, 梁紀, 武帝普通5年(524) "八月 … 時六鎭已盡叛".
2) 『資治通鑑』 卷150, 梁紀, 武帝普通5年(524) "冬十月 … 魏營州城民劉安定 就德
   興 執刺史李仲遵 據城反 … 德興東走 自稱燕王".
3) "君諱暨字承伯昌黎龍城人也 … 父詳平州司馬諮議參軍 … 孝昌失馭高麗爲寇 被
   擁遼東雖卉服爲夷 大相引接欽名仰德礼異恒品 未履平壤之郊 … 率領同類五百餘
   戶歸朝奉國"(王晶辰 主編, 2002, 『遼寧碑誌』, 遼寧人民出版社).
4) 井上直樹, 2003, 「韓暨墓誌を通してみた高句麗の對北魏外交の一側面」『朝鮮
   學報』178, 28쪽.

려로 들어간 기사도 있다.[5]

　『북사』고구려전에는 552년 北齊 文宣帝가 영주에 와서 博陵 崔柳를 陽原王에 사신으로 보내 북위말의 流人 5천호를 돌려받는 기사가 있다.[6] '유인'은 고구려의 작용에 의해 일정하게 유입되었을 가능성이 있는데, 이것은 최유가 양원왕을 폭행하여 유인 5천호를 돌려받았다는 믿기 어려운 내용이『북사』고구려전에 함께 나오기 때문이다. 492~499년 사이 거란에 의해 약탈된 북위의 변경민 60여 명이 고구려에 들어온 사실도 같은 해석이 적용되는데, 북위말의 혼란한 요서지역 상황을 고구려가 그냥 보고만 있었지 않았을 개연성이 있다. 북위가 534년에 멸망한 것을 고려하면 적어도 525~534년간에 고구려가 어떤 형태로든 영주 일대에 진출하여 유인 5천호를 데려 온 것으로 판단된다.[7]

　552년 사건은 庫莫奚와 거란 지배를 두고 고구려와 북제가 쟁패하고 있는 한 단면으로도 분석된다. 이 사건을 전후하여 북제가 552년에는 고막해를,[8] 553년에는 거란을[9] 침공한 기사가 보이고 있기 때문이다. 이는 524년 무렵부터 영주 일대를 중심으로 한 북위의 요서지역에 대한 통제 상실을 나타낸다.[10] 북위는 六鎭의 亂 여파로 멸망하였다. 그 지배지역은 東魏와 西魏로 갈라졌는데, 동위는 550년 北齊로 서위는 557년 北周로 바뀌었다. 581년 수문제 楊堅이 북주로부터 선양을 받아 제위에

---

5)『魏書』卷71, 列傳, 江悅之 "莊帝嘉之 除果通直散騎侍郎 假節 龍驤將軍 行安州事 當州都督 … 果以阻隔强寇 內徙無由 乃攜諸弟率城民奔高麗 天平中 詔高麗送果等".

6)『北史』卷94, 列傳, 高句麗 "天保三年(552) 文宣至營州 使博陵崔柳使于高麗 求魏末流人 敕柳曰 若不從者 以便宜從事 及至 不見許 柳張目叱之 拳擊成墜於牀下 成左右雀息不敢動 乃謝服 柳以五千戶反命".

7) 이용범, 1989,『韓滿交流史 研究』, 동화출판공사, 179쪽.

8)『北齊書』卷4, 帝紀, 文宣 "三年春正月丙申 帝親討庫莫奚於代郡 大破之".

9)『北齊書』卷4, 帝紀, 文宣 "四年 … 九月 契丹犯塞 壬午 帝北巡冀定幽安仍北討契丹 … 大破之 虜獲十萬餘口 雜畜數十萬頭".

10) 이성제, 2001,「高句麗와 北齊의 關係」『韓國古代史研究』23, 238쪽.

올랐다.

　581년 2월 수가 건국되고 10개월 만인 그 해 12월에, 돌궐을 박대한다며 沙鉢略可汗이 북제의 잔여세력인 영주자사 高寶寧과 함께 수나라에 침공하였다. 582년 5월 四面可汗을 비롯한 돌궐의 5가한은 40만 대군을 동원하여 고보녕과 연합군을 결성하여 장성을 넘었으나, 583년 4월에 수의 유주총관 陰壽가 보기 10만군을 이끌고 盧龍塞를 나와 이들을 격퇴하였다. 고보녕은 돌궐에 구원을 요청하였으나 거절당하였고 거란으로 피신하였다가 부하에게 피살당하고 말았다. 이로써 고보녕이 지배하였던 영주 일대가 수에 의해 평정되었지만, 그렇다고 하여도 수나라가 영주 일대를 당장 지배하였던 것은 아니었다.[11] 583년 곧바로 수가 영주 지역에 영주총관부를 설치하지 못하고 유주총관 예하의 成道昻으로 하여 지키게 한 것은 이를 뜻한다.[12] 여기서 고보녕이 거란, 말갈, 돌궐과 연합하여 수를 공격하였다는 것은,[13] 이들 유목민족의 세력이 영주 일대 요서지역을 중심으로 활발하게 그 세력을 키웠다는 것을 말한다.

　이때 고구려는 돌궐 및 거란, 말갈 등 요서지역 유목민족의 동태를 예의주시하고 있었는데, 고보녕사건이 일어난 바로 그 시점인 581년 12월에 고구려가 사신을 수나라에 보낸 점에서 이를 확인할 수 있다.[14] 고구려는 고보녕의 침공이 있자 581년 12월 임인에 처음으로 수에 사신을 보냈다.[15] 수문제는 평원왕에게 "大將軍 遼東郡公"을 주었는데,[16] 수문제가 평원왕에게 준 '대장군 요동군공'이라는 직함은 577년 북주가 내린 "開府儀同三司 大將軍 遼東郡開國公 高句麗王"[17]은 물론 북제의 廢帝

---

11) 여호규, 2002, 「6세기말~7세기초 동아시아 국제질서와 고구려 대외정책의 변화」 『역사와 현실』 46, 24쪽.
12) 『隋書』 卷39, 列傳, 陰壽 "黃龍諸縣悉平 壽班師 留開府成道昻鎭之".
13) 『隋書』 卷39, 列傳, 陰壽 "尋引契丹 靺鞨之衆來攻".
14) 『三國史記』 卷19, 高句麗本紀, 平原王二十三年 "十二月 遣使入隋朝貢".
15) 『隋書』 卷1, 帝紀, 高祖元年(581) "壬寅 高麗王 高陽遣使朝貢 授陽大將軍 遼東郡公".
16) 『三國史記』 卷19, 高句麗本紀, 平原王二十三年.

가 560년 평원왕에게 준 “使指節 領東夷校尉 遼東郡公 高句麗王”[18]보
다도 지위가 낮은 것에 해당하였다. 이는 수나라가 화북을 통일한지 얼
마 안 되는 시점이어서 일단 고구려를 견제하기 위한 것으로 보인다. 바
로 이러한 시점에 고구려가 돌궐을 공격한 사건으로 보이고 있는 사료가
있어 주목된다.

> A) 往年에 利稽察은 高麗와 靺鞨에 의해 크게 패배 당했다.[19]

이상의 ‘往年’을 551년으로 보는 견해가 있다.[20]『삼국사기』고구려
본기 양원왕 7년조에 나오는 기사 중에 551년 돌궐이 고구려의 신성과
백암성에 침공한 사건을 두고 말하는 것이다. 하지만 이는 사건의 정황
과 시기를 고려할 때 사실과 다르다. A)의 기사가 수문제의 조서 중에
나온 것임을 고려한다면 581년과 582년 사이에 일어난 사실로 보는 것
이 좋을 것이다. 581년 12월 고보녕이 돌궐과 함께 수를 침공하자마자
바로 고구려가 사신을 보내고, 수문제가 평원왕에게 대장군 요동군공이
라는 작위를 준 점에서도 그렇다.

위 기사는 또한 고구려가 당시 거란을 기미지배하던 돌궐의 利稽察을
공격하였던 사실을 보여 준다. 여기서 고구려가 582년 1월과 11월,[21]
583년 1월과 4월, 583년 겨울[22] 그리고 584년 봄[23]에도 수나라에 계속

---

17) 『三國史記』卷19, 高句麗本紀, 平原王十九年.
18) 『三國史記』卷19, 高句麗本紀, 平原王二年.
19) 『隋書』卷84, 列傳, 突厥 “往年 利稽察大爲高麗 靺鞨所破”.
20) 日野開三郎, 1991,「粟末靺鞨の對外關係」『日野開三郎東洋史學論集』15, 三一
　　書房, 194쪽.
21) 『三國史記』卷19, 高句麗本紀, 平原王二十四年 “春正月 遣使入隋朝貢 冬十一月
　　遣使入隋朝貢”.
22) 『三國史記』卷19, 高句麗本紀, 平原王二十五年 “春正月 遣使入隋朝貢 … 夏四月
　　遣使入隋朝貢 冬遣使入隋朝貢”.
23) 『三國史記』卷19, 高句麗本紀, 平原王二十六年 “春 遣使入隋朝貢”.

사신을 파견한 점을 상기할 필요가 있다. 돌궐이 고보녕사건에 개입하여 수와의 대결에 집중한 틈을 타 고구려가 요서지역 거란의 향배를 놓고 돌궐과 대립하며 돌궐의 부용세력을 공격한 것으로 파악할 수 있다.[24] 거란은 이 무렵에 돌궐의 기미지배에서 벗어나 수나라에 내부하였다. 이는 584년에 거란주 莫賀弗이 수에 내부한 점이나,[25] 585년 거란주 多彌가 사신을 보내 공물을 바친 점[26]과 587년 거란국 大莫弗이 수에 입조한 것[27] 등에서 확인된다. 585년에 돌궐의 사발략가한 마저 수나라에 칭신하며 요서지역은 수의 영향력 하에 떨어졌다.[28] 다음을 보자.

B)ㄱ) 後魏 때에 高麗의 침공을 받자 그 部落 萬餘口가 內附하여 白貔河에 머물렀다.

ㄴ) 그 후 다시 突厥의 핍박을 받자 또 萬家가 고려에 의탁하였다. 開皇4년(584) 諸莫賀弗이 來謁하였다. 開皇5년(585) 그 무리들이 수에 항복하니 高祖가 그들을 받아들여 故地에서 살도록 하였다. 6년(586) 거란의 諸部가 서로 공격함을 오랫동안 지속하였고, 또 돌궐과도 서로 침범하였다. 高祖가 사신을 보내어 이를 꾸짖으니 거란은 사신을 보내어 사죄하였다.

ㄷ) 그 후 契丹別部인 出伏 등이 고려를 배반하고 무리를 이끌어 수로 내부해 오니 高祖가 이를 받아들여 渴·奚·那頡의 북쪽에 安置하게 하였다.

ㄹ) 開皇(581~600)末에 그 別部 四千餘家가 돌궐에 등지고 수에 귀부하였다. 上은 돌궐과 和好하고 있던 때이기도 하고 遠人의 마음을 잃어버리지 않기 위해 거란에게 식량을 주어 본거지로 돌아가게 하고 돌궐에게는 조칙을 내려 그들을 달래도록 하였으나 거란은 고사하고 가지 않았다. 그 사이 부락이 점차 증가하여 드디어 북으로 水草를 따라 이사하였다. 그곳은 遼西 正北 200리의 託紇臣水로 東

---

24) 정재훈, 2001, 「隋文帝<581-604>의 統一指向과 對外政策」『中國史硏究』13, 83쪽.

25) 『隋書』卷1, 高祖紀 "(開皇)四年 … 五月癸酉 契丹主莫賀弗遣使請降 拜大將軍".

26) 『隋書』卷1, 高祖紀 "(開皇)五年 … 夏四月甲午 契丹主多彌遣使貢方物".

27) 韓暨墓誌 "七年 領大將軍 契丹國 大莫弗入朝".

28) 『隋書』卷1, 高祖紀 "(開皇)五年 … 秋七月 … 壬午 突厥沙鉢略 上表稱臣".

西 500리, 南北 300리에 걸쳐 10部로 나누어져 있다. … 돌궐의 沙
鉢略可汗은 吐屯 潘垤을 보내어 이를 통섭하였다.[29]

이상의 B)ㄱ)은 479년 고구려의 막불하물우 거란원정을 말하는 것으
로, ㄱ)에서 주목하여야 할 것은 북위로의 거란내부가 '萬餘口'인데 비
해 ㄴ)에 돌궐의 핍박을 받고 고구려로 의탁한 거란이 '萬家'라는 점이
다. 만여구와 만가는 분명히 틀리는 단어로 『위서』에 나오는 선비족을
근거로 1가를 7명으로 계산하여도 고구려로의 거란인 기부는 7만 명이
나 된다.[30]

이 때문에 위 기사를 부정하는 견해가 기왕에 있었는데, 거란이 유목
민족으로 요하를 건너 농경지대인 요동으로 1만가 이상이 옮겼다는 것
은 믿기 어렵다는 주장이 있어 왔다.[31] 그러나 ㄷ)에서 거란의 別部인
出伏 등이 고구려를 배반하고 무리를 이끌며 수나라로 내부해 간 점과
ㄹ)의 그 별부 4천여가 등이 돌궐을 등지고 수에 귀부하는 내용을 보면
이 주장은 타당하지 않다. '무리를 이끌고 수에 내부'한 출복부 무리가
앞서 고구려에 귀부한 ㄴ)의 만가의 일부에 해당할 수도 있기 때문이다.
또한 B)ㄴ)의 "그 후 다시 돌궐의 핍박을 받자 또 萬家가 고려에 의탁하
였다."라는 기사는 돌궐 佗鉢可汗 재위시인 572년부터 581년 사이에 攝
圖가 東面可汗이었을 때 발생한 사실이라고 판단된다. 이는 타발가한의

---

29) 『隋書』卷84, 列傳, 契丹 "當後魏時 爲高麗所侵 部落萬餘口求內附 止于白狼河
其後爲突厥所逼 又以萬家寄於高麗 開皇四年 率諸莫賀弗來謁 五年 悉其衆款塞
高祖納之 聽居其故地 六年 其諸部相攻擊 久不止 又與突厥相侵 高祖使使責讓之
其國遣使詣厥 頓顙謝罪 其後契丹別部出伏等背高麗 率衆內附 高祖納之 安置於
渴·奚·那頡之北 開皇末 其別部四千餘家背突厥來降 上方與突厥和好 重失遠人之
心 悉令給糧還本 勑突厥撫納之 固辭不去 部落漸衆 遂北徙逐水草 當遼西正北二
百里 依託紇臣水而居 東西亘五百里 南北三百里 分爲十部 … 突厥沙鉢略可汗遣
吐屯潘垤統之".
30) 內田吟風, 1975, 『北アジア史研究(鮮卑柔然突厥篇)』, 同朋舍, 34쪽.
31) 노태돈, 1999, 「6세기 중반의 정세변동」『고구려사 연구』, 사계절, 410쪽.

시대에 동면과 서면가한을 각기 두어 북주와 북제 등 중원세력 뿐만 아니라 고막해와 거란 등 유목민족에 대해서도 강력하게 통제하였을 것이기 때문이다.[32]

B)의 기사 중 ㄷ)에 거란의 출복부가 고구려를 배반하고 수에 내부한 것을 두고 586~590년으로 보는 견해와,[33] 597년으로 보는 견해가 있다.[34] 전자는 590년 수문제가 평원왕에게 새서를 보낸 내용에 "말갈을 구꿉하고 거란을 禁固하고 있다."라는 내용에 거란이 나온다는 것이 그 이유로 보인다. 후자의 597년 설은 590년 이후로 고구려가 591년 1월[35]과 592년 1월[36]에 사신을 파견하였다가 597년 5월[37]에 처음으로 수에 사신을 파견한 점을 들어, 거란을 두고 수나라와 고구려가 대치상황에 이르렀다고 보았다. 후자의 597년 설은 590년 수문제의 새서에서 이미 거란에 대한 문제를 거론한 점이 있고, 595년 韋冲이 영주총관에 임명되면서 거란과 말갈을 회유하였던 사실을 검토하면 이는 사실과 다르다고 할 수 있다.

고보녕사건에 대한 검토를 토대로 하면, 돌궐은 수나라와의 대결에서 패배하고 또 내부의 분열을 통해 그 세력약화가 많이 노정되었다. 그러므로 돌궐의 약화로 인해 그에 부속되어 있던 요서의 거란을 두고 수와 고구려가 쟁탈을 벌였다. 거란이 수나라와 직접적인 교섭이 가능하게 됨에 따라 고구려와 적대적인 속말말갈이 수나라와 통교할 수 있게 되었다. 돌궐이 강세일 때는 突地稽 집단 등 속말말갈이 중국과의 통교를 돌

---

32) 薛宗正, 1992, 『突厥史』, 中國社會科學出版社, 132쪽.
33) 이재성, 2005, 「6세기 후반 突厥의 南進과 高句麗와의 충돌」, 『北方史論叢』5, 126쪽.
34) 韓昇, 1995, 「隋と高句麗の國際政治關係をめぐって」, 『中國古代の國家と民衆』, 汲古書院, 360쪽.
35) 『三國史記』卷19, 高句麗本紀, 嬰陽王二年 "春正月 遣使入隋".
36) 『三國史記』卷19, 高句麗本紀, 嬰陽王三年 "春正月 遣使入隋朝貢".
37) 『三國史記』卷19, 高句麗本紀, 嬰陽王八年 "夏五月 遣使入隋朝貢".

궐을 통해 할 수 있었지만, 이제는 돌궐이 약화됨에 따라 직접 연결을 시도하게 된다. 때문에 590년 수문제가 平原王에게 보낸 조서에서 "말갈을 구핍하고 거란을 禁固하고 있다."라며 對高句麗 적대행위에 대한 명분의 하나로 거란과 말갈 문제를 적시하고 나선 것이다. B)의 기사 중 ㄷ)의 시점은 『책부원귀』 기사38)와 돌지계 집단의 영주정착 시점이 584년 또는 585년이라는 견해39)를 고려한다면, 586년 전후가 아닌가 생각된다.

또한 남조의 陳을 생각할 수 있다. 고구려가 582년과 583년에 각각 2회와 4회라는 많은 사신을 수나라에 파견하였지만, 585년 12월에는 수와 적대적인 진에 사신을 보냈으며 591년에 이르기까지 고구려는 수나라와 접근하지 않았다.40) 590년 수문제가 평원왕에게 보낸 조서에서 거란문제를 거론한 것은 이미 590년 이전의 과거 시점에 대한 일을 지적한 것이다. 589년 2월 수나라는 고구려와 접근하는 진을 멸망시켜 西晉 '永嘉의 亂' 이래 분열되어 있던 중국 대륙을 거의 3백년 만에 통일시켰다.

수문제의 중국 통일에 대해 『수서』 식화지에서는 "隋文帝가 江表를 평정하여 天下大同의 세상이 왔다."41)라고 표현하고 있다. 이와 같은 '천하대동'의 관념은 고구려에게도 일정한 영향을 미쳤는데, 통일된 중국은 고구려를 포함하여 그들이 四夷라고 말하는 천하를 지배하고 통솔하려하였기 때문이다.42) 589년 진을 멸망시킨 수문제의 다음 공격목표는 고구려로 향하고 있었는데, 590년 수문제의 새서에서 수는 고구려를 토벌하여야할 적대국으로 간주하고 나선 점이다. 수문제는 평원왕에게 "誠節

---

38) 『册府元龜』 卷977, 外臣部, 降附 "(開皇)六年 … 是年 契丹別部出伏等背高麗 率衆內附 納之 安置於渴·奚·郝頡之北".

39) 菊池英夫, 1992, 「隋朝對高句麗戰爭の發端について」 『アジア史研究』 16, 29쪽.

40) 『三國史記』 卷19, 高句麗本紀, 平原王二十七年 "冬十二月 遣使入陳朝貢".

41) 『隋書』 卷24, 志, 食貨 "隋文帝旣平江表 天下大同".

42) 堀 敏一, 1993, 『中國と古代東アジア世界』, 岩波書店, 186쪽.

이 미진하다."고 협박하였고, 요수의 넓이와 고구려 인구를 폄하하였고,
"말갈을 구핍하고 거란을 固禁하고 있다."는 것을 거론하고 있다.[43]

평원왕은 곧바로 弩手를 매수하거나 곡식을 저축하는 등의 이른바
'守拒之策'으로 이에 대응하였으나[44] 뜻을 다 이루지 못하고 590년 10
월에 사망하고 말았다. 곧이어 영양왕이 즉위하자 수나라는 일단 그를
"上開府儀同三司 遼東郡公"으로 격하하였으나, 영양왕이 왕으로 봉할
것을 요구하자 수문제는 591년 3월 다시 영양왕을 고구려왕에 봉하였
다. 592년에도 고구려는 수나라에 사신을 보냈지만,[45] 595년부터는 韋
冲이 영주총관에 임명되고 난 후부터 고구려와 수나라 사이에는 긴장관
계가 고조되었다.

> C-1) 高祖가 受禪을 받자 魏興郡公에 進封하였다. 1년여 만에 齊州刺史에
> 제수되어 검소하게 정치를 하고 士庶에게 은혜를 주었다. 在職한지
> 數年에 營州總管으로 옮겼다. 藝는 容貌가 뛰어나고 커서 夷狄이 매
> 번 參謁하였다. … 番人이 畏懼하여 감히 仰視하지 못하였다. 産業
> 을 크게 하여 北夷와 貿易을 해 資産이 鉅萬이었다. … 開皇15年
> (595)에 卒官하니 그때 나이 58이었다.[46]
> C-2) 營州總管에 제수된 冲은 용모가 단아하고 寬厚하여 사람들의 인심을
> 얻었다. 靺鞨과 契丹을 懷慰하자 그들은 모두 능히 死力을 다해 받
> 들었고 奚와 霫이 畏懼하여 朝貢이 끊이지 않았다. 高麗가 일찍이
> 入寇하자 冲은 병사를 몰고 이를 공격하여 물리쳤다.[47]

---

43) 『隋書』 卷81, 列傳, 高麗 "上賜湯璽書曰 … 王每遣使人 歲常朝貢 雖稱蕃附 誠節
　　未盡 王旣人臣 須同朕德 而乃驅逼靺鞨 固禁契丹".

44) 『隋書』 卷81, 列傳, 高麗 "開皇初 頻有使入朝 及平陳之後 湯大懼 治兵積穀 爲守
　　拒之策".

45) 『三國史記』 卷20, 高句麗本紀, 嬰陽王三年 "春正月 遣使入隋朝貢".

46) 『隋書』 卷47, 列傳, 韋世康 "高祖受禪 進封魏興郡公 歲餘 拜齊州刺史 爲政淸簡
　　士庶懷惠 在職數年 遷營州總管 藝容貌瓌偉 每夷狄參謁 … 番人畏懼 莫敢仰視
　　而大治産業 與北夷貿易 家資鉅萬 頗爲淸論所譏 開皇十五年卒官 時年五十八".

47) 『隋書』 卷47, 列傳, 韋世康 "尋拜營州總管 冲貌彩雅 寬厚得衆心 懷慰靺鞨 契丹
　　皆能致其死力 奚霫畏懼 朝貢相續 高麗嘗入寇 冲率兵擊走之".

韋藝가 魏興郡公에 진봉된 것은 581년에 해당되는데, 이는 수문제가 북주 靜帝로부터 受禪을 받고 수를 건국한 것이 581년이기 때문이다. C-1)의 기사에 의하면 위예는 그로부터 1년여 만에 齊州刺史에 제수되고 다시 '在職數年' 후에 營州總管으로 옮겨간다. '재직수년'이라는 의미를 고려하면 위예의 영주총관 부임 시점은 적어도 585년경일 것으로 보이며, 이때부터 수는 본격적으로 영주 이북의 거란과 해를 장악하였을 것이다.

C-1)에서 위예가 영주총관으로 부임한 후에 北夷와 무역을 하여 자산이 鉅萬이었다고 한다면, 위예는 영주총관으로 부임하며 거란이나 奚, 霫 등 유목민족과 거래하며 부를 얻고 그들을 또한 통제하였을 것이다. 이는 요서지역을 둘러싸고 정치적, 군사적 측면 뿐 만아니라 경제적 측면에도 상당한 갈등이 존재하였음을 보여 준다.[48] 595년에 위예가 죽자[49] 수문제는 韋冲을 영주총관에 임명하였고,[50] 위충은 위예보다도 더 적극적으로 거란 등 유목민족을 직접 회유하고 나섰다. C-2)에 의하면 위충에게 말갈과 거란은 사력을 다해 받들었고, 해와 습은 조공을 끊임없이 받쳤다. 해[51]와 습[52]은 각각 거란과 말갈 그리고 돌궐과 연접하여 있어, 해와 습을 지배한다면 돌궐과 말갈을 통제하기 쉬운 이점이 있었다. 이처럼 영주총관 위예와 위충이 번갈아 가며 585년경부터 거란과 말갈은 물론 해와 습 등 요서지역의 제부족마저 회유하였다는 것은 고구려로서 더 이상 인내할 수 없는 문제였다. 이에 대한 조치로서 요서에 대한 응징을 택한 것이며, 이는 C-2)의『수서』위충전은 물론 다음의 기사에서도 이를 확인할 수 있다.

---

48) 김창석, 2007, 「고구려·수 전쟁의 배경과 전개」『東北亞歷史論叢』15, 117쪽.
49)『隋書』卷2, 帝紀, 高祖15年 "三月 … 營州總管韋藝卒".
50)『隋書』卷2, 帝紀, 高祖15年 "四月 … 開府儀同三司韋冲爲營州總管".
51)『舊唐書』卷199, 列傳, 奚 "東接契丹 西至突厥".
52)『舊唐書』卷199, 列傳, 奚 "東接靺鞨 西至突厥 南至契丹".

〈사진 28〉 朝陽시내에는 營州路라는 길도 있다.

D-1) 元이 靺鞨무리 萬餘騎를 이끌고 遼西에 침입하였다.[53]

D-2) 高麗王 元이 靺鞨무리 萬餘를 거느리고 遼西를 침공하자 營州總管
　　　 韋冲이 이를 물리쳤다.[54]

　　598년 2월 嬰陽王이 직접 靺鞨 騎兵 1만여 명을 동원하여 요서를 선
제 타격하였다. 영양왕의 공격을 받자 수의 營州總管 韋冲은 이에 즉각
반격을 가해 왔는데, 영주총관 위충이 반격을 가해 왔다는 점에서 영양왕
의 최종 공격목표가 영주총관부일 것으로 생각된다. 이는 『수서』 陸知命
傳에 "세 곳의 변방을 평정하였으나 오직 어리고 못난 고려만이 이리처
럼 燕의 변경을 엿보고 있다."[55]라는 데서도 짐작된다. 영양왕이 직접 親
征에 나섰다는 것은 그만큼 요서지역 이해에 대한 고구려의 적극성을 나

---

53) 『隋書』 卷81, 列傳, 高麗 "元率靺鞨之衆萬餘騎寇遼西".
54) 『資治通鑑』 卷178, 隋紀, 文帝開皇 18年(598) "高麗王元 帥靺鞨之衆萬餘寇遼西
　　 營州總管韋冲擊走之".
55) 『隋書』 卷66, 列傳, 陸知命 "三邊底定 唯高麗小豎 狼顧燕垂".

타낸다. 고대의 전쟁은 제왕이 직접 참여하는 親征이 종종 이루어지고는 하였는데, 친정은 그 과정 속에 상대방에 대한 약탈행위가 이어지고 약탈은 전쟁 종료 후에 班賜라는 형태로 이어졌다.[56] 반사는 전쟁 참여 병사들에게 제왕이 승전을 독려하기 위한 일종의 물질적 포상제도라고 할 수 있다. 비록 영양왕의 공격은 영주총관 위충의 반격을 불러 일으켰으나 친정이라는 형태를 통하여 고구려의 왕권을 강화한 점도 있다.

당시 고구려 국내정치는『일본서기』531년 조에 안장왕의 시해사건이 보이고 있고,[57] 惠亮法師가 551년 무렵 "今我國政亂 滅亡無日"[58]이라 언급한 것도 있다. 557년 양원왕 13년에 환도성에서 干朱理가 모반을 일으킨 바 있다. 고구려 정치세력 간의 갈등 양상은 영양왕의 조부인 양원왕 시절에도 그대로 이어지고 영양왕대에도 연결되었다고 보여 진다.[59] 이것은 수양제의 612년 고구려 침공 조서에서 "强臣豪族이 다 國鈞을 잡고 朋黨比周로 풍속을 이루었다."[60]라는 말과 高慈묘지명에 '獨知國政'[61]과 泉男生묘지명에 '咸專國柄'[62]이 나온다는 점에서도 짐작된다.

따라서 영양왕은 왕권강화를 할 필요성이 존재하였고 또 계속해서 압박해오는 수나라에 일정한 대응이 필요하였을 것이다. 그것은 親征이라는 고대전쟁 형태의 요서공격이었다. 영양왕의 왕권강화 조치는 598년 요서공격 바로 직후인 600년 태학박사 李文眞에 의해 新集 5권이라는

---

56) 박한제, 1988,『中國中世胡漢體制研究』, 일조각, 206쪽.

57)『日本書紀』卷17, 繼體天皇25年 12月條 "是月 高麗弑其王安".

58)『三國史記』卷44, 列傳, 居柒夫 "十二年(551) 辛未 … 今我國政亂 滅亡無日".

59) 임기환, 1992,「6·7세기 高句麗 政治勢力의 동향」『韓國古代史研究』5, 26쪽 ; 남무희, 2007,「安原王·陽原王代 정치변동과 고구려 불교계 동향」『韓國古代史研究』45, 61~62쪽.

60)『隋書』卷4, 帝紀, 煬帝 "强臣豪族 咸執國鈞 朋黨比周 以之成俗".

61) 高慈墓誌 "曾祖式 本蕃任 二品莫離支 獨知國政".

62) 泉男生墓誌 "曾祖子遊 祖太祚 並任莫離支 父蓋金任太大對盧 乃祖乃父 良冶良弓 並執兵鈴 咸專國柄".

국사의 편찬으로도 이어졌다. 결국 598년 영양왕의 공격은 395년 광개
토왕의 패려원정 이후 200여 년 만에 처음 이루어지는 요서지역에 대한
친정이라는 의미를 지닌다. 또한 고구려군 3만이 투입되는 475년 백제
한성 공함전 이후 120여 년 만에 이루어지는 국왕의 친정이라는데 역사
적 의의가 있다.

수문제는 영양왕의 공격을 받고 바로 598년 6월에 漢王諒과 王世積
을 행군원수로 삼아 수륙 30만군을 동원하여 고구려를 침공하였다.[63]
한왕량軍은 요하로 전진하였으나 계속된 장마와 군량미 부족과 전염병
등으로 요하를 건너지 못하자,[64] 598년 9월에 수나라 군사는 철수하였
다. 이 무렵 돌궐의 達頭可汗이 598년[65]과 599년[66], 600년[67]에 걸쳐 수
를 연속 공격하였다. 이는 달두가한이 수문제의 고구려 침공 실패를 이
용하여 수나라를 공격한 것이다. 반대로 고구려는 달두가한의 공격과 연
동하여 수에 반격을 가하였다.

> E) 高麗之地는 본래 孤竹國이었는데 周代에 이르러 箕子에게 봉해 주고 漢
> 치세시에 三郡으로 분할되어 晉氏가 遼東을 차지하였습니다. 그런데 지
> 금 不臣하고 따로 外域으로 되어 있습니다. 그리하여 선제는 이를 몹시
> 증오하여 오래 전에 이를 치려하였습니다. 그러나 楊諒이 不肖하여 出師
> 의 공을 거두지 못하였습니다. 지금 폐하의 시대에 당하여 어찌 이를 취
> 하려 하지 않아 이 冠帶의 境을 그냥 蠻貊의 鄕으로 만들겠습니까.[68]

63)『資治通鑑』卷178, 隋紀, 文帝開皇18年(598) "上聞而大怒 乙巳 以漢王諒 王世積
並爲行軍元帥 將水陸三十萬伐高麗".
64)『隋書』卷45, 列傳, 文四子 "十八年 起遼東之役 以諒爲行軍元帥 率衆之遼水 遇
疾疫 不利而還".
65)『隋書』卷48, 列傳, 楊素 "十八年 突厥達頭可汗犯塞 以素爲靈州道行軍總管 出塞
討之".
66)『隋書』卷2, 帝紀, 文帝 "(開皇19年)達頭可汗犯塞 遣行軍總管史萬歲擊破之".
『隋書』卷63, 列傳, 楊義臣 "突厥達頭可汗犯塞 以行軍總管率步騎三萬出白道 與
賊遇 戰 大破之".
67)『資治通鑑』卷179, 隋紀, 文帝開皇20年(600) "突厥達頭可汗犯塞".

이상은 607년 무렵 黃門侍郎 裴矩가 수양제에게 고구려 침공을 건의
하는 가운데 나온 말로, 여기서 배구는 고구려 땅이 본래 孤竹國이라고
하였다. 고죽국은 본래 灤河說, 盧龍說, 喀左說 등 요서지역에 위치하고
있었는데,[69] E)의 배구 주장을 그대로 받아들이면 적어도 요동지역은 古
朝鮮의 영역이었다는 것을 증명한다. 따라서 배구는 '不臣'과 '外域'으
로 변한 요동지역을 반드시 정벌하여야 하는 대상으로 규정한 것이다.
고구려가 차지하고 있는 '蠻貊之鄕'인 요동을 수나라가 쳐들어가 다시
'冠帶之境'으로 돌려놓아야 한다는 논리였다. 그렇다면 당시 수나라가
침공하여야할 대상이 꼭 요동지역에만 해당하였을까. 이 문제에 관해서
는 E)의 배구가 말한 '고죽국'이 시사하는 바가 적지 않다. 즉 어떤 형태
로든 당시 요서지역이 고구려와 연관을 맺고 있다는 뜻이다.

> F-1) 高麗小醜가 迷昏不恭하여 勃碣之間을 崇聚하고 遼獩之境을 잠식하
> 였다. … 契丹之黨과 어울려 海成를 습격하고 靺鞨之服을 배워 遼西
> 를 侵軼(침범)하였다.[70]
>
> F-2) 작은 高麗가 편벽한 황야에 살며 솔개가 날개를 활짝 펼친 것처럼 위
> 세를 부리고 방자하며 이리같이 물어뜯는 오만불손을 저질렀다. 우리
> 邊陲를 도적질하여 훔치고 또 우리 城鎭을 侵軼(침범)하기에 작년에
> 出軍하여 遼碣을 問罪하였다.[71]

이상은 612년 1월과 614년 2월 수양제가 고구려 침공을 위하여 내린

---

68) 『隋書』卷67, 列傳, 裴矩 "高麗之地 本孤竹國也 周代以之封于箕子 漢世分爲三郡
晉氏亦統遼東 今乃不臣 別爲外域 故先疾焉 欲征之久矣 但以楊諒不肖 出師無功
當陛下之時 安得不事 使此冠帶之境 仍爲蠻貊之鄕乎".

69) 정일, 1996, 「甲骨文과 靑銅器銘文을 통해 본 竹國·貴侯·亞其·孤竹·基方·長方
에 대하여」『中國學研究』10, 114쪽.

70) 『隋書』卷4, 帝紀, 煬帝大業8年 "(春正月)高麗小醜 迷昏不恭 崇聚勃碣之間 荐食
遼獩之境 … 乃兼契丹之黨 虔劉海成 習靺鞨之服 侵軼遼西".

71) 『隋書』卷4, 帝紀, 煬帝大業10年 "蕞爾高麗 僻居荒表 鴟張狼噬 侮慢不恭 抄竊我
邊陲 侵軼我城鎭 是以去歲出軍 問罪遼碣".

조서에 나온 내용으로, 수양제의 고구려침공 원인은 F-1)과 F-2)의 원문
에 제시된 '侵軼遼西'와 '侵軼我城鎭'이 '問罪遼碣'로 이어진다고 분석
된다. 그런데 F-1) 기사에서 고구려가 '崇聚' 즉 '群聚'하였다는 '遼碣'
은 요하와 갈석 사이를 지칭한다고 할 수 있는데, 이 碣石에 관하여는
다음의 사실을 검토하여 볼 수 있다.

『태평환우기』에서는 『상서』를 인용하여 "碣石山은 곧 하천을 끼고
바다에 처해 있다. 지금 平州의 남쪽 20여 리에 있다. 곧 고려가 갈석의
左이다."[72)라고 되어 있고, 『통전』 고구려조에서도 역시 『상서』를 인용
하여 "우갈석은 즉 하천을 끼고 바다에 처해 있다. 지금 북평군 남쪽 20
여 리에 있다. 곧 고려에 있는 것은 좌갈석이다."[73)라며 좌우갈석에 대
해 거론하고 있다. 『통전』 북평군 평주조에서는 "한의 肥如縣에 갈석산
이 있는데 바다 쪽에 우뚝 서있어서 그 이름을 얻었다. 晋太康地志에 秦
이 쌓은 장성이 갈석으로 부터 일어났다고 하였다. 지금의 高麗 舊界에
있는 것은 이 갈석이 아니다."[74)라고 하였다. 『신당서』 지리지에는 "柳
城은 서북으로 奚와 접하고 북으로는 거란과 접하였으며 동북으로 醫巫
閭山을 鎭하는 祠가 있고 또 그 동쪽에 갈석산이 있다."[75)라고 하는 기
사가 있다. 이를 따른다면 갈석산은 발해만 해변가에 있던 우갈석과 고
구려에 있던 좌갈석으로 나누어진다.[76) 좌우갈석 중 고구려 구계에 있
었다고 하는 좌갈석이 고구려와 직접적인 관계를 맺고 있다고 할 수 있

---

72) 『太平寰宇記』 卷173, 四夷, 高句麗 "碣石山則河赴海處 在今之平州南二十餘里 則
高麗爲碣石之左也".

73) 『通典』 卷186, 邊防, 高句麗 "右碣石卽河赴海處 在今北平郡南二十餘里 則高麗中
爲左碣石".

74) 『通典』 卷178, 州郡 "漢肥如縣 有碣石山 碣然而立在海旁 故名之 晋太康地志云
秦築長城 所起自碣石 在今高麗舊界 非此碣石也".

75) 『新唐書』 卷39, 地理志 "柳城 西北接奚 北接契丹 有東北鎭醫巫閭山祠 又東有碣
石山".

76) 오강원, 1997, 「昌黎郡 位置에 관한 一考察」 『淸溪史學』 13, 39쪽.

〈사진 29〉 하북성 昌黎에 있는 碣石山

다. F-1)에서 '群聚'라는 의미는 좌갈석이 위치한 요서일대가 고구려가 군취하고 있다는 것을 시사한다. 그러면서 '거란과 말갈과 어울려 요서를 침범하였다'고 한 점은 고구려가 좌갈석을 넘어 우갈석 일대의 요서지역까지 접근한 것을 말한다.[77]

따라서 이상의 사실과 F-1)과 F-2)에서 '侵軼遼西'와 '侵軼我城鎭'을 통해서 볼 때 598년 수문제의 침공 이후에 고구려군이 요서지역 깊숙한 곳까지 진출하였던 상황으로 해석된다. 이는 『승덕부지』와 『흠정열하지』에 '高麗營'[78]이 보이고 있다는 점에서도 그러하다. 고려영은 하북성 承德에 있는 난하 상류의 한 지류인 伊馬吐河에 위치하고 있는데,[79] 현재 통용되는 지도에도 高麗營子(高立營)이라 표기되고 있다. 또한 내몽골

77) 서병국, 2001, 「百濟와 高句麗의 遼西統治」『실학사상연구』19·20, 63쪽.
78) 『承德府志』卷7, 疆域, 豊寧縣.
　　『欽定熱河志』卷52, 疆域, 豊寧縣.
79) 譚其驤 主編, 1987, 『中國歷史地圖集』8, 中國地圖出版社, 7~8쪽.

시라무렌하의 북쪽에 있는 巴林左翼旗(林東)에 高麗城子[80)라는 지명도 보이고 있고, 612년 수양제의 고구려 침공군 집결지가 柳城이 아닌 涿 郡[81)이라는 점과 우12군중의 7군에 踏頓道와 9군에 碣石道가 보이고 있는 점도 그렇다. 이중 답돈도는 207년 조조에게 공격당하여 柳城에서 참수당한 오환의 수장 이름이 踏頓인 것으로도 파악된다.[82)

이외에 599년 12월 별이 발해에 떨어졌다는 『수서』 고조기의 기록과도 무관하지 않다.[83) 이 기사는 발해에서 변고가 일어났음을 알려 주는 기사로 주목되는데, 정황상 599년 12월에 발해만의 요서지역이 고구려군에게 공격당하였음을 짐작하게 한다. 하지만 602년 12월 지금의 북베트남 지역인 交州에서 베트남인이 반란을 일으킨 점을[84) 보아서 수문제가 재차 요서지역에 대규모 병력을 투입할 여건이 성숙되어 있지 않았다. 고구려에서 598년 요서진격을 주도한 인물은 당연히 영양왕과 姜以式 등이 있었을 것이다.[85) 물론 598년 이후 고구려의 공격은 1차적으로 전염병 등의 창궐로 인하여 수나라 군대가 자멸하였고 또한 고구려군의 군사 역량이 요동지역에서 온전히 보존되었기에 고구려의 요서진격이 가능하였다고 분석된다.

---

80) 山崎總與, 1941, 『滿洲國地名大辭典』, 日本書房, 289쪽.
81) 『隋書』 卷4, 帝紀, 煬帝 "八年春正月辛巳 大軍集于涿郡".
82) 『後漢書』 卷90, 烏桓鮮卑列傳 "建安十二年 曹操自征烏桓 大破踏頓於柳城 斬之 首虜二十餘萬人".
83) 『隋書』 卷2, 帝紀, 高祖 "開皇十九年 … 十二月 … 丁丑 星隕於勃海".
84) 『隋書』 卷2, 帝紀, 高祖 "仁壽二年 … 十二月 … 交州人李佛子擧兵反 遣行軍總管劉方討平之".
85) 『大東韻府群玉』 卷6 "高句麗時姜以式爲兵馬元帥以禦隋師".

〈사진 30〉 하북성 承德 난하의 한 지류인 伊馬吐河

〈사진 31〉 伊馬吐河 연변에 자리한 高立營

2. 隋煬帝 侵攻과 高句麗軍의 遼西反擊

603년에 鐵勒 등 10여부가 達頭可汗을 배신하자 달두가한은 吐谷渾으로 도망하고 啓民可汗이 돌궐을 통일하는 사태가 벌어졌다.[86] 수는 長孫晟을 磧口에 보내 계민가한을 통제하기 시작하여 漠北에서 이제 수에 도전할 세력은 사실상 사라졌다. 수나라에서는 604년 7월 수문제가 죽고 호전적인 수양제가 등극하면서 동아시아 정세는 급변하였다. 수의 계속된 도움 아래 돌궐을 통일한 계민가한과 수양제의 등극은 고구려에게도 일정한 부담이 되었다. 고구려는 요하 이서의 자연계선인 대릉하 하류 또는 遼澤을 경계로 對隋 방어선을 구축하였을 것으로 보이는데, 612년 수양제의 침공 시에 요하 서변에 존재하는 武厲邏가 있어 이를 짐작하게 한다.[87] 605년 8월 거란이 영주에 침범하였다. 다음을 보자.

> G) 마침 거란이 營州를 침범하자 雲起에게 조를 내려 돌궐병을 동원하여 이를 토벌하게 하였다. 啓民可汗은 2만 기병으로 節度를 받았다. … 처음에 거란은 허물없이 돌궐을 섬겼고 운기 또한 별 걱정없이 이르러 경내에 들어갔다. 돌궐로 하여금 柳城에 가서 高麗와 市易한다고 속여 대고 이 사실을 말하는 隋使는 참수하게 하였다. 거란이 이를 의심하지 않았다. 때문에 남쪽으로 적의 군영에서 백리를 지나고 밤에 적진으로 돌려 날이 밝기 전에 습격하여 거란의 남녀 4만을 잡았다. 女子와 畜産의 반은 돌궐에게 주었다.[88]

---

86) 『隋書』 卷51, 列傳, 長孫晟 "三年 有鐵勒 思結 伏利具 渾 斛薩 阿拔 僕骨等十餘部 盡背達頭 請來降附 達頭衆大潰 西奔吐谷渾 晟送染干安置于磧口".

87) 『隋書』 卷81, 列傳, 高麗 "唯於遼水西拔賊武厲邏 置遼東郡及通定鎭而還".

88) 『新唐書』 卷103, 列傳, 韋雲起 "會契丹寇營州 詔雲起護突厥兵討之 啓民可汗以二萬騎受節度 … 始 契丹事突厥無間 且不虞雲起至 旣入境 使突厥給云詣柳城與高麗市易 敢言有隋使在者斬 契丹不疑 因引而南 過賊營百里 夜還陣 以遲明掩擊之

이상에서 주목하여야 할 점은 거란이 영주를 침범하자 이를 영주총관이 방어하지 않고 通事謁者인 韋雲起가 나서고 있다는 사실이다.[89] 598년 영양왕의 공격 이후에 수의 영주총관부는 603년 무렵까지 방치되어 있었던 것으로, 이는 위충이 595년에 영주총관에 임명된 뒤 603년 9월 직책을 민부상서로 옮겨간 것에서 판단된다.[90] 영주총관이 아닌 통사알자가 거란의 침범에 대처하고 나선 점도 그렇다.

위 기사에서 604년 고구려가 영주에서 교역을 하였을 가능성이 있다.[91] 돌궐이 吐屯 셋을 두어 실위를 거느리게 하였는데, 남실위는 철이 나지 않아 고구려로부터 철을 공급받았다는 기사[92]도 그러하다. 605년 당시 영주일대는 고구려, 수, 거란, 돌궐세력이 교차하는 일종의 점이지대였다. 수나라는 위운기를 통하여 계민가한에게 도움을 요청하였으며, 계민가한은 수양제의 요구에 부응하여 2만 기병을 이끌고 거란을 공격하여 남녀 4만구를 노획하였다. 돌궐의 계민가한 군대가 공격하면서 605년 이후에 영주 일대는 수나라가 다시 장악하였다. 수양제는 돌궐의 공을 인정하여 노획물 중에서 여자와 가축의 반을 계민가한에게 주었다. 남녀 4만구가 노획당한 거란은 다시 그 세력이 약화되어 돌궐의 지배하에 들어가게 되었다.[93]

수양제는 이 기회에 내심 불안한 돌궐을 확실하게 장악하기 위하여 607년 4월 50만의 대군을 이끌고 北巡을 시작하였다. 수양제가 황문시

獲契丹男女四萬 以女子及畜產半賜突厥".

89) 『資治通鑑』 卷180, 隋紀, 煬帝大業元年(605) "契丹寇營州 詔通事謁者韋雲起 護突厥兵討之 啓民可汗發騎二萬 受其處分".

90) 『隋書』 卷2, 帝紀, 高祖 "仁壽三年 … 九月 … 以營州總管韋沖爲民部尙書".

91) 영주 주변에서는 이미 북연시기에도 交市가 열린 적이 있다(『晋書』 卷125, 載記, 馮跋 "庫莫奚 虞出庫眞率三千餘落請交市 獻馬千匹 處之於營丘").

92) 『隋書』 卷84, 列傳, 室韋 "突厥常以三吐屯總領之 南室韋在契丹北三千里 土地卑濕 … 其國無鐵 取給於高麗".

93) 『舊唐書』 卷193, 列傳, 突厥 "始畢可汗咄吉者 啓民可汗子也 隋大業中 嗣位 値天下大亂 中國人奔之者衆 其族强盛 東自契丹 失韋 西盡吐谷渾 高昌諸國 皆臣屬焉".

랑 裴矩와 함께 계민가한의 장막에 이르렀을 때 고구려 사신을 조우하였다. 계민가한은 수양제에게 고구려 사신을 안내하였다.[94] 이는 607년 무렵에 들어와 영양왕이 돌궐과 비밀 교섭을 하고 있었던 것을 말하는 사례로, 고구려가 돌궐에 사신을 파견하였다면 이미 계민가한과 수의 입장에도 일정한 괴리가 있었다고 보여 진다.[95] 그러나 고구려와 돌궐이 내부적으로 연합을 시도하였다고 하나 성사되지는 않았을 것이며,[96] 이는 계민가한이 고구려의 사신을 수양제에게 노출시켰다는 점에서 해석이 가능하다. 중국의 군주가 북방제국의 행막을 찾은 것은 이번이 처음일 정도로 수는 돌궐의 움직임에 민감하게 반응하였던 것이다.[97] 이러한 점을 간파한 배구는 계민가한과 고구려 사이의 교섭은 수에 중대한 결과를 초래한다며 고구려왕의 입조를 요구하였다. 이처럼 수나라와 고구려의 관계에는 돌궐이라는 지렛대가 작용하였다.

609년 11월 돌궐의 계민가한이 죽고[98] 그 아들 咄吉이 始畢可汗으로 등극한 후에, 돌궐과 수나라의 관계에는 변화가 발생하였다. 수양제로서는 605년 거란 토벌시 돌궐이 동원된 것처럼 장차 고구려 원정에 돌궐 군사를 동원하려 했으나 계민가한의 죽음으로 이에 대한 차질이 발생하였다. 시필가한 시대의 돌궐은 점차 강성하여져 그 군대가 백만에 이르

---

94) 『隋書』 卷67, 列傳, 裴矩 "從帝巡于塞北 行啓民帳 時高麗遣使先通突厥 啓民不敢隱 引之見帝".

95) 정재훈, 2001, 「隋文帝<581-604>의 統一指向과 對外政策」 『中國史研究』 13, 102쪽 ; 정재훈, 2004, 「隋煬帝<604-617>의 對外政策과 天下巡行」 『中國史研究』 30, 50쪽.

96) 박원길, 2002, 「高句麗와 柔然·突厥의 關係」 『高句麗國際關係』, 高句麗研究會, 24쪽.

97) 변인석, 1993, 「隋末唐初 中國의 突厥에 대한 '稱臣事'의 學說史的 考察」 『東方學志』 80, 97쪽.

98) 계민가한의 죽음에 대해 『수서』 돌궐전에는 608년, 『자치통감』은 609년 11월, 『책부원귀』는 614년으로 되어 있다. 중국학자 薛宗正은 이중 614년을 지지하고 있으나(薛宗正, 앞의 책, 197쪽), 본고에서는 『자치통감』의 609년 11월설을 따른다.

며 契丹, 室韋, 吐谷渾, 高昌 諸國을 모두 복속시켰는데,[99] 시필가한은 계민가한처럼 일방적으로 수나라에 신속하지 않았다.

> H) 吐谷渾을 張掖에서 공격하여 깨트려서 金紫光祿大夫가 더해졌다. 寇
> 掠해 온 靺鞨을 斬獲하여 左光祿大夫에 제수되고 高麗에 종군하여 光
> 祿大夫의 位로 승진하였다.[100]

위의 기사는 『수서』배인기전으로 여기서 말갈이 침범하자 裵仁基가 이를 격퇴하였다는 내용에 관한 것이다. 수나라가 張掖에서 토욕혼을 격퇴한 것은 609년의 일이었다.[101] 따라서 배인기가 말갈을 격퇴한 것도 609년의 일에 해당한다고 할 수 있다. 말갈이 공격한 지역은 수의 영주 일대로 생각되는데, 이때의 공격은 고구려의 사주에 의한 것으로 판단된다. 이는 F-1)의 612년 1월 수양제가 고구려 침공에 앞서 내린 조서에서 "靺鞨之服을 배워 요서를 침범하였다." 라고 주장하는 것에 그 단서가 있다. '말갈지복'이란 표현이 H)기사 말갈의 요서공격에 대한 고구려의 사주로 해석될 수 있기 때문이다.

수양제는 고구려 침공의 명분으로 '侵軼遼西'와 '侵軼我城鎭', '問罪遼碣'이라는 논리를 내세웠고, 고구려가 '契丹之黨'과 어울리고 있다는 점도 거론하였다. 수나라가 고구려로 가기 위해서는 반드시 거란의 영향권 아래 있는 영주 지역을 거쳐야 했다. 말하자면 영주 일대는 고구려로 통하는 '인후지대'였던 셈이다.[102] 영양왕은 수양제의 입조요구를 거부하며[103] 거란 및 말갈, 돌궐과 연계하여 수

---

99) 『舊唐書』 卷193, 列傳, 突厥 "其族强盛 東自契丹 室韋 西盡吐谷渾 高昌諸國 皆
　　臣屬焉 控弦百餘萬 北狄之盛 未之有也".
100) 『隋書』 卷70, 列傳, 裵仁基 "擊吐谷渾於張掖 破之 加授金紫光祿大夫 斬獲寇掠
　　靺鞨 排左光祿大夫 從征高麗 進位光祿大夫".
101) 『資治通鑑』 卷181, 隋紀, 煬帝大業5年(609) "擊吐谷渾 至靑海 … 至張掖".
102) 『資治通鑑』 卷182, 隋紀, 煬帝大業9年(613) "據臨渝之險 扼其咽喉".

〈사진 32〉 북경 남쪽 탁주에 탁주고성이 남아 있다

에 대응하려 했다. 결국 수양제가 고구려를 침공하려고 한 가장 큰 이유는 요동 등 고구려 영토에 대한 침탈보다도 요서 거주 이민족에 대한 지배력 확보와 고구려의 굴복에 있었던 것으로 판단된다.

수양제는 사상초유의 대규모 원정군인 113만이라는 병력을 동원하여 612년 1월에 고구려 침공을 시작하였다. 좌12군에는 鏤方, 長岑, 溟海, 蓋馬, 建安, 南蘇, 遼東, 玄菟, 扶餘, 朝鮮, 沃沮, 樂浪道 우12군에는 黏蟬, 含資, 渾彌, 臨屯, 候城, 提奚, 蹋頓, 肅愼, 碣石, 東䁘, 帶方, 襄平道 등으로 구성되어 있었다.104) 이와 같은 대규모 병력동원 규모는 607년 수양제가 북순하여 돌궐에 그 위용을 과시한

---

103) 『隋書』卷67, 列傳, 裴矩 "請面詔其使 放還本國 遣語其王 令速朝覲 不然者 當率突厥 卽日誅之 帝納焉 高元不用命 始建征遼之策".

104) 『資治通鑑』卷181, 隋紀, 煬帝大業8年(612) "(春正月)壬午 詔左十二軍出鏤方 長岑 溟海 蓋馬 建安 南蘇 遼東 玄菟 扶餘 朝鮮 沃沮 樂浪等道 右十二軍出黏蟬 含資 渾彌 臨屯 候城 提奚 蹋頓 肅愼 碣石 東䁘 帶方 襄平等道 駱驛引途 總集平壤 凡一百一十三萬三千八百人 號二百萬 其餽運者倍之".

수인 50만군의 배가 넘는 수에 해당한다. 113만이라는 숫자를 통해서도 볼 때도 고구려 굴복에 대한 수양제의 절박감을 느낄 수가 있다. 하지만 수양제는 612년과 613년, 614년 등 3차례의 침공에서 요하 서변의 武厲邏를 함락시키고 通定鎭과 遼東郡을 설치하는 정도를 얻었을 뿐이다.

> I-1) 5년(609) 車駕가 서로 갔다. … 明年(610)에 高麗 武列城을 공격하여 함락시켜 苑丘侯라는 작위를 주었다. 8년(612) 渾彌道로 가고 9년(613)에 다시 遼東으로 나갔다.105)
>
> I-2) 車駕가 西巡하였다. … 明年(610)에 高麗 武厲城을 공격하여 함락시켜 苑丘侯라는 작위와 비단 1천 필을 주었다. 8년(612)에 渾彌道로 가고 9년(613)에 다시 遼東으로 나갔다.106)

위의 내용은 『북사』이경전과 『수서』이경전의 내용으로, 무려라가 『수서』고려전107)과 『자치통감』108)에 '武厲邏'로 표기되어 있는데 비해, 이상의 I-1)과 I-2)에서는 '武列城'과 '武厲城'으로 나와 있어 주목된다. 여기서 小城에 可邏達을 두었다는 『한원』의 기록을 상기할 필요가 있는데,109) 武厲邏에서 '邏'와 可邏達의 '邏'가 같은 글자임을 고려한다면 무려라가 고구려의 변방에 위치한 소성으로 분류

---

105) 『北史』卷76, 列傳, 李景 "五年 車駕西巡 至天水 景獻食於帝 帝曰 公 主人也 賜坐齊王暕上 至隴川宮 帝將大獵 景與左武衛大將軍郭衍俱有難色 爲人奏 … 竟以坐免 歲餘 復位 與宇文述等參掌選擧 明年 攻高麗武列城 破之 賜爵苑丘侯 八年 出渾彌道 九年 復出遼東".

106) 『隋書』卷65, 列傳, 李景 "五年 車駕西巡 至天水 景獻食於帝 帝曰 公 主人也 賜坐齊王暕之上 至隴川宮 帝將大獵 景與左武衛大將軍郭衍有難言 爲人所奏 … 竟以坐免 歲餘 復位 與宇文述等參掌選擧 明年 攻高麗武厲城 破之 賜爵苑丘侯 物一千段 八年 出渾彌道 九年 復出遼東".

107) 『隋書』卷81, 列傳, 高麗 "唯於遼水西拔賊武厲邏 置遼東郡及通定鎭而還".

108) 『資治通鑑』卷181, 隋紀, 煬帝大業8年(612) "唯於遼水西拔高麗武厲邏 置遼東郡及通定鎭而已".

109) 『翰苑』卷30, 蕃夷部, 高麗 "諸小城置可邏達".

될 수 있다.『한원』에는 고구려 무관에 대모달이 있다고 하였고,[110] 이 大模達의 '達'과 可邏達의 '達'이 같은 어휘로 군사적 기능을 담당하고 있다는 견해[111]를 인용한다면, 무려라의 군사적 기능은 충분히 입증된다. '무열성' 또는 '무려성'이 요하 서쪽을 관장하는 고구려의 소성으로, 무려라가 단순히 '邏'가 아닌 지방 행정단위의 '소성'으로서 '무열성' 또는 '무려성'으로 존재한 것으로 짐작된다.

　무려라의 함락시점은 I-1)과 I-2)의 사료에서 드러난다. 여기서 '明年'을 문자 그대로 볼 경우 '명년'은 610년에 해당하지만, I-1)과 I-2)에서 李景이 渾彌道로 출정하고 있는 점을 고려하여야 한다. 612년 수양제의 고구려 침공시 혼미도가 우12군의 하나였다는 사실에 의하여도, I-1)과 I-2)의 '명년'은 612년의 오류임이 분명하다. 따라서 무려라의 함락은 612년 수양제의 침공시에 발생된 것임을 알 수 있다.

　무려라의 위치는『자치통감』주에 "高麗는 遼水의 서쪽에 邏를 설치하여 度遼者를 警察하였다."[112]라는 해석을 따를 때, 요하 서쪽 가까운데 있었다고 판단된다. 612년 수양제 본군의 행군노선을 요하 도하로 관점에서 분석하여 보면, 중로에 해당한다고 할 수 있다. 이는 후일 645년 당태종의 침공노선에서도 확인이 되는데, 그것은 遼澤 → 遼頓 → 遼水로 이어졌다는 것이다.[113] 여기서 '요돈'이라는 단어에서 '돈'자가 사용된 예는『수서』우작전에 나오는 柳城縣의 '臨海頓'[114]과『자치통감』612년조의 '望海頓'을 들 수가 있다.『자치통감』주에는 '望海頓'을 "當在遼西界"라고 부연설명하고 있다.

---

110)『翰苑』卷30, 蕃夷部, 高麗 "其武官曰大模達 比衛將軍 一名莫何邏繡支".
111) 山尾幸久, 1974,「朝鮮三國の軍區組織」『古代朝鮮と日本』, 龍溪書舍, 161쪽.
112)『資治通鑑』卷181, 隋紀, 煬帝大業8年(612) "高麗置邏於遼水之西以警察度遼者".
113)『册府元龜』卷117, 帝王部, 親征 "車駕大遼澤 丙子 師大臨遼頓 其夕 遼水減三尺".
114)『隋書』卷76, 列傳, 虞綽傳 "從征遼東 帝舍臨海頓 … 行宮次于柳城縣之臨海頓 焉 山川明秀 實仙都也 旌門外設 款跨重阜 帳殿周施 降望大壑".

〈사진 33〉 요녕성 遼中縣 경내의 요하

이중에 '임해돈'이 『책부원귀』 기사에서는 '臨海戌'[115)]이라고 나와 있는 점을 고려한다면 '頓'과 '戌'는 같은 의미를 지닌다. 『강희자전』에서는 '頓'을 '宿食所'라고 하고 있어 요돈의 성격은 일종의 '병영'을 의미한다고 할 수 있다. 따라서 무려라의 위치는 요하도하 중로의 오늘날 요녕성 台安縣 요하 서쪽 일대라고 생각된다.

그렇다면 612년 이후에 고구려군이 요서지역으로 진격하지는 않았을까. 다음을 보자.

J-1) 煬帝初에 高麗와의 싸움에서 빈번히 그 무리들이 패하니 渠帥 度地稽가 그 部를 거느리고 항복하여 右光祿大夫에 제수되었다. 柳城에 거주하여 邊人과 來往하였다. 中國의 風俗을 좋아하여 冠帶를 청하니 帝는 이를 가상히 여겨 錦綺를 내려주고 총애하였다.

---

115) 『册府元龜』卷113, 帝王部, 巡幸 "太宗貞觀十九年 … 四月丁未 發幽州 丁巳 次北平 登臨海戌 降望大堅 五月 庚午 次遼澤".

遼東之役에 度地稽는 그 무리들을 이끌고 종군하여 매번 戰功이
있었는데 상을 후하게 내렸다.116)
J-2) 開皇(581~600)中에 粟末靺鞨이 高麗와 싸워 이기지 못하였는데,
厥稽部의 渠長인 突地稽라는 者가 忽使來部 窟突始部 悅稽蒙部
越羽部 步護賴部 破奚部 步步括利部 등 무릇 八部의 勝兵 數千
人을 끌고 扶餘城 西北에서 部落을 들어 內附해 왔다. 이들을 柳
城에 거주하게 하였다.117)

이상에서 厥稽部 渠長인 突地稽의 수나라에의 귀속은 '開皇中'이라는 것과
귀속원인은 고구려와의 싸움에서 졌다는 것, 그 결과 돌지계가 8부의 勝兵 수
천인을 이끌고 柳城 즉 營州에 와서 살았다는 내용을 알 수 있다. J-2)의 '개황
중'은 581~600년에 해당함으로 모두 19년이 걸리고 있는데, 『구당서』 말갈전
에는 "돌지계가 隋末에 그 부락 천여가를 이끌고 영주에 내부하였다."118)라고
나와 있다. 590년 수문제가 평원왕에게 보낸 조서에서 '驅逼靺鞨 固禁契丹'이
나오며, 이중 '구핍말갈'은 『태평환우기』 연주조에서 인용된 隋北蕃風俗記에
나오는 "개황 중에 속말말갈이 고구려와 싸워 이기지 못하였다."는 내용과 관련
된 것으로 볼 수 있다. 고구려와 속말말갈 돌지계와의 싸움에서 '개황중'을 584
년 또는 585년 무렵으로 보고 있는 견해도 있다.119) 584년과 585년경에 돌지계
의 영주귀속이 이루어졌고, 그로부터 5~6년이 지난 시점인 590년에 수문제가
평원왕에게 보낸 조서에서 '구핍말갈' 문제를 거론하였다는 것이다. J-1)의 『수
서』 말갈전과 그리고 『구당서』 말갈전의 돌지계집단의 영주 귀속시점에 대해

---

116) 『隋書』 卷81, 列傳, 靺鞨 "煬帝初與高麗戰 頻敗其衆 渠帥度地稽率其部來降 拜
爲右光祿大夫 居之柳城 與邊人來往 悅中國風俗 請被冠帶 帝嘉之 賜以錦綺而褒
寵之 及遼東之役 度地稽率其徒以從 每有戰功 賞賜優厚".

117) 『太平寰宇記』 卷71, 燕州 "開皇中粟末靺鞨與高麗戰不勝 有厥稽部渠長突地稽者
率忽使來部 窟突始部 悅稽蒙部 越羽部 步護賴部 破奚部 步步括利部 凡八部 勝
兵數千人 自扶餘城西北舉部落向關內附 處之柳城".

118) 『舊唐書』 卷199, 列傳, 靺鞨傳 "有酋帥突地稽者 隋末率其部千餘家內屬 處之於
營州".

119) 菊池英夫, 앞의 논문, 29쪽.

'양제초'와 '수말'이라고 한 것은 모두 오류일 것으로 판단된다.

> K-1) 煬帝 8년(612)에 遼西郡을 설치하여 突地稽로 太守를 삼아 營州동쪽 2百里
>   의 汝羅故城을 다스리게 하였다. 後에 邊寇의 침략을 당하여 다시 營州城
>   內에 寄理하여 다스렸다.[120]
> K-2) 隋大業8년(612) (燕州)를 설치하여 遼西郡에 속하게 하였다. 더불어 郡은
>   汝羅故城의 □에 같이 있었다. 11년(615)에 이르러 柳城에 寄理하여 다스
>   렸다.[121]

　이상에서 돌지계는 612년에 영주동쪽 2백리의 汝羅故城을 다스렸는
데, 돌지계가 '邊寇侵掠'을 당하여 영주성내에 '寄理'하여 여라고성을
다스렸다는 내용이다. '기리'는 의탁의 뜻으로 '기리'시점에 대해 K-1)
의 '後'가 K-2)에서는 '11년'으로 나옴으로 '변구침략'은 615년에 해당
함을 알 수 있다. 615년은 수양제의 612년, 613년, 614년의 3차에 걸친
고구려 침공의 다음 해에 해당한다. 또 '변구침략'을 당한 곳은 '영주동
쪽 2백리의 여라고성'이라 하였다. 여라고성의 위치가 義縣 동남쪽의 대
릉하 하류 서안이라는 견해를 따른다면,[122] 615년에 여라고성을 공격한
'변구'는 고구려로 자연스럽게 귀결된다. '변구침략'사건은 3차에 걸친
침공의 실패로 혼란에 빠진 수에 대한 고구려의 반격으로 판단된다. 수나
라가 여라고성에 돌지계집단을 배치해 고구려와 대항하게 한 것은 전형
적인 이이제이 방식에 해당한다고 할 수 있다. 결국 위 사료들은 612년
무려라가 함락된 이후에도 고구려군이 요하를 건너 대릉하 하류 西岸일
대까지 수나라에 반격하였음을 보여 주는 흔치 않는 사료에 해당한다.

---

120) 『太平寰宇記』卷69, 河北道 幽州 "煬帝八年爲置遼西郡 以突地稽爲太守 理營州
　　　東二百里汝羅故城 後遭邊寇侵掠 又寄理於營州城內".
121) 『太平寰宇記』卷71, 燕州 "隋大業八年置 屬遼西郡 與郡同在汝羅故城之□ 至十
　　　一年寄理柳城".
122) 孫進己·馮永謙 總纂, 1989, 『東北歷史地理2』, 黑龍江人民出版社, 278쪽.

〈사진 34〉 요녕성 義縣인근의 大凌河

　마지막으로 고구려의 수와의 전쟁 선봉에는 영양왕이 존재하였다는
점이다. 이런 사실에서 영양왕은 광개토왕과 비견될 수 있다. 광개토왕
이 "나서부터 雄偉하고 뜻이 출중하였다."[123]라는 기록과, 영양왕이 "風
神이 준수하고 濟世安民을 자임하였다."[124]는 기록이 비교된다. 다만 광
개토왕은 중국이 분열되어 있을 때 원정활동을 하여 고구려의 기세를 드
높였지만, 영양왕은 중국의 통일제국인 수에 맞서 당당히 요서로 진격하
였다는 점에서 그 역사적 의의가 있다고 할 수 있다.

---

123) 『三國史記』 卷18, 高句麗本紀, 廣開土王元年 "生而雄偉 有倜儻之志".
124) 『三國史記』 卷20, 高句麗本紀, 嬰陽王元年 "諱元 平原王長子也 風神俊爽 以濟
　　世安民自任".

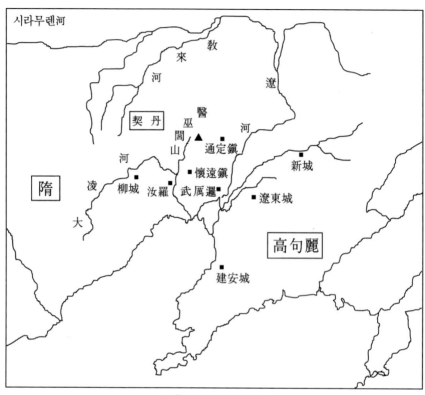

〈지도 4〉 隋代의 遼西

제6장

寶藏王代 唐과의 戰爭과 遼西進出

1. 640年代 高句麗의 營州攻擊과 對唐戰

李淵은 617년 太原에서 기의를 할 때 劉文靜을 돌궐의 始畢可汗에 보내 원조를 요청하였다.[1] 이연은 돌궐의 도움에 힘입어 618년에 당나라 高祖로 등장할 수 있었다. 626년 6월 秦王 李世民과 長孫無忌 등이 太子 建成과 齊王 元吉 등을 죽이는 玄武門의 變으로 그해 8월에 이세민이 당태종으로 등극하게 되었다. 현무문의 변이 표면적으로는 태자 건성과 그리고 이세민과 사이에서 제위를 놓고 벌인 쟁투라고 볼 수 있지만, 여기에는 또한 당시 돌궐의 강성으로 인한 긴장관계도 그 배경의 하나일 것이다.[2]

頡利可汗은 626년 8월 당태종이 등장하자마자 한 달도 안 되어 10여 만의 군대로 渭水의 便橋 북쪽까지 진격한 후 長安을 위협하였다. 당태종은 즉위한지 얼마 지나지 않아 다급한 나머지 힐리가한과 담판한 끝에 화친을 요청하여 돌궐군이 겨우 물러갔다.[3] 이처럼 수나라 말부터 시작하여 당의 초기인 626년까지 동아시아 정세는 돌궐을 중심으로 흘러갔지만, 626년 이후로 돌궐의 강세는 서서히 꺾이며 당나라를 중심으로 모든 것이 재편되어 갔다.

630년 2월 당은 힐리가한을 陰山에서 공격하여 깨트리고 그를 장안으로 압송하였다. 돌궐이 붕괴한 것은 1차적으로 당의 공격에 기인하지만, 무엇보다도 폭설과 같은 자연재해로 인한 대기근[4]과 薛延陀, 廻紇,

---

1) 『大唐創業起居注』 卷2 "劉文靜 康鞘利等來自北蕃 突厥五百人 馬二千疋 從鞘利 等至 帝喜".
2) 石見淸裕, 1998, 『唐の北方問題と國際秩序』, 汲古書院, 79쪽.
3) 『舊唐書』 卷194, 列傳, 突厥 "與頡利同盟于便橋之上 頡利引兵而退".
4) 『舊唐書』 卷194, 列傳, 突厥 "頻年大雪 六畜多死 國中大餧".

同羅 등 鐵勒 諸部의 이탈 그리고 小可汗인 突利可汗과의 갈등에 더 큰 원인이 있다.[5] 640년 8월에 高昌國의 鞠文泰가 西突厥의 乙毗咄陸可汗과 연결하려 하자[6] 당은 고창을 멸망시켰는데, 이는 이 지역을 서역 경영의 전진기지로 삼아 유목세력을 견제하려는 목적이 있었다.[7] 당시 서돌궐 세력은 十姓部落으로 분열되어 있어,[8] 아직 당의 서쪽을 위협할 정도는 아니었다.

이렇듯 東突厥과 高昌을 멸망시키고, 吐谷渾과 吐蕃, 서돌궐 등을 차례로 복속시키자 당은 이제 東方의 고구려에 침략의 화살을 겨누게 되었다. 당의 초기에는 고구려와 일정한 평화 관계가 지속되었다. 榮留王이 619년 당에 사신을 보내고, 당고조가 622년 조서를 보내 억류된 수나라 사람을 돌려보내기를 요청하자 영류왕도 1만여 명을 돌려보냈다. 624년에도 사신을 보내자 당은 刑部尙書 沈叔安을 고구려에 보내 영류왕을 "上柱國 遼東郡公 高句麗王"에 책봉하기도 하였다.

626년 이세민이 현무문의 변으로 등장한 이후에 고구려와 당의 관계는 긴장이 연속되었다. 631년 8월 당태종은 長孫師를 고구려에 보내 수나라 전사들의 해골을 묻은 일종의 전승기념물인 京觀을 헐어버리고 제사까지 지내는 등 고구려에 도발을 시작하였다.[9] 여기서 주목되는 점은 장손사가 허문 경관 이외에도 고구려가 도처에 또 다른 경관을 세웠다는 점으로,『唐大詔令集』收葬隋朝征遼軍士骸骨詔에 "從軍士卒의 骸骨이 들판에 깔려 있으니 이를 거두어 묻어 주어라."[10]는 내용과 刬削

---

5) 김호동, 1993,「唐의 羈縻支配와 北方民族의 對應」『歷史學報』137, 133쪽.
6) 松田壽男, 1956,『增補 古代天山의 歷史地理學的研究』, 早稻田大 出版部, 293쪽.
7) 嶋崎 昌, 1977,『隋唐時代의 東トゥルキスタン研究』, 東京大學出版會, 102쪽.
8)『舊唐書』卷194, 列傳, 突厥 "其國分爲十部 每部令一人統之 … 自是都號爲十姓部落".
9)『舊唐書』卷199, 列傳, 高麗 "貞觀五年 詔遣廣州都督府司馬長孫師 往收瘞隋時戰亡骸骨 毁高麗所立京觀".
10)『唐大詔令集』卷114, 收葬隋朝征遼軍士骸骨詔 "從軍士卒 骸骨相望 遍原野 良可

〈사진 35〉 新疆 吐魯番 인근에 있는 高昌故城

京觀詔에는 "諸州에 있는 京觀은 新舊를 막론하고 모두 허물어 흙으로 무덤을 만들라."[11)]는 내용에서 짐작된다. 본래 경관은 『春秋左氏傳』[12)]과 『呂氏春秋』[13)], 『淮南子』[14)] 등에서 보이고 있는 것처럼, 그 역사가 오래된 것으로 전쟁승리에 대한 상징성이 매우 크다고 할 것이다. 고구려는 이러한 기념비적인 성격의 경관을 당이 파괴하고 나서자 대책을 강구할 수밖에 없었다. 그것은 요동지역에 대한 철벽방어의 일환으로 千里長城을 구축하여, 다양한 통로의 요하 도하를 통해 건너오는 당군을 천리장성에서 방어하고자 하는 전략을 세웠던 것이다.[15)] 그렇기 때문에 고구

　哀歎 … 其令並收葬之".
11) 『唐大詔令集』卷114, 剗削京觀詔 "諸州有京觀處 無間新舊 宜悉剗削 加土爲坟".
12) 『春秋左氏傳』宣公12年 "君蓋築武軍 而收晉尸以爲京觀".
13) 『呂氏春秋』不廣 "與齊人戰 大敗之 得車二千 得尸三萬 以爲二京".
14) 『淮南子』覽冥訓 "掘墳墓 揚人骸 大衝車 高重京".
15) 『舊唐書』卷199, 列傳, 高麗 "毁高麗所立京觀 建武懼伐其國 乃築長城 東北自扶餘城 西南至海 千有餘里".

려는 당의 경관파괴 이후인 632년부터 640년까지 당에 사신을 일절 보내지 않았다.

640년 고창국의 멸망을 계기로 태자 桓權을 당에 보내 정세를 파악하려 하였다. 당도 641년 고구려에 職方郎中 陳大德을 파견하여 고구려의 허실을 탐색하였다.16) 직방랑중의 직책을 가진 진대덕을 보낸 당의 본래 목적은 고구려에 대한 정보수집에 있었다고 판단된다.17) 淵蓋蘇文에 의해 등장한 보장왕은 일단 643년 3월에 사신을 보내 道士를 요청하는 등 당의 고구려 정책을 우선 파악할 필요가 있었다. 당은 도사 叔達과 道德經을 보내 주면서도 고구려 침략의 의도는 더욱 강화하고 나섰다. 643년 6월 고구려에 사신으로 갔다 오면서 太常丞 鄧素가 懷遠鎭에 戌兵을 증강하여 고구려에 대해 압박을 가하자고 하였다. 당태종은 "1, 2백 명의 戌兵으로 능히 絶域者를 위협한다는 말은 듣지 못하였다."18)라고 하면서 대규모 병력으로 고구려를 침공하려 하였다.

> A) 蓋蘇文이 弑君하고 國政을 오로지하고 있으니 이는 진실로 不可한 일이다. 今日의 兵力으로 이를 取하는 것은 어렵지 않으나 百姓들을 수고롭게 하고 싶지 않다. 그러므로 나는 契丹과 靺鞨을 시켜 그들의 버릇을 길들이고자 한다.19)

이상에서 당태종이 연개소문의 '弑君'을 비난하고 있지만, 그럼에도 불구하고 연개소문에 의해 옹립된 寶藏王을 당태종은 "上柱國遼東郡公

---

16) 『資治通鑑』 卷196, 唐紀, 太宗貞觀15年(641) "上遣職方郎中陳大德使高麗 八月己亥 自高麗還".

17) 방향숙, 2008, 「7세기 중엽 唐 太宗의 對高句麗戰 전략 수립과정」 『中國古中世史硏究』 19, 314쪽.

18) 『資治通鑑』 卷197, 唐紀, 太宗貞觀17年(643) "六月 … 丁亥 太常丞鄧素使高麗還 請於懷遠鎭增戌兵以逼高麗 … 未聞一二百戌兵能威絶域者也".

19) 『資治通鑑』 卷197, 唐紀, 太宗貞觀17年(643) "蓋蘇文弑其君而專國政 誠不可忍 以今日兵力 取之不難 但不欲勞百姓 吾欲且使契丹 靺鞨擾之".

高句麗王"으로 책봉하였다. 당태종의 이런 행동은 앞뒤가 맞지 않으며 오직 고구려 침공을 위한 명분찾기일 뿐이었다.[20] 당은 644년 1월 司農丞 相里玄獎을 고구려에 보내 신라공격 중지를 요구하며 그렇지 않으면 고구려를 침공하겠다고 위협하였다.[21] 그해 2월 장차 원정을 앞두고 당태종이 親征하려고 諸臣들에게 노골화하였다. 長孫無忌와 褚遂良은 국내의 안정이 먼저라며 반대하였지만, 李世勣은 설연타의 예를 들며 당태종의 친정을 찬성하고 나섰다. 당태종이 고구려 침공에 친정을 고집하였던 진정한 이유는, 그가 현무문의 변으로 집권한 취약한 정치적 입지를 전쟁승리를 통해 호도하려는 측면이 있었다.

A)에서 당태종이 거란과 말갈을 동원하여 고구려를 침공하겠다라고 언급하고 있는 것은 또 다른 이이제이 방식으로 여기서의 거란과 말갈은 각각 別部 酋帥 孫敖曹와 그 추장 突地稽를 염두하여 둔 말로 볼 수 있다.

> B) 契丹에 別部 酋帥 孫敖曹가 있었는데 처음에 隋에 출사하여 金紫光祿大夫가 되었다. 武德4年(621)에 靺鞨酋長 突地稽와 함께 사자를 보내 內附하자 詔를 내려 營州城傍에 安置하였다.[22]

거란 별부의 추수 손오조는 605년 거란이 돌궐 啓民可汗에게 공략당하였을 때 수나라에 귀부한 거란인의 일부로 보여 진다. 이후 621년에 손오조가 당에 내부하자 당은 그를 營州城傍에 안치하게 하였는데, 영주성방의 '城傍'은 이민족계 군사집단[23]으로 영주근방에 있었다고 보여

20) 박한제, 1993, 「七世紀 隋唐 兩朝의 韓半島進出 經緯에 대한 一考」『東洋史學硏究』43, 30쪽.
21) 『三國史記』卷20, 高句麗本紀, 寶藏王三年 "春正月 … 爾與百濟 各宜戢兵 若更攻之 明年發兵 擊爾國矣".
22) 『舊唐書』卷199, 列傳, 契丹 "契丹有別部酋帥孫敖曹 初仕隋爲金紫祿大夫 武德四年 與靺鞨酋長突地稽俱遣使內附 詔令於營州城傍安置".
23) 日野開三郎, 1980, 『日野開三郎東洋史學論集1卷(唐代藩鎭の支配體制)』, 三一書房, 250쪽 ; 李錦綉, 1998, 『唐代制度史略論稿』, 中國政法大學出版社, 256쪽 ; 정

진다. 따라서 당은 621년 이후 언제든지 성방의 거란 군사들을 이용할
수 있는 여건이 형성되었다. 이미 수양제의 친정을 목도한 바 있는 고구
려로서는 당태종의 본격적인 친정에 앞서 당군의 기선을 제압하기 위하
여 우선 선제타격 작전을 구사할 필요가 있었다.

> C-1) 營州都督으로 옮겨 護東夷校尉를 兼하였다. 연좌가 사면되고 詔에
> 의해 白衣로 職을 받았다. ㄱ) 營州는 契丹, 奚, 霫, 靺鞨 등 諸蕃을
> 그 根本과 관계없이 통솔하고 있었는데 高麗가 무리를 이끌고 入寇
> 하자 儉이 병사를 이끌고 이를 破하였다. 俘虜를 모두 斬하였고 다
> 시 營州都督에 임명되었다. 太宗이 遼東을 칠 때 儉은 蕃兵을 이끌
> 고 선봉에 나서 略地로 遼西에 이르렀으나 遼水가 범람하여 오랫동
> 안 넘지 못하였다.[24)]
>
> C-2) 張儉은 貞觀初 軍功이 누적되어 朔州刺史로 옮겨갔다 후에 檢校營
> 州都督府事가 되었다. ㄱ)營州는 契丹, 奚, 霫, 靺鞨 등 諸蕃을 所管
> 하고 있었는데 모두 接境하고 있었다. 粟末靺鞨이 가장 가까웠다. 高
> 麗가 무리 數千을 이끌고 來寇하자 儉은 鎭兵과 諸蕃首領을 이끌고
> 이를 격퇴하였다. 斬獲이 헤아릴 수 없었다. 璽書로 慰勞하고 營州
> 都督 겸 行軍總管에 제수되었다.[25)]

이상의 『신당서』장검전과 『책부원귀』 기사는 당태종의 본격적인 침
공에 앞서 고구려가 營州 일대를 선제공격한 상황을 보여 주고 있는 흔
치 않은 사료에 해당한다. 위 내용에서 營州都督 겸 護東夷校尉인 張儉
이 나섰다는 것도 고구려의 공격목표가 영주일대임을 시사한다. 영주도

병준, 2007, 「營州의 大祚榮 集團과 渤海國의 性格」『東北亞歷史論叢』16, 동북
아역사재단, 37쪽.

24) 『新唐書』卷111, 列傳, 張儉 "遷營州都督 兼護東夷校尉 坐事免 詔白衣領職 營州
部與契丹 奚 霫 靺鞨諸蕃切畛 高麗引衆入寇 儉率兵破之 俘斬略盡 復拜營州都督
太宗將征遼東 遣儉率蕃兵先進 略地至遼西 川漲 久未度".

25) 『册府元龜』卷357, 將帥部, 立功 "張儉 貞觀初以軍功累遷朔州刺史 後爲檢校營州
都督府事 營州所管 契丹奚霫靺鞨諸蕃 皆鄰接境 粟末靺鞨最近 高麗引衆數千來
寇 儉率鎭兵及諸蕃首領邀擊之 斬獲略盡 璽書慰勞 拜營州都督及行軍總管".

독 장검이 契丹, 奚, 霫, 靺鞨 등 諸蕃을 관할하고 있었다는 사실은 다음
과 같이 풀이할 수 있다. 이미 앞서 본대로 거란은 별부 손오조이거나,
623년의 그 군장 咄羅 또는 628년의 摩會집단일 것이다.26) 말갈은 突地
稽 집단으로 이들은 621에 당에 내부하여와 영주성방에 안치된 바 있다.
당은 621년 3월 돌지계를 燕州總管에 임명하였고,27) 貞觀初(627~649년)
에는 右衛將軍에 임명하였으며 李氏를 賜姓한 점으로 볼 때,28) 燕州刺
史 李玄正이 645년을 전후하여 고구려 침공에 참여하였던 것으로 볼 수
있다. 이후 돌지계의 아들인 李謹行이 664~665년간 영주도독을 이어
받고 家僮 수천 명을 거느렸다.

힐리가한의 조카인 돌리가한이 幽州의 북쪽에서 해와 습을 관장하고
있었는데, 돌리가한의 가혹한 세금을 견디지 못하고 627년 무렵 해와 습
등이 당에 來附하였다.29) 결국 644년에 고구려군이 영주 일대를 공격하
여 오자 장검이 이들 제번 수령을 거느리고 고구려를 물리쳤다는 것이
다. 고구려가 공격하게 된 원인 중의 하나가 바로 요서지역의 거란, 해,
습 등 제부족 문제이었다. 고구려군의 영주 일대 타격은 영주도독 장검
의 휘하에 있던 거란과 해 그리고 말갈 등 이민족계 군사들에게 타격을
주어 이들의 불만을 제고시키기 위한 포석으로도 풀이된다.

실제로 당은 영주 일대에 대한 지배를 강화하고 나섰다. 627년경부터
영주도독으로 근무하였던 薛萬淑을 630년 8월 거란추장인 貪沒折에게
보내어 해, 습, 실위 등 10여 部가 모두 당에 귀부하도록 하였다.30) 영주

---

26) 『舊唐書』卷199, 列傳, 契丹 "六年 其君長咄羅遣使貢名馬豐貂 貞觀二年 其君摩
會率其部落來降".

27) 『資治通鑑』卷189, 唐紀, 高祖武德4年(621) "三月 庚申 以靺鞨渠帥突地稽爲燕州
總管".

28) 『舊唐書』卷199, 列傳, 靺鞨 "貞觀初 拜右衛將軍 賜姓李氏 尋卒 子謹行 偉貌 武
人絶人 麟德中 歷遷營州都督 其部落家僮數千人".

29) 『舊唐書』卷194, 列傳, 突厥 "頡利嗣位 以爲突利可汗 牙直幽州之北 突利在東偏
管奚霫等數十部 徵稅無度 諸部多怨之 貞觀初 奚霫等並來歸附".

는 본래 수의 柳城郡을 618년에 영주총관부로 바꾸었고, 624년에 다시 영주도독부로 개칭한 바 있다. 당은 655년부터 장검에 이어 程名振이 영주도독과 동이도호를 겸하며,31) 영주 일대의 지배력 강화에 나섰다. 실제로 奚族이 656년부터 660년 사이에 반란을 일으키었고,32) 660년에는 거란의 송막도독 阿卜固가 반란을 일으키어 당에 압송되기도 하였다. 이것은 696년 5월 영주에서 李窟哥의 손자인 李盡忠이 거란 별부의 추수 손오조의 손자인 歸誠州刺史 孫萬榮과 함께 반란을 일으키어 영주도독 趙文翽를 죽이고 자칭 無上可汗이라 칭한 것에서도 증명된다.33)

그렇다면 장검의 644년 전후 행방을 추적하여 보자. 장검은 640년경에 영주도독 겸 동이교위에 임명되었고,34) 그런 직책을 바탕으로 642년 11월에는 연개소문의 정변을 당조정에 보고하였다.35) 이어 644년 7월에는 당태종의 명으로 幽州와 營州의 都督兵과 契丹, 奚, 靺鞨 등의 제번병을 이끌고 요동으로 먼저 쳐들어갔으나 요하의 범람으로 강을 건너지 못하고 관망만 하고 있었다.36) 644년 11월 당태종은 요하를 건너지 못하고 있던 장검이 겁을 먹고 있다고 소환하였다.37) 그러나 장검은 요하 서쪽 고구려의 자연형세를 당태종에 보고한 뒤 고구려 침공군의 行軍總

---

30) 『資治通鑑』卷193, 唐紀, 太宗貞觀4年(630) "突厥旣亡 營州都督薛萬淑遣契丹酋長貪沒折說諭東北諸夷 奚·霫 失韋等十餘部皆內附"

31) 『舊唐書』卷83, 列傳, 程務挺 "永徽六年 累除營州都督 兼東夷都護".

32) 『新唐書』卷219, 列傳, 奚 "顯慶間可度者死 奚遂反".

33) 『通典』卷200, 邊防, 北狄, 契丹 "李盡忠與其妻兄歸誠州刺史孫萬榮 殺都督趙文翽 擧兵反 陷營州 今柳城 自號可汗".

34) 郁賢皓, 1987, 『唐刺史考3』江蘇古籍出版社, 1432쪽.

35) 『資治通鑑』卷196, 唐紀, 太宗貞觀16年(642) "十一月 … 丁巳 營州都督張儉奏高麗東部大人泉蓋蘇文弒其王武".

36) 『資治通鑑』卷196, 唐紀, 太宗貞觀18年(644) "上將征高麗 秋七月 … 甲午 下詔遣營州都督張儉等帥幽營二都督兵及契丹 奚 靺鞨先擊遼東以觀其勢".

37) 『資治通鑑』卷196, 唐紀, 太宗貞觀18年(644) "十一月 … 張儉等值遼水漲 久不得濟 上以爲畏懦 召儉詣洛陽".

〈사진 36〉 營州는 지금의 朝陽일대로 사진은 鳳凰山에서 내려다 본 조양전경이다

管으로 임명되어 六軍의 前鋒을 맡았다.[38]

　C-1)의 ㄱ)과 C-2)의 ㄱ)의 전후 문맥은 다음과 같이 해석된다. 즉 고구려군 수천 명이 영주 일대를 공격한 것이다. 644년 1월 당은 상리현장을 고구려에 보내 신라공격 중지를 요구하며 그렇지 않으면 고구려를 침공하겠다고 위협한 바 있다. 이런 위협에 대해 연개소문은 영주에 대한 선제공격으로 대응하며 당의 고구려 침공에 대한 기선을 잡으려 했던 것으로 보인다. 영주 일대는 고구려와 당에 있어 상대방을 공격하기 위한 인후지대[39]로, 이곳을 선점하면 영주 이북의 거란 등 이민족을 통제할 수 있는 이점까지 있었던 것이다.

　고구려의 공격 시점에 대하여 643년으로 보는 견해도 있으나,[40] 644

---

38) 『舊唐書』 卷83, 列傳, 張儉 "面陳利害 因說水草好惡 山川險易 太宗甚悅 仍拜行　軍總管 兼領諸蕃騎卒 爲六軍前鋒".
39) 『資治通鑑』 卷182, 隋紀, 煬帝大業9年(613) "據臨渝之險 扼其咽喉".
40) 姜維東, 2003, 『唐東征將士事迹考』, 吉林文史出版社, 2쪽.

년 1월 당이 신라공격 중지를 요구하며 고구려 침공을 예고하였고 또 장검이 그 선봉대 격으로 요동을 공격하려다 장마로 요하에서 멈춘 것이 644년 7월임으로 644년 전반기의 일로 보여 진다. 이것은 여러모로 598년 2월 영양왕이 말갈기병 1만여 명을 동원하여 요서를 선제공격한 사건과 비슷하다.41) 이때도 영주총관 위충의 반격을 받고 수문제의 30만군의 침공으로 이어졌으나 그 해 9월 수나라 군사는 요하에서 철수하였다.42) 따라서 598년 2월부터 9월간 7개월의 짧은 사이에 수나라 군사의 침공과 철군이 이어진 점과, 장검이 요하에 당도한 시점이 644년 7월이라면 고구려군의 영주 일대 공격도 644년 전반기의 일로 짐작된다. 그런데 영주를 공격한 고구려군에 대해 C-1)의 『신당서』 장검전에는 단지 "高麗引衆入寇"라고 되어 있으나, C-2)의 『책부원귀』에서는 "高麗引衆數千來寇"라며 구체적으로 고구려군 규모를 '수천'이라 명시하고 있다. '高麗引衆數千'은 원정규모가 적고 고구려와 영주와의 거리를 생각한다면 598년처럼 기병이 동원되었을 것이며, 그 성격도 기습적인 공격이었던 것으로 생각된다.

한편 당태종은 장검과는 별도로 644년 7월 將作大監 閻立德에게 명령하여 배 400척을 만들어 군량미를 적재하도록 하였고, 太常卿 韋挺을 饋運使로 임명하여 군량미 운송에 대한 준비도 갖추었다.43) 당태종은 644년 11월에 장검을 비롯하여 李世勣, 江夏王道宗, 執失思力, 契苾何力, 阿史那彌射, 鞠智盛, 吳黑闥 등에게 步騎 6만과 蘭河 2州의 降胡로 요동을 공격하게 하였고,44) 12월 奚와 거란에게도 조서를 내려 고구려

---

41) 『隋書』 卷81, 列傳, 高麗 "元率靺鞨之衆萬餘騎寇遼西".
42) 『隋書』 卷45, 列傳, 文四子 "十八年 起遼東之役 以諒爲行軍元帥 率衆之遼水 遇疾疫 不利而還".
43) 『資治通鑑』 卷197, 唐紀, 太宗貞觀18年(644) "上將征高麗 秋七月 辛卯 敕將作大監 閻立德等 詣洪饒江三州 造船四百艘 以載軍糧 甲午 下詔遣營州都督張儉等帥幽營二都督兵及契丹 奚 靺鞨先擊遼東以觀其勢 以太常卿韋挺爲饋運使 以民部侍郎崔仁師副之".

를 공격하라고 명령하였다.45) 『당대조령집』 親征高麗詔에는 거란의 藩
長인 於句折과 해의 번장인 蘇支, 燕州刺史 李玄正이 등장하고 있고,46)
破高麗詔에는 "해, 습, 거란의 군대는 모두 甲卒로 충당하라."47)고 되어
있다. 이는 앞서 본대로 이미 당나라에 내부한 바 있는 거란과 해, 습,
말갈 등의 제부족이 645년 당의 고구려 침공에 동원된 것을 나타낸다.

당태종은 이처럼 수양제의 고구려 침공 때와는 달리 집실사력, 계필
하력, 아사나미사 등 鐵勒系48) 降胡나 돌궐, 고창국왕 鞠文泰의 아들인
鞠智盛과 거란의 번장인 어구절과 해의 번장인 소지 등 이민족계 降將
과 藩長들을 대거 참여시켜 고구려 침공에 나섰던 것이다. 돌궐계 降將
들이 645년 고구려 침공에 참여한 사실은 闕特勤 비문에서도 나타나는
데, 그것은 "50년 동안 봉사하였다고 한다. 그들은 동쪽으로는 해 뜨는
곳에서 뷔클리 카간까지 출정하였다고 한다. 서쪽으로는 태미르 카프그
(鐵門)까지 출정하였다고 한다. 중국 황제를 위하여 이렇게 정복하였
고 한다."49)라고 되어 있다. 이처럼 당이 이민족계 군사를 총동원하여

---

44) 『册府元龜』卷117, 帝王部, 親征 "(十一月)甲午 以光祿大夫 刑部尙書 鄖國公張亮
  爲使持節平壤道行軍大摠管 以左領軍將軍武水縣伯嘗河 瀘州都督戴國公左難當爲
  副摠管 汾州刺史黃國公冉仁德 眉州刺史下傅縣男劉英 銀靑光祿大夫行撫州刺史
  張文翰 雲麾將軍行中郎將龐孝恭 右領衛將軍東平郡公程名振竝爲行軍總管 以隸之
  率江淮嶺硤勁卒四萬 長安洛陽召募三千 戰艦五百艘 自萊州泛海趨平壤 又以特進
  太子詹事 左衛率 英國公李勣爲使持節遼東道行軍大摠管 以禮部尙書 江夏郡王道
  宗爲摠管 又以前幽州都督虢國公張士貴右領軍大將軍安國公執失思力 右驍衛大將
  軍張掖郡公契苾何力 右監門大將軍阿史那彌射 右屯衛將軍金城縣公姜德本 左武
  衛將軍金城郡公鞠智盛 雲麾將軍新鄕縣公吳黑闥 營州都督博臨縣男張儉 左驍衛
  中郎將安縣和竝爲行軍摠管 以隸之 步騎六萬幷蘭河二州降胡 趣遼東".

45) 『資治通鑑』卷197, 唐紀, 太宗貞觀18年(644) "奚 契丹分道擊高麗".

46) 『唐大詔令集』卷130, 討伐, 親征高麗詔 "於鐐方行軍總管執失思力 行軍總管契苾
  何力等率其種落 隨機進討 契丹藩長於句折 奚藩長蘇支 燕州刺史李玄正等 各率
  其衆 絶其走伏".

47) 『唐大詔令集』卷130, 平亂, 破高麗詔 "奚霅契丹之旅皆充甲卒".

48) 鐵勒諸族은 隋代 이후 바이칼호 남쪽부터 알타이산맥, 준가리아 분지, 天山산맥
  에 이르기까지 넓게 분포하였던 족속으로 高車丁零의 후예에 해당하였다.

고구려 침공에 나선 것은, 전형적인 以夷制夷 방식에 해당한다고 할 수 있다.

645년 3월에 장검은 六軍의 전봉을 맡고 新城路 즉 북로를 통해 고구려를 침공하였으나, 장검은 胡兵을 동원하여 돌연 요하 하구 남단의 建安城으로 침공해 들어갔다.50)

> D) 遼東을 칠 때에 高麗 候者를 사로잡았는데 莫離支가 장차 遼東으로 올 것이라고 하였다. 이에 儉에게 조서를 내려 新城路에서 맞아 치게 하니 莫離支가 마침내 敢히 나오지 못하였다. 儉이 이틈을 타 進兵하여 遼水를 건너 곧장 建安城으로 달려 들어가 賊徒를 크게 潰滅시키고 數千級을 斬首하였다.51)

이상에서는 고구려군이 패한 것처럼 기록이 되어 있으나, 돌연 장검이 新城路에서 남로의 건안성으로 내려 온 것을 볼 때 장검이 오히려 고구려군의 반격을 피하여 남로로 내려 온 것으로 이해할 수 있다. 장검군은 침공군으로서 상대적으로 방비가 허술하다고 판단된 건안성을 선택하여 요하 서쪽을 따라 건안성으로 들어간 것이다. 고구려는 방어군으로서 이런 변칙적인 장검군의 행군노선을 예측하지 못하였고, 그 결과 방비가 허술하였던 건안성이 바로 장검군에게 노출당하고 말았다.52) D)의 기사에서는 이때의 상황을 "賊徒를 크게 궤멸시키고 수천급을 참수하였다."라고 적고 있는 등 고구려가 방어군으로서 불리한 입장을 극복하지 못하고 패배를 당하였다. 당군의 변칙노선은 645년 4월의 이세적

---

49) 小野川秀美, 1943, 「突厥碑文譯註」『滿蒙史論叢』 4, 日滿文化協會, 290~291쪽 ; Talat Tekin, 이용성 역주, 2008, 『돌궐비문연구』, 제이앤씨, 92쪽.
50) 『資治通鑑』 卷197, 唐紀, 太宗貞觀19年(645) "營州都督張儉將胡兵爲前鋒 進渡遼水 趨建安城".
51) 『册府元龜』 卷357, 將帥部, 立功 "征遼東 時有獲高麗候者 稱莫離支將至遼東 詔儉率兵自新城路邀莫離支 竟不敢出 儉因進兵渡遼 趨建安城 賊徒大潰 斬首數千級".
52) 『資治通鑑』 卷198, 唐紀, 太宗貞觀19年(645) "建安兵弱而糧少".

군에게서도 나타나고 있다.

> E) 李世勣軍은 柳城을 출발해 形勢를 크게 펼치고 懷遠鎭으로 나아가는
> 것처럼 하면서 몰래 북쪽으로 甬道를 따라 군사들을 나가게 해 高麗가
> 생각지 못하고 있는 사이에 나가려 하였다. 4월 戊戌朔에 世勣이 通定
> 으로 부터 遼水를 건너 玄菟에 이르렀다. 高麗는 크게 놀라 城邑 門을
> 모두 닫고 지키었다.[53]

645년 3월에 이세적군은 柳城 즉 영주를 출발하여 허장성세로 懷遠
鎭에 나아가는 것처럼 하면서 몰래 북쪽으로 甬道를 통하여 고구려군이
생각지 못하고 있는 사이에 나가려 하였다. 이세적군은 645년 4월 북로
의 通定鎭을 거쳐 요하를 건넌 다음 玄菟에 이르렀다. 방어군의 입장인
고구려군은 이세적군의 출현을 예상하지 못한 채 '閉門自守'라는 守城
戰으로 대항한 것이다. 당군은 645년에 이처럼 중로가 아닌 북로를 통해
고구려를 침공하려는 작전은 '親巡玄菟之城'[54]와 '玄菟白狼之野',[55]
'破玄菟'[56] 등에서 '玄菟'가 나오는 데에서도 증명되는데, 여기서 현도
는 북로를 지칭한다고 할 수 있다.

이세적군은 북로를 통해 요하를 건넌 다음 그리고 新城에 접근하여
별도로 중로를 통해 요하를 건넌 당태종 본군과 遼東城에서 합류하였다.
612년 수양제의 침공과는 달리 645년 당군의 공격은 북로, 중로, 남로

---

53) 『資治通鑑』 卷197, 唐紀, 太宗貞觀19年(645) "李世勣軍發柳城 多張形勢 若出懷
遠鎭者 而潛師北趣甬道 出高麗不意 夏四月戊戌朔 世勣自通定濟遼水至玄菟 高
麗大駭 城邑皆閉門自守".

54) 『册府元龜』 卷117, 帝王部, 親征 "朕然後經塗白狼之右 親巡玄菟之城".

55) 『全唐文』 卷194, 唐右將軍魏哲神道碑, 楊炯 "元菟白狼之野 來奉衣簪 蟠桃析木之
鄕 尙迷聲敎 太宗文皇帝操斗 極把鉤陳 因百姓之心 問三韓之罪 勝殘去殺 上憑宗
廟之威 禁暴戢姦 下籍熊罷之用 公丹心白刃 本自輕生 六郡三河 由來重氣 烏江討
逆 剖項籍於五侯 鹿野懲奸".

56) 『唐代墓誌彙編』 大唐故輔國大將軍荊州都督虢公張公墓誌銘 "十九年 率師渡遼
破玄菟等 數城大陣 動賞居多".

등을 모두 이용하는 다양한 방법의 노선을 통하여 쳐들어 왔다. 고구려
는 梁水 즉 太子河에 둘러싸여 있어 천험의 요새인 요동성이 南風을 이
용한 당의 火攻作戰에 밀려 성을 당에 내주고 말았다.[57] 그리고 安市城
에서 항전을 계속하는 한편 말갈을 시켜 薛延陀의 眞珠可汗에게 도움을
요청하였다.[58] 설연타가 643년에 말과 소, 낙타, 양 등을 대거 당에 받친
바 있어 설연타가 이때 고구려를 적극 지원하여 대당전선을 함께 형성하
기에는 한계가 있었다.[59]

　안시성 전투에서 고구려군의 강력한 저항에 고전을 면치 못하고 있던
당군도 삭풍이 휘몰아치는 요동에 견딜 수가 없어서 645년 9월 철군하
기 시작하였다. 당은 이미 645년 6월에 장손무기가 교량을 철거하여 귀
로를 차단한 바 있어, 당군이 遼澤을 통과하여 철수하기는 어려운 일이
었다. 당군은 풀을 깎아 길을 만들거나 수심이 깊은 곳에는 수레로 교량
을 만드는 등 악전고투 끝에 645년 10월 渤錯水에 도착할 수 있었다.
요택은 "지옥의 고통도 이보다 더함이 없다."[60]라고 할 정도였다. 645년
당태종의 고구려 침공은 실패로 끝난 것이다.

　645년 9월에 설연타의 진주가한이 죽고 그 아들 拔灼이 多彌可汗이
라 칭하며 막북의 강자로 등장하자 645년 12월 10만 대군을 동원하여

---

57) 『册府元龜』 卷117, 帝王部, 親征 "摠萃遼東之城 攻其南面 副大總管江夏王道宗
　　第一軍摠管虢國公張士貴等 率五陵之勁騎 董六部之良家 分麾引道 攻其西南 申
　　命前軍夔國公弘基等 分統猛士 塡其濠塹 賊城地險 激梁水以環流 聳堞凌雲 壓頹
　　山而靡懼".
　　『舊唐書』 卷199, 列傳, 高麗 "帝親率甲騎萬餘 與李勣會 攻遼東城 圍其城 俄而南
　　風甚勁 命縱火焚其西南樓 延燒城中 屋宇皆盡 戰士登城 賊乃大潰 燒死者萬餘人
　　俘其勝兵萬餘口 以其城爲遼州".
58) 『資治通鑑』 卷198, 唐紀, 太宗貞觀19年(645) "及高麗敗於駐蹕山 莫離支使靺鞨說
　　眞珠 啗利厚利 眞珠慴服不敢動".
59) 『資治通鑑』 卷197, 唐紀, 太宗貞觀17年(643) "薛延陀眞珠可汗 使其姪突利設內納
　　幣 獻馬五萬匹 牛橐駝萬頭 羊十萬口".
60) 『靖康稗史』 靑宮譯語 "渡梁魚務 … 駝馬背 亦濕透重裳 地獄之苦無加於此".

〈사진 37〉 요녕성 盤錦 紅海灘 풍경구 안의 遼澤

당으로 진격하였다.[61] 당은 돌궐 및 철륵계 항호를 동원, 고구려 침공에 참여하였던 집실사력, 계필하력, 阿史那社爾, 薛萬徹, 장검, 이세적 등의 장수에게 명령하여 이를 토벌하게 하여 설연타를 대패시켰다. 646년 6월에는 집실사력, 계필하력 등과 凉州의 蕃漢兵으로 또 다시 설연타를 공격하였다. 이때 다미가한은 廻紇부중에 의해 살해되어 설연타는 망하고 휘하의 철륵계 백여 만호는 뿔뿔이 흩어지고 말았다.[62] 설연타는 막북에서 일어난 유목민족 중 18년 만에 멸망하는 가장 단명한 국가가 되고 말았다.[63] 따라서 630년 동돌궐의 멸망과 더불어 646년 설연타의 멸망은 막북의 유목민족과 연계해 대당전선을 형성하여 전쟁을 유리하게 이끌려던 고구려의 입장에 큰 타격을 받았다.

61) 『資治通鑑』 卷198, 唐紀, 太宗貞觀19年(645) "使右領軍大將軍執失思力將突厥屯 夏州之北以備薛延陀".
62) 『資治通鑑』 卷198, 唐紀, 太宗貞觀20年(646) "已滅延陀 鐵勒百餘萬戶 散處北漠".
63) 段連勤, 1988, 『隋唐時期的 薛延陀』, 三秦出版社, 119쪽.

당은 647년 아사나사이를 崑丘道行軍大總管으로 임명하여 철륵 13부 10만병을 동원하여 焉耆와 龜茲 등 서역 일대에 대한 공략에 나서 648년 12월에 이 지역을 복속시켰다.[64] 당은 安西都護府를 고창지역에서 구자로 옮겨 그 관할 하에 龜茲, 于闐, 碎葉, 疎勒 등 안서 4진을 설치하여 서역 통치의 거점으로 삼기도 하였다.[65] 645년 말부터 648년 말 사이에 당은 설연타와 구자를 멸망시키거나 복속시키는 가운데 이른바 消耗戰略[66]을 구사하여 고구려를 계속 침공하였다. 649년에 30만 대군을 동원하여 일거에 고구려를 멸하려는 계획을 세웠으나,[67] 649년 5월 당태종이 죽으면서 이 계획은 중지되고 말았다.

2. 650年代 吐護眞水進出과 松漠新城戰

649년 5월 당태종이 죽자 22세의 젊은 나이로 당고종이 등장하였다. 이 무렵 서역 지방의 阿史那賀魯는 648년 龜茲정벌에 참여한 것을 계기로 휘하의 부락을 이끌고 당에 내속하여 瑤池都督이 되었는데, 649년 당고종도 그를 요지도독에 그대로 승습시키고 안서도호의 예하에 두었다.[68]

650년 5월 吐蕃王 弄讚이 죽고 그 嫡子의 아들이 일찍 죽는 바람에 손자가 왕위를 이었는데, 정사는 國相 祿東贊이 전횡하였다. 토번은 이

64) 『新唐書』 卷221, 列傳, 龜茲 "阿史那社爾爲崑丘道行軍大總管 … 發鐵勒十三部 兵十萬討之".

65) 『新唐書』 卷221, 列傳, 龜茲 "始徙安西都護於其都 統于闐, 碎葉, 疎勒 號四鎭".

66) 池內 宏, 1960, 「高句麗討滅の役に於ける唐軍の行動」 『滿鮮史研究上世』 2, 吉川弘文館, 272쪽 ; 拜根興, 2003, 『七世紀中葉唐與新羅關係研究』, 中國社會科學出版社, 254쪽.

67) 『資治通鑑』 卷199, 唐紀, 太宗貞觀22年(648) "上以高麗困弊 議以明年發三十萬衆 一擧滅之".

68) 內藤みどり, 1988, 『西突厥史の研究』, 早稻田大出版部, 216쪽.

때 氐와 羌을 복속하는 등 강국으로 당의 서남쪽에서 새롭게 등장하였다. 아사나하로는 당태종의 죽음을 듣자 651년 1월 당의 庭州를 공격하였다. 또 乙毗射匱可汗을 공파하여 그 부중을 수합하였고, 沙鉢羅可汗이라 자칭하며 咄陸 등 서돌궐의 10姓 부락을 통합하였다. 아사나하로가 정주를 다시 공격하자 652년 당고종은 梁建方, 계필하력 등에게 燕然都護 휘하의 廻紇 기병 5만을 이끌고 토벌하게 하여 5천을 참수하고 渠帥 60여명을 사로잡았다. 653년에도 아사나하로의 아장을 공격하여 천여 명을 참수하였다.

657년 1월에 당은 蘇定方과, 연연도호 任雅相, 부도호 蕭嗣業 등에게 회흘병을 이끌게 하며 이를 토벌하였고, 阿史那彌射, 阿史那步眞을 안무대사로 임명하였다. 당군은 2백여 명의 서돌궐 대수령을 참수하는 등 아사나하로군을 격파하였다. 아사나하로 자신은 輕騎로 서쪽에 도주하여 石國 즉 오늘날 우즈베키스탄의 타쉬켄트까지 도주하였으나, 657년 12월 소사업에게 포로로 붙잡혔고[69] 장안으로 압송되어 658년 11월 죽었다.[70] 그가 통치하던 서돌궐의 영역은 崑陵, 濛池 등 2도호부로 나누어 아사나미사를 곤릉도호, 아사나보진을 몽지도호로 삼아 통제하였으며 안서도호부 예하에 두었다. 당은 아사나하로 평정을 계기로 서역제국이 당에 복속함에 따라 국경이 波斯까지 뻗어 나가게 되는 등 서역 통치의 전성기를 맞이하게 되었다.[71] 또한 이 전쟁이 끝남에 따라 계필하력, 소정방, 임아상, 소사업 등의 唐將이 660년 고구려전에 대거 투입하게 되는 결과를 낳았다.

당고종이 서돌궐의 3차에 걸친 출정에 집중하는 가운데, 당조정 내부에서는 653년 房遺愛사건이라는 모반이 발생하였다. 이 사건은 650년대

---

69) 『舊唐書』 高宗本紀에는 이 일을 顯慶 3년, 즉 658년 2월로 적고 있다.

70) 林幹, 2007, 『突厥與回紇史』, 內蒙古人民出版社, 93쪽.

71) 전옥, 2004, 「唐代前期 對外關係에 關한 硏究」, 충남대 박사학위논문, 59쪽.

고구려의 요서진출인 吐護眞水戰에 나오는 韋待價와 관련된다. 방유애
사건의 배경은 643년 당태종 시대로 거슬러 올라간다. 당태종은 그의 여
러 아들 중 자신의 3자인 吳王 李恪을 편애하였는데, 오왕은 당태종과
수양제의 딸 사이에서 낳은 인물로 문무를 겸재하여 당태종이 오왕을 태
자로 삼으려 했으나, 장손무기와 褚遂良은 長孫皇后 소생인 晋王 治를
밀어 결국 李治가 649년 당고종으로 등장하였다. 당고종이 등극한 이후
에도 오왕의 신망이 내외에 더욱 두터워지자 長孫無忌는 이를 두려워하
였고, 당태종 때 중신인 房玄齡의 아들인 방유애와 오왕이 결탁하게 되
자, 장손무기와 저수량은 653년 2월 방유애와 오왕을 제거하려 하였다.
당의 종실인 江夏王道宗과 이외에 執失思力이 방유애와 서로 내통하고
있다고 하여 유배를 보냈으며,[72] 강하왕도종은 유배가는 도중 병으로
죽었다. 薛萬徹과 강하왕도종의 사위로 韋挺의 아들인 韋待價도 이 사
건에 연루되어 좌천당하였다. 방유애사건은 당고종대 초기에 장손무기,
저수량 등이 주축이 되어 그 정치적인 반대파를 몰아세운 사건이었다.[73]
이렇듯 정치적으로 불투명한 가운데 651년 당고종은 거란 등 諸蕃을 동
원하여 장차 고구려를 침공하겠다고 호언하였다.[74] 물론 이 같은 배경
에는 641년 의자왕이 등극한 이래, 백제가 643년 고구려와 화친을 맺고
신라를 계속 공격하자 신라가 이를 당에 호소한 것에 기인한다. 당은 앞
서 본대로 651년 아사나하로의 공격으로 인해 아직 고구려를 침공할 여
건이 성숙되지 못하였다.

　여기서 중요한 사실은 당이 고구려를 침공함은 물론 백제까지 토벌하

---

72) 『資治通鑑』 卷199, 唐紀, 高宗永徽4年(653) "春二月 … 太常卿江夏王道宗 左驍
　　衛大將軍駙馬都尉執失思力 並坐與房遺愛交通 流嶺表 節與遺愛親善 及遺愛下獄
　　節頗左右之 江夏王道宗素與長孫無忌 褚遂良不協 故皆得罪".
73) 布目潮渢, 1968, 『隋唐史研究』, 東洋史研究會, 366쪽 ; 임대희, 1996, 「唐 高宗
　　統治前期의 政治와 人物」 『동아시아사 연구논총』, 혜안, 568쪽.
74) 『舊唐書』 卷149, 列傳, 百濟 "永徽二年(651) 始又遣使朝貢 使還 降璽書與義慈曰
　　… 高麗若不承命 即令契丹諸蕃渡遼澤入抄掠".

겠다고 한 점으로,[75] 이는 660년에 당이 13만 대군으로 실제로 백제를 침공하여 멸망시켰다는 점에서 그 예고에 해당한다고 할 수 있다. 백제의 입장에서는 이를 좀 더 심각하게 받아들여 능동적으로 대처했어야 했는데 백제는 이를 간과하였다. 의자왕을 견제하지 못하고 있던 백제내부의 정치적 상황에도 기인하지만, 652년 1월 당나라에 한차례 사신을 보낸 것[76]을 끝으로 백제가 660년까지 더 이상 당에 사신을 보내지 않은 점에도 원인이 있다. 백제는 655년에 신라의 북쪽 변경 33성을 고구려와 함께 공파하여 신라가 당에 더욱 매달리게 만들었다.[77] 백제로서는 643년 고구려와 백제가 맺은 화친의 결과[78]와 645년에 수행된 고구려의 대당전 능력을 과신하여 이를 바탕으로 신라를 고사시킬 수 있다고 믿었기 때문일 것이다. 그러므로 650년대 이후 동아시아의 정치지도는 고구려와 백제, 왜라는 남북축과 신라와 당이라는 동서축이 대립하는 결과가 그려지게 되었다.[79]

고구려로서는 일단 당고종이 651년 거란 등 諸蕃을 동원하여 고구려를 침공하겠다는 당의 호언에 긴장하지 않을 수 없었고, 652년 1월에 사신을 보내어[80] 당의 입장을 다시 확인한 고구려는 이에 대한 대비에 나설 수밖에 없었다. 고구려는 648년 당태종이 고구려 침공에 실패하며 회군하면서 영주에 송막도독부를 설치한 바를 잘 알고 있다. 당은 언제든지 송막도독 관할 하의 거란병을 고구려 침공에 투입할 수 있는 여건이 이미 형성되었다. 더구나 645년 당태종의 고구려 침공시에 이미 거란의

---

75) 『資治通鑑』 卷199, 唐紀, 高宗永徽2年(651) "百濟遣使入貢 上戒之 … 勿與新羅高麗相攻 不然 吾將發兵討汝矣".

76) 『三國史記』 卷28, 百濟本紀, 義慈王十二年 "春正月 遣使入唐朝貢".

77) 『資治通鑑』 卷199, 唐紀, 高宗永徽6年(655) "高麗與百濟 靺鞨連兵 侵新羅北境 取三十三城 新羅王春秋遣使求援".

78) 『三國史記』 卷28, 百濟本紀, 義慈王三年 "冬十一月 王與高句麗和親".

79) 『天地瑞祥志』 卷20, 盟誓 "結託高麗 交通倭國 共爲殘暴 侵削新羅".

80) 『三國史記』 卷22, 高句麗本紀, 寶藏王十一年 "春正月 遣使入唐朝貢".

번장인 어구절과 해의 번장인 소지가 참여한 바 있다. 고구려로서는 동돌궐이 멸망하여 없어진 마당에 송막도독부를 포함한 거란과 해 등 유목민족을 고구려 세력권 아래로 돌려놓는 것이 절실히 필요하였다. 그러한 것을 알 수 있게 하는 것이 고구려군의 吐護眞水 진출이었다. 토호진수전은 『구당서』韋挺傳과 『신당서』韋挺傳 그리고 『책부원귀』81)등에서 찾을 수가 있지만, 『자치통감』과 『삼국사기』에는 기록되어 있지 않았다.

> F-1) 待價는 처음에 左千牛備身이 되었다. ㄱ)永徽中(650~655)에 江夏王道宗이 得罪하자 待價는 곧 江夏王道宗의 사위로서 연좌되어 盧龍府果毅로 左遷되었다. 이때에 將軍 辛文陵이 병사를 이끌고가 高麗를 招慰하였다. 행군하여 吐護眞水에 이르렀을 때 방비를 하지 않은 틈을 타 高麗가 이를 습격하여 敗하게 하였다. 待價는 中郞將 薛仁貴와 함께 詔를 받고 東蕃을 經略하러 가다가 이로 인하여 所部를 이끌고 救하게 되었다. 文陵은 苦戰하였으나 賊은 점차 물러가고 軍은 비로소 온전하였다. 待價는 깊은 상처를 입고 流矢에 왼발을 맞았다. 끝내 그 功을 말하지 않고 足疾로 免官하여 돌아왔다.82)
>
> F-2) 待價는 처음에 左千牛備身이 되었다. 永徽中에 江夏王道宗이 得罪하자 待價는 그 사위로서 盧龍府果毅로 貶下되었다. 이때에 將軍 辛文陵이 高麗를 招慰하러 吐護眞水에 이르렀는데, 오랑캐(虜)의 습격을 받자 待價와 中郞將 薛仁貴는 所部를 이끌고 이를 죽였다. 文陵은 또 苦戰하였으나 마침내 면하였다.83)

---

81) 『册府元龜』 卷431, 將帥部 不伐 "唐韋待價爲盧龍府果毅將軍 時辛文陵率兵招慰高麗 行至吐護眞水 高麗掩其不備 襲擊敗之 待價與中郞將薛仁貴受詔經略東蕃 因率所部救之 文陵苦戰 賊漸退 軍始獲全 待價被重瘡 流矢中其左足 竟不言其功".

82) 『舊唐書』 卷77, 列傳, 韋挺 "待價 初爲左千牛備身 永徽中 江夏王道宗得罪 待價 卽道宗之壻也 緣坐左遷盧龍府果毅 時將軍辛文陵率兵招慰高麗 行至吐護眞水 高麗掩其不備 襲擊敗之 待價與中郞將薛仁貴受詔經略東蕃 因率所部救之 文陵苦戰 賊漸退 軍始獲全 待價被重瘡流矢中其左足 竟不言其功 以足疾免官而歸".

83) 『新唐書』 卷98, 列傳, 韋挺 "待價 初爲左千牛備身 永徽中 江夏王道宗得罪 待價 以壻貶盧龍府果毅 時將軍辛文陵招慰高麗 次吐護眞水 爲虜所襲 待價與中郞將薛仁貴率所部殺之 文陵亦苦戰 遂免".

이상의 『구당서』와 『신당서』의 위정전은, 吐護眞水에 진출하고 있던 고구려군이 당의 辛文陵이 방비를 하지 않은 틈을 타 이들을 습격한 내용에 관한 것이다. 이는 F-2)의 『신당서』 위정전 기사에서 "오랑캐의 습격을 받자 待價와 中郞將 薛仁貴는 所部를 이끌고 이를 죽였다."는 것에서 襲擊의 주체를 고구려군으로 볼 수 있기 때문이다. 韓致奫의 『海東繹史』에서는 구체적으로 "고구려군이 습격하여 이를 파했다."[84]라고 나오고 있다. 고구려군의 습격을 받은 당의 신문릉은 위대가와 설인귀의 구원 끝에, 고구려군이 물러간 것으로 보인다.

위대가와 설인귀가 그 所部를 이끌고 東蕃을 경략하러 가다가 신문릉을 구원하는 내용에서 '동번'이 나온다. 여기서 '동번'은 『구당서』 奚傳에 '號曰 兩蕃'이라 하여 해 및 거란이라고 볼 수 있다.[85] 당은 고구려와 '동번' 즉 해 및 거란과의 연계 가능성을 염려하여 신문릉을 토호진수 지역에 보낸 것이다. 고구려가 이곳에 진출한 이유는 토호진수 주변의 해 및 거란과 연계하여 당에 대항하려는 목적이 있었다. 실제로 阿史那忠 묘지명에 "永徽中 … 契丹은 白狼의 동쪽에 있었고 黃龍의 오른쪽에 거주하였다. 밖으로 烏夷와 연결하여 卉服으로 近侵하였다."[86]라고 나와 있어 이것을 뒷받침하고 있다. '烏夷'는 『당대조령집』 破高麗詔에 "島夷陪隷虐弑其君 毒被朝鮮 災流濊貊"라고 나오는데, 이상에서 '烏夷'와 '島夷'가 고구려로 해석되기 때문이다.

그렇다면 '永徽中'에 고구려군이 진출하였다는 吐護眞水는 어디인지 알아보자. 『북사』와 『수서』 거란전에는 '託紇臣水'라고 나오고 있고, 『구당서』 안록산전에는 '吐護眞水는 곧 北黃河'라고 전하고 있다.[87] 『신당

---

84) 『海東繹史』 卷8, 世紀 "行至吐護眞水 高麗掩其不備 襲擊破之".

85) 姜維東, 2003, 앞의 책, 416쪽.

86) 『唐代墓誌彙編』 阿史那忠 墓誌銘 "永徽中 … 契丹在白狼之東 居黃龍之右 近侵卉服 外結烏夷".

87) 『舊唐書』 卷16, 列傳, 安祿山 "吐護眞河 卽北黃河也 又倍程三百里 奄至契丹牙帳".

〈사진 38〉 내몽골 巴林右旗 남쪽의 시라무렌하

서』안록산전에도 "토호진수에서 晝夜 3백리 떨어진 곳에 천문령이 있다."고 하였고,[88] 『신당서』지리지에는 "吐護眞河로부터 5백리가면 해와 거란아장에 이른다."고 되어 있다.[89] 이를 토대로 수나라 때의 託紇臣水가 당나라 때에는 토호진수로 바뀐 것이다. 潢水는『구당서』거란전에 '潢水之南 黃龍之北', 『신당서』지리지에 "영주에서 서북으로 백리를 松陘嶺이라 하는데, 서는 해, 동은 거란으로 영주에서 북으로 4백리 떨어진 곳에 潢水가 있다."[90]라고 하였다.

　潢水는 몽골어로 오늘날 시라무렌(西拉木倫)하를 가리키며, '西拉木倫'에서 '西拉'은 '黃'을, '木倫'은 '河'를 의미해 黃河로 불리었으나 중원대륙의 黃河와 구별하기 위하여 潢河로 불리었던 것이다.[91] 『신당서』

---

88)『新唐書』卷225, 列傳, 安祿山 "至土護眞河 … 欲盡縛契丹 晝夜三百里 次天門嶺".

89)『新唐書』卷39, 地理志 "吐護眞河五百里至奚契丹衙帳 又北百里至室韋帳".

90)『新唐書』卷39, 地理志 "營州西北百里曰松陘嶺 其西奚 其東契丹 距營州北四百里潢水".

〈사진 39〉 내몽골 赤峰 인근의 老哈河

해전에 '土護眞水'라고 되어 있어 있는 것이 『요사』 영위지에 '潢河之西 土河之北'로 나와 있어 唐代의 '토호진수', 약칭 '土水'가 遼代에는 '土河'로 바뀐 것으로 파악된다. 토하는 명대에 몽골어로 라오하무렌(老花木倫)으로 불리었으며 그것의 漢語가 老哈河였던 것으로,[92] 토호진수와 潢水는 별개의 강임을 알 수 있다. 일찍이 1910년대에 들어와서 노합하의 고명칭이 託紇臣水 또는 土護眞水라는 주장이 있어 왔고,[93] 또 『발해국지장편』에서 "토호진하는 곧 지금의 노합하이다."[94]라고 분명히 규정하고 있다. 노합하는 현재 내몽골 赤峰경내 七老圖山에서 발원해 동북으로 흘러 開魯 서남쪽에서 시라무렌하와 합쳐 서요하를 이루고 있는

91) 山崎總與, 1941, 『滿洲國地名大辭典』, 日本書房, 461쪽.

92) 山崎總與, 앞의 책, 928쪽.

93) 白鳥庫吉, 1970, 「東胡民族考」 『白鳥庫吉全集4(塞外民族史研究上)』, 岩波書店, 292쪽.

94) 『渤海國志長編』 卷14, 地理考 "土護眞河卽今之老哈河".

강이다.

토호진수전의 발생시점에 대해서는 655년과 659년으로 보는 견해가 제기된 바 있다.[95] 이 문제에 대한 해결은 우선 F-1)과 F-2)에 나오는 韋待價라는 인물에 대해 알아 볼 필요가 있는데, 위대가가 처음에 左千牛備身이 된 자로, 이 직책은 북위 때부터 있어왔던 千牛備身의 후신으로 일종의 宿衛侍從 무관에 해당하였다.[96] 앞서 653년 房遺愛사건에서 본대로 토호진수전에 위대가라는 인물이 나오며, 위대가는 645년에 당태종이 고구려를 침공할 때 蓋牟城 전투에 참여한 바 있는 韋挺의 아들로 또한 강하왕도종의 사위였다. 653년 2월에 강하왕도종은 방유애 모반사건에 연루되어 유배를 가던 중에 병으로 죽었다.[97]

이 때문에 강하왕도종의 사위인 위대가도 연좌되어 좌천당하였으며 강하왕도종과 불화를 일으킨 장손무기와 저수량 등도 이때 모두 죄를 얻었다. 바로 이 시점인 653년에 신문릉이 토호진수에서 고구려군과 전투를 치루었지만 고전을 면치 못했고, 위대가와 설인귀도 신문릉을 지원하였으나 결국 위대가는 부상을 당하고 물러났다는 것이다.

따라서 F-1)과 F-2)의 위정전에 나오는 '永徽中'이라는 연대는 650년부터 655년 사이를 말하는 것으로, 토호진수전이 적어도 이 기간에 벌어졌다는 것을 뜻한다. F-1)의 ㄱ)이 바로 그것이다. 여기서 '영휘중'을 구체적으로 좁혀 본다면 방유애 모반사건에 연루된 강하왕도종이 유배가는 시점이 653년 2월에 발생한 것으로 기록[98]되어 있는 것과, 강하왕도종과 불화를 일으키어 죄를 얻었던 저수량이 예전의 직책으로 653년 9

---

95) 제1장 1절 참조.

96) 『通典』卷28, 職官, 左右千牛衛 "千牛 刀名 後魏有千牛備身 掌執御刀 因以名職 … 掌執御刀宿衛侍從 備身左右各十二人 備身各一百人".

97) 『舊唐書』卷60, 列傳, 宗室 "永徽四年(653) 房遺愛 伏誅 長孫無忌 褚遂良素與道宗不協 上言道宗與遺愛結 配流象州 道病卒".

98) 『資治通鑑』卷199, 唐紀, 高宗永徽4年(653) "(春二月)江夏王道宗 … 執失思力 並坐與房遺愛交通 流嶺表".

월에 다시 복귀하였다는 기록99)을 검토할 때에, 토호진수전은 적어도 653년 2월부터 9월 사이에 발생된 것이다. 한치윤의 『해동역사』에서도 이를 653년의 일로 적고 있다.100)

토호진수전 이후 고구려는 654년 10월에 松漠新城戰101)을 통하여 당과의 전쟁을 치룬다. 이들 전쟁은 거란과 밀접한 관련이 있는데, 654년 고구려군의 松漠新城에 대한 공격을 이해하려면 우선 李窟哥에 대해 파악하여야 한다.

> G) 太宗이 高麗를 정벌하고 營州에 이르러 君長 및 老人들을 모아 각각 차등있게 물품을 주고, 그 蕃長인 窟哥에게는 左武衛將軍을 주었다. 22년(648) 窟哥 등의 부락은 모두 당에 내속할 것을 청하자, 당은 이를 松漠都督府에 두고 窟哥를 左領軍將軍 겸 松漠都督府 無極縣男으로 하고 李氏를 賜姓하였다. 顯慶(656~660)初에 또 窟哥를 左監門大將軍에 제수하였다.102)

당태종은 645년 고구려 침공에서 실패한 후 철군하던 중 영주에 도착하며 거란 蕃長인 이굴가에게 左武衛將軍을 주는 등 거란인들을 회무하며 다음 전쟁에도 거란인들을 참여시킬 작정을 하였다. 『통전』에는 "大唐 貞觀 22년(648) 11월 契丹帥 窟哥가 그 부족을 이끌고 內屬하자 契丹部를 松漠都督府로 하였고 굴가를 持節十州諸軍事로 삼았다. 송막도

---

99) 『資治通鑑』卷199, 唐紀, 高宗永徽4年(653) "江夏王道宗素與長孫無忌 褚遂良 不協 故皆得罪 … 秋九月 … 甲戌 以褚遂良爲右僕射 同中書門下三品如故".

100) 『海東繹史』卷8, 世紀 "高宗永徽4年(653) 寶藏王十二年 將軍辛文陵率兵招慰高麗 行至吐護眞水 高麗掩其不備 襲擊破之".

101) 松漠新城은 '송막도독부 신성'을 의미하며 撫順新城 즉 高爾山山城과 구별하기 위해 송막신성이라 칭한다.

102) 『舊唐書』卷199, 列傳, 契丹 "太宗伐高麗 至營州 會其君長及老人等 賜物各有差 授其蕃長窟哥爲左武衛將軍 二十二年 窟哥等部咸請內屬 乃置松漠都督府 以窟哥爲左領軍將軍兼松漠都督府 無極縣男 賜姓李氏 顯慶初 又拜窟哥爲左監門大將軍".

독을 營州에 두고 東夷都護를 겸하게 하고 松漠과 饒樂의 땅을 통괄하게 하였으며 護東夷校尉官을 罷하였다."103)라고 되어 있다. 또 이 무렵에 奚의 酋長 可度者가 내부하자 그 지역에 饒樂都督府를 설치하고 영주에 東夷都護府를 復置하였으며 東夷校尉가 松漠과 饒樂地를 겸하여 통령하게 한 사실이 나온다.104) 이굴가는 648년 무렵 당태종으로부터 송막도독에 임명되었지만, 영주의 동이교위가 이를 羈縻支配한 것으로 보인다.105) 이러한 점을 볼 때, 당은 648년과 649년 사이 영주에 동이도호부를 復置하고 동이교위가 송막과 요락, 즉 거란과 해를 통괄하고 나선 것으로 풀이된다.

한편 G)의 『구당서』 거란전 기사에서 이굴가를 左監門大將軍에 임명하였다는 '顯慶初'라는 것은 656~660년 사이를 말한다. 이굴가 이후의 송막도독인 阿卜固가 반란을 일으켜 당에 압송되는 것이 『구당서』 설인귀전에는 658년으로 나와 있으나,106) 『신당서』 설인귀전에는 659년으로 나와 있다.107) 또 『자치통감』에는 660년 4월로 기록되어 있어,108) 이

---

103) 『通典』卷200, 邊防 契丹 "大唐貞觀二十二年十一月 契丹帥窟哥率其部內屬 以契丹部爲松漠都督府 拜窟哥爲持節十州諸軍事 松漠都督於營州 兼置東夷都護 以統松漠 饒樂之地 罷護東夷校尉官".

104) 『新唐書』卷219, 列傳, 奚 "帝伐高麗 大酋蘇支從戰有功 不數年 其長可度者內附 帝爲置饒樂都督府 … 復置東夷都護府於營州 兼統松漠 饒樂地 置東夷校尉".

105) 『通典』卷200, 邊防 契丹 "窟哥曾孫松漠都督 羈縻松漠都護府屬 今柳城郡".

106) 『舊唐書』卷8, 列傳, 薛仁貴 "顯慶二年 詔仁貴副程名振於遼東經略 破高麗於貴端城 斬首三千級 明年 又與梁建方 契苾何力於遼東共高麗大將溫沙門戰於橫山 仁貴匹馬先入 莫不應弦而倒 高麗有善射者 於石城下射殺十餘人 仁貴單騎直往衝之 其賊弓矢俱失 手不能擧 便生禽之 俄又與辛文陵破契丹於黑山 擒契丹王阿卜固及諸首領赴東都".

107) 『新唐書』卷13, 列傳, 薛仁貴 "顯慶三年 詔副程名振經略遼東 破高麗於貴端城 斬首三千級 明年 與梁建方 契苾何力遇高麗大將溫沙門 戰橫山 仁貴獨馳入 所射皆應弦仆 又戰石城 有善射者 殺官軍十餘人 仁貴怒 單騎突擊 賊弓矢俱廢 遂生禽之 俄與辛文陵破契丹於黑山 執其王阿卜固獻東都".

108) 『資治通鑑』卷200, 唐記, 高宗顯慶5年(660) "四月 … 戊辰 以定襄都督阿史德樞賓 … 各將所部兵以討叛奚 … 以討契丹 擒契丹松漠都督阿卜固送東都".

기사에 의거한다면 阿卜固의 체포시점은 660년의 일로 판단된다.[109] G)
의 '현경초'는 656~658년이라 좁힐 수 있음으로 당이 이굴가에게 좌감
문대장군을 준 것은 적어도 656~658년 사이의 일에 해당하고, 이굴가
의 송막도독으로서의 재직기간도 658년까지로 파악된다. 결국 아복고의
등장은 적어도 659년의 일에 해당함을 알 수 있다.

H-1) 永徽5년(654년) 藏이 靺鞨兵으로 거란을 공격하여 新城에서 싸웠는
데 大風으로 화살이 모두 되돌아오자 거란이 이를 所乘하여 (고려군
은) 크게 패하였다. 거란이 들판에 불을 질러 다시 싸우자 사람이 많
이 죽어 이를 쌓아 무덤을 만들었다. 사자를 보내 告捷하였다.[110]

H-2) 高宗永徽5년(654) … 10월 高麗가 그 將軍 安固를 보내어 高麗·靺
鞨兵을 이끌고 契丹을 공격하였는데, 松漠都督 李窟哥가 騎兵으로
이를 防禦하며 新城에서 싸웠다. ㄱ)때마침 大風이 일어 高麗는 화
살을 쏘아도 바람과 함께 되돌아와 陣中이 어지러웠다(陣亂). ㄴ)契
丹이 그 틈을 타서 斬首 5百級에 말을 7百餘疋이나 얻자 高麗는 敗
走하였다. ㄷ)풀이 마르고 바람이 거세어지자 契丹은 또 들판에 불
을 질러 다그치자 불 바람이 여기저기 흩날렸다. 불에 타죽은 사람
과 말이 많아 契丹은 그 시체 모아 京觀을 쌓았다. 사신을 보내 帝
에게 이를 告하였다.[111]

위는 『신당서』 고려전과 『책부원귀』의 기사로, 이에 관련된 내용은 『삼
국사기』와[112] 『자치통감』[113]에도 기록되어 있는데, H-2)의 『책부원귀』가

---

109) 이재성, 2006, 「'大賀契丹'에 관한 旣存 學說의 批判과 새로운 見解」 『東洋史學
研究』 95, 49쪽.

110) 『新唐書』 卷220, 列傳, 高麗 "永徽五年 藏以靺鞨兵攻契丹 戰新城 大風 矢皆還
激 爲契丹所乘 大敗 契丹火野復戰 人死相藉 積尸而冢之 遣使者告捷".

111) 『册府元龜』 卷995, 外臣部, 交侵 "高宗永徽五年 … 十月 高麗遣其將安固 率高
麗靺鞨兵侵契丹 松漠都督李窟哥發騎兵之 戰于新城 適會大風 高麗放箭 風吹垃
廻 因而陣亂 契丹乘之 斬首五百級獲馬七百餘疋 高麗敗走 草乾風勁 契丹又縱火
迫之 飈焰飛起 燒殺人馬甚衆 契丹聚其屍 築爲京觀 遣使來告捷帝".

112) 『三國史記』 卷22, 高句麗本紀, 寶藏王13年 "冬十月 王遣安固出師及靺鞨兵 擊
契丹 松漠都督李窟哥禦之 大敗我軍於新城".

〈사진 40〉 내몽골 林西縣 시라무렌하 북안에 饒州故城이 있다.

그 내용면에서 가장 자세하다. 먼저 고구려가 장군 安固를 파견하여 말갈병
과 함께 거란을 공격한 것으로, 이굴가가 이를 방어하며 新城에서 싸웠다는
것은 신성이 송막도독 관할 하의 지역에 위치하였던 것으로 판단된다. H-2)
의 ㄱ)기사에서, 신성의 위치를 알 수 있는 중요한 단서가 나온다. 즉 신성
의 주인인 松漠都督 李窟哥가 신성 안에서 고구려군과 맞서 싸우고, 고구려
군은 신성 밖에서 신성을 향해 화살을 쏘았으나 마침 바람이 불어 되돌아왔
다는 것이다. 고구려군은 원정군의 입장이었기 때문에 '城中'이 아닌 '陣中'
즉 '陣亂'이라 표현되어 있으며, 결국 신성의 주인은 거란이라 할 수 있다.

　　H-2) ㄴ)은 고구려군이 城中으로 화살을 쏘았으나 역풍이 불고 거란군이
이 틈을 이용하여 城을 나와 공격하자, 고구려군은 어쩔 수 없이 패주할 수
밖에 없었다는 내용이다. H-2)의 ㄷ)의 상황은 거란이 들판에 불을 질러 미

---

113) 『資治通鑑』 卷199, 高宗永徽5年(654) "高麗遣其將安固將高麗 靺鞨兵擊契丹 松
　　漠都督李窟哥禦之 大敗高麗於新城".

처 도망가지 못한 고구려 군사들을 불태워 죽이고 그 시체로 京觀을 쌓아 이를 당고종에게 보고한 내용이다. 그런데 新城은 보통 고구려의 撫順新城 즉 오늘날 고이산산성과 그 명칭이 동일하여 654년의 신성에 대해 무순신성이라고 하는 주장이 제기되었다.[114]

그러나 고구려군이 그와 같은 피해를 입고 '高麗敗走'라고 기록되어 있지만, 654년의 신성이 무순신성이라면 그곳이 고구려 지역임으로 고구려군이 '斬首 5백급과 말 7백여 필'의 피해를 입었다 해도 그와 같이 '패주'할 필요는 없다. 더구나 참수 5백급에 비해 7백여 필로 말이 더 많은 것도 그렇다. 말이 참수당한 자보다 더 많았다면 그것은 원정군의 입장이기 때문에 그럴 것이다. 결국 이 같은 피해를 입고 고구려군이 '패주하였다'면 654년의 신성이 고구려 지역이 아니라는 말이 된다. 이는 H-2) ㄷ)의 전투 진행상황에서도 증명된다. 즉 거센 바람을 이용하여 불을 지른 쪽이 고구려군이 아닌 거란으로, 이런 상황의 연출은 이 지역 지리에 능숙한 방어자인 거란군이 저지른 행위에 해당한다고 할 수 있다.

다음으로 경관에 대한 문제로, 고구려도 수나라와의 전쟁에 대한 승리를 기념하여 경관을 세운 바가 있는데, 경관은 앞서 본대로 631년 당태종이 장손사를 고구려에 보내 파괴하였다. 이때 고구려의 경관이 어디에 위치하였는지 정확히 알 수 없지만, 그것은 고구려의 영역 안에 세워진 것이 분명하다. 따라서 654년 거란이 고구려군을 죽이고 경관을 쌓은 지역은 고구려 지역이 될 수 없고 송막신성에서만 가능하며, 이 사실을 당고종에게 알렸다는 것도 거란 지역일 경우에만 자연스럽다. 결국 654년 고구려군이 공격한 신성은 '陣中' 즉 '陣亂'과 '高麗敗走', '京觀' 등의 핵심표현 등에서 알 수 있듯이 오늘날 내몽골에 위치한 거란의 松漠新城인 것이 분명하다고 할 수 있다.

이상에서처럼 고구려는 640년대와 650년대를 통하여 당이라는 통일제국에 맞서 이에 굴하지 않고 영주 및 영주 이북의 거란 지역 등으로 적극 진출

114) 姜維東, 2001, 『唐麗戰爭史』, 吉林文史出版社, 144쪽.

하였다. 고구려는 일종의 인후부에 해당하는 영주 일대를 당이 고구려로 통하기 위해 꼭 거쳐야 하는 지역으로 예의주시하였던 것이다. 그것은 고구려가 644년 전반기에 영주 일대를 선제 타격한 것으로 나타났고, 또 650년대에 토호진수와 송막신성전을 벌였던 배경으로 나타났다. 640년대와 650년대 고구려와 당의 전쟁 중심에는 언제나 영주와 그 북방 일대의 거란과 해 등 이민족이 일정하게 작용하였던 것이다.

3. 650年代 高句麗와 赤烽鎭戰

당은 658년 고구려의 赤烽鎭에 침공하였다. 적봉진전은 658년 6월에 영주도독 겸 동이도호인 程名振 등이 적봉진을 공격하자, 고구려는 대장 豆方婁에게 3만이라는 군사를 보내 이를 지원하게 하였으나 정명진이 거란군으로 역습을 가해 2천5백 명이 참수당하는 패배를 고구려가 당하였다는 것이다. 고구려의 3만 대군이 지원되었다는 점에서 적봉진이 對唐 전략상 매우 중요한 지역임에는 틀림없다고 할 수 있다.[115] 그렇다면 여기서 적봉진전에 관한 원문을 검토하여 보자.

> I-1) 6월 壬子에 程名振이 高麗와 赤烽鎭에서 싸워 패하였다.[116]
>
> I-2) 顯慶3년 6월 營州都督 겸 東夷都護 程名振과 右領軍郎將 薛仁貴가 병사를 이끌고 高麗의 衆烽鎭을 공격하여 곧 함락시켰다. 斬首가 4百餘級이고 生擒이 首領以下 百餘人이었다. 그런데 高麗가 그 大將 立方婁를 보내 3萬人을 이끌고 官軍에 항거하자 名振은 契丹兵을 이끌고 逆擊을 하여 크게 파하였다. 마침내 북으로 20여 리를 쫓아가 2千5百級을 斬首

---

115) 668년 2월에 부여성이 설인귀 등에 의해 함락되자 남건이 군사 5만을 보내 구원한 것과 비교하여도 고구려군 3만을 보낸 적봉진전의 위상을 알 수 있다.
116) 『新唐書』 卷3, 本紀, 高宗, 顯慶3년(658) "六月壬子 程名振及高麗戰于赤烽鎭 敗之".

하였다.117)

　I-3) 6월 營州都督 겸 東夷都護 程名振과 右領軍中郎長 薛仁貴가 高麗의 赤
　　　烽鎭을 공격하여 함락시켰다. 斬首가 4百餘級이고 捕虜는 百餘人이다.
　　　高麗가 그 大將 豆方婁를 보내 3萬을 이끌고 항거하였지만 名振이 契丹
　　　으로 逆擊해 크게 파하였다. 斬首가 2千5百級이었다.118)

　이상은 『신당서』 본기와 『책부원귀』, 『자치통감』등의 순서로 들고
있는데, 『구당서』 본기와 『삼국사기』에서는 赤烽鎭戰에 관한 기사가 없
으므로 『신당서』 본기가 적봉진 전투에 관한 최초의 출전이라 할 수 있
다. 그런데 赤烽鎭의 표기는 宋刻殘本 『책부원귀』에서는 '去烽鎭'으로,
明刻本 『책부원귀』에서 '衆烽鎭'으로 되어 있으며 『자치통감』에는 '赤
烽鎭'으로 되어 있음을 알 수 있다. 赤烽鎭에 관한 가장 이른 시기의 출
전인 『신당서』에 '赤烽鎭'으로 나와 있어 그 표기는 '赤烽鎭'이 맞을 것
으로 생각된다.

　이제 위 기사에 나와 있는 적봉진전을 구체적으로 살펴보면 658년 6
월에 程名振과 薛仁貴가 고구려의 적봉진을 공격하자, 大將 豆方婁에게
3만의 군사를 보내 이를 지원하게 하였으나 정명진이 거란군으로 역습
을 가해 2천5백 명이 참수당하는 패배를 고구려가 당하였다는 것이다.
결국 赤烽鎭戰은 고구려군 5백여 명과 그 수령이 지휘하는 '적봉진공방
전'과 두방루가 지휘하는 3만의 고구려군과 정명진당군·거란군이 참여
하는 '적봉진구원전'으로 2원화되어 있다는 것을 알 수 있다. 이는 마치
645년 '안시성구원전'에서 고구려의 高延壽와 高惠眞이 15만의 병사를

---

117) 『册府元龜』 卷986, 外臣部, 征討 "顯慶三年六月 營州都督兼東夷都護程名振 右
　　領軍郞將薛仁貴率兵攻高麗之衆烽鎭 即拔之 斬首四百餘級 生擒首領以下百餘人
　　俄而高麗遣其大將立方婁率衆三萬人來拒官軍 名振率契丹兵逆擊 大破之 逐北二
　　十餘里 斬首二千五百級".

118) 『資治通鑑』 卷200, 唐紀, 高宗顯慶3年(658) "六月 營州都督兼東夷都護程名振
　　右領軍中郞長薛仁貴將兵攻高麗之赤烽鎭 拔之 斬首 四百餘級 捕虜百餘人 高麗
　　遣其大將豆方婁帥衆三萬拒之 名振以契丹逆擊 大破之 斬首 二千五百級".

이끌고 당태종과 대결하다가 2만여 명이 참수당하는 경우와 비교된
다.119) 645년의 '안시성구원전'과 비교하면 '적봉진공방전'의 피해가
"참수가 4백여 급이고 생포가 首領이하 1백여 인"이라면 적봉진은 생각
보다 그리 크지 않은 작은 규모의 鎭城일 것이다. 즉 諸橋轍次의 『大漢和
辭典』 해석을 의거한다면 赤烽鎭의 '鎭'은 '要害地', '屯營'의 뜻을 가지
고 있다고 할 수 있다. 그러면서 赤烽鎭의 '烽'字는 적봉진의 위치 판정
에 도움을 준다. 이와 관련하여 다음의 사료를 보자.

> J) 朕이 白狼의 오른쪽을 경유한 연후에 玄菟之城을 親巡할 것이다. … 4
> 월 戊戌朔에 李勣軍은 通定으로부터 遼水를 건너 玄菟에 이르자 所經
> 의 烽戍가 모두 내려졌다. 高麗는 크게 놀라 城邑의 各門을 닫고 敢히
> 나오지 못했다.120)

위 기사 내용에서, '白狼之右'는 '契丹在白狼之東'121)과 '觀兵玄菟
問罪白狼'122)과 같이 '白狼'은 대릉하를 지칭하는데, 唐代 묘지명에 '白
狼'을 보통 고구려 지역으로 인식하는 경우가 많이 나타나고 있다. J)의
'白狼之右'도 마찬가지인데, 위 『책부원귀』 기사에서 구체적인 전투내
용은 645년 4월 이세적이 통정진을 통해 요하 북로를 건너 현도로 침공
하는 과정을 그리고 있는 것이다. 그런데 여기에 烽戍라는 표현이 나와
주목되는 것이다. 『說文解字』에 의하면 烽燧는 "邊有警 則擧火也"로 풀
이되어 있어, 봉화 불로 변경의 위급한 상황을 지휘부에 알리는 기능을
가지고 있다. 즉 '烽'은 밤에 올리는 횃불이고 '燧'는 낮에 올리는 연기

---

119) 『資治通鑑』 卷198, 唐紀, 太宗貞觀19年(645) "高麗北部褥薩延壽 惠眞帥高麗 靺
     鞨兵十五萬救安市 … 高麗兵大潰 斬首二萬餘級".
120) 『册府元龜』 卷117, 帝王部, 親征 "朕然後經塗白狼之右 親巡玄菟之城 … 四月戊
     戌朔 李勣師自通定濟遼水 至玄菟 所經烽戍皆下之 高麗大駭 城邑各閉門不敢出".
121) 阿史那忠墓誌銘(周紹良 主編, 2000, 『唐代墓誌彙編』, 上海古籍出版社)
122) 尉遲敬德墓誌銘(周紹良 主編, 2000, 『唐代墓誌彙編』, 上海古籍出版社)

라는 것이다.

따라서 J)의 기사에서 당군이 현도로 진입하는 과정에서 烽燧가 모두 내려졌다는 사실은 고구려에서도 봉수제도가 이미 상당하였음을 알 수 있다. 또 赤烽鎭에서 '峰'字가 아니고 '烽'字로 표기되어 있다는 점은 적봉진이 봉수기능을 갖춘 고구려의 鎭城으로 판단할 수 있는 근거가 된다. 『태평어람』에 "봉화는 외따로 산정상에 위치하여 강을 끼고 1백리 혹은 50리, 30리를 조망한다"[123)라는 기사를 검토하여도, 적봉진은 하천을 끼고 주변지역보다 높은 곳에 위치하였을 것으로 보인다. 또 북로길은 통정진~현도로 이어 지고 있기 때문에,[124) J)기사에서 '玄莬'가 나오는 것 등을 고려하면 적봉진은 요하도하 북로에 있었다고 판단된다.

한편 다음 두 가지 사항도 지적할 수 있다. 즉 먼저 I-2)의 기사를 통하여 적봉진에서 '首領'이 존재하였음을 확인할 수 있다. 물론 고구려에서 수령의 유무확인은 위 적봉진전 기사이외에도 泉獻誠墓誌銘에 "首領冉有"가, 『책부원귀』에서는 "高麗大首領高定傅"[125) 등에서도 확인이 된다. 『유취국사』에 나오는 首領은 8세기초 발해의 상황을 나타내고 있는데,[126) 唐代의 자료에 나오는 수령은 '이민족의 우두머리' 또는 '이민족이 살고 있는 지역의 在地 세력가'를 지칭하고 있다. 이 경우 같은 수령이라 하더라도 그 세력의 대소에 따라 대수령과 수령으로 불리었을 것이다.[127)

다음으로 보통 당군이 요동지역을 공격하였을 때에는 '濟遼水', '渡遼水', '渡遼' 등으로 요하를 건넌 사실을 기록하고 있지만, I-1), I-2), I-3)

---

123) 『太平御覽』卷335, 兵部 "烽火以置於孤山頭 緣江相望 或百里 或五十里 或三十里".
124) 王綿厚·李健才, 1990, 『東北古代交通, 瀋陽出版社, 140~152쪽.
125) 『册府元龜』卷964, 外臣部, 封册 "玄宗先天二年(713年)二月 拜高麗大首領高定傅爲特進".
126) 『類聚國史』卷193, 殊俗部 "大村曰都督 次曰刺史 其下百姓皆曰首領".
127) 김동우, 2006, 「渤海 地方 統治 體制 研究」, 고려대 박사학위논문, 36쪽.

〈사진 41〉 요녕성 新民에 있는 高台山遺址

의 기사에서 658년 6월 당군이 요하를 건넜다는 사실이 없는 것이다. 이 럼 점을 보아 적봉진이 요하 동쪽지역에 위치하였다고 보기 어렵다.

　이상의 사실을 종합한다면 적봉진은 요하도하 北路에 있는 고구려의 鎭城이며 구체적으로는 요하 서쪽과 의무려산 이동의 어느 지역에 위치하 였을 것이다. 다시 말해 적봉진은 요하 서쪽의 북로에 위치하여 북로 즉 新城路를 통해 현도와 신성 등 고구려 북부로 침공하려는 당과 거란군을 막는 고구려의 최전방 부대였다고 판단된다. 아울러 I-2), I-3)의 기사에서 확인되는 것처럼 적봉진의 규모는 수령이 고구려군 5백여 명을 거느리고 있는 정도라고 생각된다. 그렇지만 적봉진은 고구려군 3만군이 지원될 만 큼 對唐戰略上 매우 중요한 지역에 위치하고 있었음에는 틀림없다.

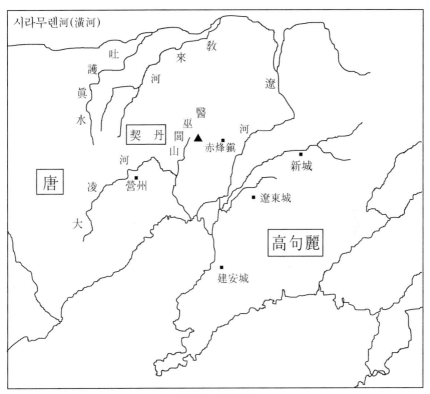

〈지도 5〉 唐代의 遼西

제7장

結　論

이상 각 장에서 기술된 내용을 중심으로 하여 결론에 대신하고자 한다. 우선 기원후 49년 慕本王이 주체가 되어 右北平, 漁陽, 上谷, 太原 등지를 원정하였다는 기록이 『삼국사기』에 나온다. 이에 비해 『후한서』에서는 원정의 주체가 '遼東徼外貊人' 또는 '句驪'로 나와 있는 점을 주목하였다. 구려는 『한서』지리지에 '句驪蠻夷'로 가장 먼저 나온다. 기원전 107년 이전부터 구려는 존재하고 있었다고 볼 수 있다. 즉 요동 요외맥인 또는 구려는 주몽의 고구려라고 볼 수 없게 된다. 구려는 주몽의 고구려에 앞선 原高句麗人이었을 것이다. 기원전 107년 이전부터 존재해왔던 구려의 주도에 의해 49년 우북평, 어양, 상곡, 태원 등 요서 원정이 이루어진 것이다. 물론 그렇다고는 하여도 49년 원정은 주몽 고구려인들도 동조하는 汎貊人系, 汎高句麗人에 의해 이루어진 것으로 보다 엄밀히 말하면 약탈전적인 성격의 원정으로 이해된다.

다음으로 『후한서』교현전에 "高句驪의 嗣子 伯固"는 고구려의 新大王으로 166년부터 167년 사이에 신대왕이 선비 및 남흉노와 함께 후한의 변경을 공격하자 환제가 橋玄을 度遼將軍으로 삼아 이를 물리쳤다는 기사가 나온다. 『후한서』본기에서의 '濊貊'은 고구려로서, 168년에 고구려의 신대왕이 鮮卑와 함께 오늘날 북경 일대인 幽州와 幷州를 원정하였다는 것으로 해석할 수 있다. 166년부터 168년 사이의 원정은 요서지역에서 선비라는 이민족의 발흥과 맞물려 신대왕이 원정을 통해 자신의 취약한 정치적 기반을 타파하려는 것과 약탈전을 통해 부족한 물자를 보충하려는 고대전쟁의 특성이 복합적으로 깔린 원정이라 판단된다.

광개토왕비의 395년조에서 稗麗와 관련하여는 먼저 鹽水를 주목하였다. 『진서』 동이전에 나오는 '裨離國'이 서요하의 서쪽일대에 있었다면 염수는 池鹽으로 내몽골 科爾沁沙地 일대에 있었다고 판단된다. 395년에 이루어진 광개토왕이 패려정벌은 고구려가 이 지역을 원정하여 영역을 지배하기 위한 목적보다도 '우마군양'의 획득에 더 많은 목적이 있지 않나 한다. 우마군양의 획득으로 광개토왕은 이후의 정복활동에 더욱 탄력을 받게 된다.

후연이 395~397년 사이에 參合陂戰 등을 통해 북위군에게 약탈당한 '器甲輜重 軍資雜財十餘萬計', '兵甲糧貨以鉅萬計', '器仗輜重數十萬計', '袍仗 兵器數十萬'의 내용은, 광개토왕비 407년조의 '所獲鎧鉀一萬餘領 軍資器械不可稱數'와 비교된다.

『위서』 태조기와 『자치통감』에 나오는 395~397년 사이의 북위에 약탈당한 후연의 '器甲輜重 軍資雜財十餘萬計', '兵甲糧貨以鉅萬計', '器仗輜重數十萬計', '袍仗 兵器數十萬'을 분석하여 보면, 후연이 보유한 무기종류는 '器甲', '兵甲', '器仗', '袍仗', '輜重', '兵器' 등이다. 기타 군수품에 대해서는 '軍資雜財', '糧貨' 등으로 나오고 있으며, 그 수량에 대해서는 '數十萬計', '十餘萬計', '數十萬', '鉅萬計' 등이 있다. 이를 407년조의 '所獲鎧鉀一萬餘領 軍資器械不可稱數'와 비교하면, 『위서』 태조기와 『자치통감』의 '器甲', '兵甲'은 407년조의 '鎧鉀'과 對比되고 '軍資雜財'는 '軍資器械'와 대비되며 '數十萬計', '十餘萬計', '數十萬' 등은 '不可稱數'와 '鉅萬計'는 '一萬餘領'과 대비된다는 점이다. 따라서 이상의 사실과 '兵甲'과 '鎧鉀' 그리고 '鉅萬計'와 '一萬餘領' 등을 비교한다면 407년조에 해당하는 국가는 후연일 수밖에 없다.

장수왕대 고구려의 요서진출은, 436년 3월 북위가 기병 1만을 출병하여 4월 북연의 백랑성을 공격한 데서 출발하였다. 고구려군도 葛盧孟

光을 필두로 和龍에 출병하여 무기고를 탈취하고 미녀를 약탈하였다. 이처럼 고구려군이 점령군의 모습을 보이고 있다는 사실은, 단순히 고구려가 북연을 도와주러 왔다기보다는 고구려군의 자체 필요에 의해 출동한 것임을 보여 준다.

고구려와 북위는 437년 3월을 기점으로 하여 전후처리의 하나로 남겨져 있었던 북연 영토 문제를 매듭지었다. 고구려는 북연 국도인 화룡과 대릉하 하류 이서 지역에 대한 북위의 영유를 인정하고 북위는 고구려의 대릉하 하류 이동 지역에 대한 영유를 인정하는 것이다. 이는 437년 2월 고구려의 사신 파견, 북위 태무제의 유주 순방과 437년 3월 화룡 鎭戍, 444년 화룡성에 '營州'를 설치하고 그 관할 하에 6군과 14현을 둔 점이다. 고구려가 대릉하 하류 이동을 영유하였던 흔적은 武厲邏라는 고구려성이 요하 이서에 위치한 것에서도 짐작된다. 고구려는 대릉하 하류 이동과 요하 이서 사이를 대북위 전진기지로 삼아 군사지역(Military Zone)화하였을 것이며, 이는 수나라와 당의 침공 때까지도 이어졌다고 생각된다.

최근 요서 의현지역에서 발견된 고구려불상 광배에 나타난 '大高句麗國'이라는 명문도 주목된다. 의현 고구려 금동불상은 '高麗'라는 국호가 아닌 '大高句麗國'으로 명기가 되어 있다. 의현 고구려 금동불상과 불교조각 양식상 거의 유사한 연가칠년명 금동불상의 제작연대가 479년까지 제시된다면 의현 고구려 금동불상의 제작연대도 469년일 수밖에 없다. 더구나 연가칠년 금동불상과 의현 고구려 금동불상의 뒷면에 새겨진 명문의 書體도 거의 유사하다. 즉 두 불상의 명문에서 공통적으로 보이는 글자 중에 '高', '麗', '師徒'字가 유사한데 특히 '師徒'는 한 사람이 쓴 것 마냥 착각을 일으킬 독특한 書法을 보이면서도 유사하다.

따라서 의현 고구려 금동불상의 연대는 연가칠년명이 양식기준상

479년이라는 상한연대와 뒷면에 새겨진 서체 등을 종합하여 고려할 때에 의현 고구려 금동불상에 나오는 명문의 己酉年은 469년으로 귀결될수 있다. 의현 불상에서 연가칠년명 불상에 없는 '대고구려'라는 국명의 사용은 장수왕대 의현을 비롯한 요서지역에 대한 고구려인들의 자부심에 대한 발로라고 생각된다. 이는 436년 장수왕의 북연국도 화룡에 진출하여 고구려의 국력 및 세력이 요서지역 의현까지 발현되어 그로부터 30여년이 흐른 469년에도 의현이 위치한 대릉하 하류 연안에 의연히 존재하고 있음을 증명한다고 할 수 있다. 의현 고구려 금동불상 명문등에서 알 수 있듯이 북연멸망 이후 고구려와 북위는 요하 서쪽의 자연계선인 대릉하 하류 左岸과 右岸 및 의무려산을 경계로 대치하였다고 판단할 수 있다.

장수왕 재위 후반기인 479년에 고구려는 유연과 함께 地豆于瓜分을 도모하며 서북 지역에 대한 관심을 나타냈다. 유연이 479년 8월과 11월 북위를 공격하자 고구려는 막불하물우 거란을 원정하였다. 이는 고구려가 오늘날 시라무렌하와 노합하가 만나는 지역까지 진출한 것을 말해준다. 고구려가 유연과 함께 지두우를 과분하려 하고 막불하물우 거란을 원정한 정치적 의미는, 유연과 동조하며 북위를 견제하고 물길 등의 세력이 북위와 연결되는 것을 막으려는 의도가 있었다. 또한 경제적으로는 광개토왕이 패려를 정벌하여 수많은 우마군양을 얻은 것과 마찬가지로 지두우에서 산출되는 소, 말, 양 등에 대한 실리적 목적도 분명히 있었다.

581년과 582년 사이에 고구려는 당시 거란을 기미지배하던 돌궐의 利稽察을 공격하였다. 돌궐이 고보녕사건에 개입하여 수와의 대결에 집중한 틈을 타 고구려가 요서지역 거란의 향배를 놓고 돌궐과 대립하여 돌궐 세력을 공격한 것이다. 고구려는 598년 2월 영양왕이 직접 말갈기병 1만여 명을 동원하여 요서를 선제타격하였다. 598년 영양왕의 공격은 395년 광개토왕의 패려원정 이후 200여년 만에 처음 이루어지는 요서지역에 대한 친정이라는 의미와 함께, 고구려군 3만이 투입되는 475년 백제 한성 공함전 이후 120여 년 만에 이루어지는 국왕의 친정이라는데 의의가 있다.

612년 1월과 614년 2월 수양제가 내린 조서에서 고구려가 群聚하였다는 遼碣은 요하와 갈석 사이를 지칭한다. 또 "거란과 말갈과 어울려 요서를 침범하였다."고 한 점 등은, 598년 이후 고구려군이 난하 일대까지 진격한 것으로 판단된다. 이러한 배경에는 598년 1차적으로 전염병 등의 창궐로 인하여 수나라 군대가 자멸하고 고구려군의 군사역량이 요동지역에서 온전히 보존되었기에 그것이 가능하였다고 분석된다.

604년 7월 수문제가 죽고 호전적인 수양제가 등극하면서 동아시아 정세는 급변하였다. 고구려는 수양제의 612년, 613년, 614년 등 3차례에 걸친 침공을 성공적으로 방어하며 615년 대릉하 하류 서안의 汝羅故城을 공격하였다. 여라고성 공격은 612년 무려라가 함락된 이후에도 고구려군이 요서에 진격하였음을 보여 주는 흔치 않는 사례에 해당한다.

수나라가 고구려를 침공하게 된 가장 큰 원인은 '侵軼遼西'와 '侵軼我城鎭'이었고 그것이 '問罪遼碣'로 이어졌다고 분석된다. 더 나아가 요동 등 고구려 영토에 대한 침탈보다도 요서의 유목민족에 대한 지배력 확보와 고구려의 굴복 확인에 있었던 것이다. 고구려에서 이러한 수의 압박을 물리치고 요서로 진격한 배경에는 영양왕이 존재하였다. 이런 점에서 영양왕은 광개토왕과 비견될 수 있는 인물에 해당한다. 다만 광개토왕은 중국이 분열하였을 때 원정활동을 하여 고구려군의 기세를 드높였지만, 영양왕은 중국의 통일제국인 수에 맞서 당당히 요서로 진격하였다는 점에서 그 역사적 의의가 있다.

640년대 당의 고구려 침공은 631년 京觀파괴 사건으로부터 시작되었다. 645년 당태종의 본격적인 침공에 앞서 644년에 고구려가 요서지

역 營州 일대를 선제 타격하여 당침공의 기선을 잡으려 했다. 영주도독
겸 동이도호인 張儉이 나섰다는 것은 결국 고구려의 공격 목표가 영주
일대임을 시사한다. 장검이 그 선봉대 격으로 요동을 공격하려다 장마
로 요하에 멈춘 것이 644년 7월임으로 고구려군의 영주 일대 선제 타격
은 644년 전반기의 일로 판단된다.

653년에 고구려군이 吐護眞水 즉 오늘날 내몽골의 老哈河 지역까지
진출하였다. 토호진수에 진출하고 있던 고구려군이 당의 辛文陵이 방비
를 하지 않은 틈을 타 이들을 습격하였다. 고구려군의 습격을 받은 당의
신문릉은 위대가와 설인귀의 구원 끝에, 고구려군이 물러갔다. 토호진
수전은 653년 2월부터 9월 사이에 발생된 것으로 판단된다. 653년에 고
구려군이 토호진수, 오늘날 노합하 지역까지 진출하였던 배경은 토호진
수 주변의 해 및 거란 등 유목민족과 연대하여 당을 견제하려 했던 것
으로 판단된다.

654년 고구려는 거란의 新城을 공격하였다. 송막도독 이굴가가 이를
방어하며 신성에서 싸웠다는 것은 신성이 송막도독 관할 하에 위치하였
음을 말해 준다. 고구려군이 遠征軍의 입장이었기 때문에 '城中'이 아
닌 '陣中' 즉 '陣亂'이라 표현된 점을 보아도 신성의 주인은 거란이라
할 수 있다. 또 654년 거란이 고구려군을 죽이고 京觀을 쌓은 지역은
이치상 고구려의 영역이 될 수 없고 거란지역에서만 가능하다. 654년
고구려군이 공격한 신성은 그 '陣亂'과 '高麗敗走', '京觀' 등의 핵심표
현 등에서 알 수 있듯이 오늘날 내몽골에 위치한 거란의 松漠新城인 것
이 분명하다.

당은 658년 고구려의 赤烽鎭에 침공하였다. 적봉진전은 658년 6월에
영주도독 겸 동이도호인 程名振 등이 적봉진을 공격하자, 고구려는 대
장 豆方婁에게 3만이라는 군사를 보내 이를 지원하게 하였으나 정명진
이 거란군으로 역습을 가해 2천5백 명이 참수당하는 패배를 고구려가

당하였다는 것이다. 고구려의 3만 대군이 지원되었다는 점에서 적봉진이 對唐 전략상 매우 중요한 지역임에는 틀림없다고 할 수 있다. 적봉진은 요하도하 北路에 있는 고구려의 鎭城이며 구체적으로는 요하 서쪽과 의무려산 이동의 어느 지역에 위치하였을 것이다. 적봉진은 요하 서쪽에 위치하여 북로 즉 新城路를 통해 현도와 신성 등 고구려 북부로 침공하려는 당과 거란군을 막는 고구려의 최전방 부대였다고 판단된다.

이상이 고구려의 요서진출에 관한 내용이다. 이를 정리하면 다음과 같다. 고구려의 국가형성 초기부터 4세기 전반까지 수차례에 걸친 요서진출은, 고구려가 요동을 완전히 확보하기 이전에도 요서로 적극 진출하였음을 단적으로 보여 주었다. 이것은 요서지역 주변의 諸族과 연계할 수 있는 상황에서 나온 점이기도 하다. 반면 광개토왕 이후 요서진출은 고구려의 자체 역량과 의도에 의해 요서지역으로 진출하는 특징을 보여 주었다. 장수왕대에 와서 고구려는 요서진출의 최성기를 맞았다. 수와 당의 침략시기에는 전쟁의 전략적 측면에서 요서로 진출한 경우가 많았다. 그런 면에서 고구려의 705년 역사에서 요서진출이 주는 가치는 요동의 확보와 안전을 보다 공고히 하기 위하여 요서로 진출하였다는 의미가 크다. 그렇기 때문에 고구려는 국가의 안전과 발전을 위해 요서로 적극 진출할 수밖에 없었다.

따라서 요서는 중원대륙의 화북 지역과 요하 이동의 요동지방을 연결하는 중간지대로 동아시아사에 있어 인후지대와 같은 역할을 하였다고 할 수 있다. 즉 중원대륙의 제세력이 요동지역으로 나아가기 위해서 반드시 거쳐야 하는 땅이 요서지역이었고, 반면에 요동의 제세력이 중원지역으로 진출하기 위해서 또 거쳐야 하는 곳도 요서였다. 이런 면에서 기원후 동아시아사에 있어 고구려가 요동지방에 웅거한 국가로서 요서로 진출한 최초의 국가라는 의미도 아울러 지니게 되는 것이다.

〈表〉史料로 본 高句麗의 遼西進出

年度	主要語	主要內容	主要出典
12	皆亡出塞 遼西大尹	莽發高句驪兵 州郡歸咎於高句 驪侯騶 高句驪爲下句驪 發句驪兵以伐匈 奴 誘驪侯騶入塞 貊人寇邊愈甚	『漢書』卷99, 王莽傳 "莽發高句驪兵 當伐胡 不欲行 郡强迫之 皆亡出塞 因犯法爲寇 遼西大尹田譚追擊之 爲所殺州郡歸咎於高句驪侯騶 嚴尤奏言 貊人犯法 不從騶起 正有它心 宜令州郡且慰安之 今猥被以大罪 恐其遂畔 夫餘之屬必有和者 匈奴未克 夫餘穢貊復起 此大憂也 莽不尉安 穢貊遂反 詔尤擊之 尤誘高句驪侯騶至而斬焉 傳首長安 莽大說 下書曰 乃者 命遣猛將 共行天罰 誅滅虜知 分爲十二部 或斷其右臂 或斬其左腋 或潰其胸腹 或紬其兩脅 今年刑在東方 誅貉之部先縱焉 捕斬虜騶 平定東城 虜知殄滅 在于漏刻 此乃天地羣神社稷宗廟佑助之福 公卿大夫士民同心將率虓虎之力也 予甚嘉之 其更名高句驪爲下句驪 布告天下令咸知焉 於是 貉人愈犯邊 東北與西南夷皆亂云" 『後漢書』卷85, 東夷列傳, 高句驪 "王莽初 發高句驪兵以伐匈奴 其人不欲行 彊迫遣之 皆亡出塞爲寇盜 遼西大尹譚追擊 戰死 莽令其將嚴尤擊之 誘高句驪侯騶入塞 斬之 傳首長安 莽大說 更名高句驪王爲下句驪侯 於是 貊人寇邊愈甚 建武八年 高句驪遣使朝貢 光武復其王號"
49	句驪寇 右北平	遼東徼外貊人 寇右北平 漁陽 上谷 太原	『後漢書』高句驪傳 "二十五年春 句驪寇右北平 漁陽 上谷太原 而遼東太守祭肜以恩信招之 皆復款塞" 『後漢書』卷1, 光武帝紀 "二十五年 春正月 遼東徼外貊人寇右北平 漁陽 上谷 太原 遼東太守祭肜招降之 烏桓大人來朝"
55	遼西 十城	以備漢兵	『三國史記』卷15, 高句麗本紀, 大祖大王 "三年 春二月 築遼西十城 以備漢兵"
166 ~ 168	高句驪 嗣子 伯固	爲寇鈔 滅貊寇幽并二州 在職三年 邊境安靜	『後漢書』卷51, 橋玄傳 "桓帝末 鮮卑 南匈奴及高句驪嗣子伯固並畔 爲寇鈔 四府擧玄爲度遼將軍 假黃鉞 玄至鎭 休兵養士 然後督諸將守討擊胡虜及伯固等 皆破散退走 在職三年邊境安靜" 『後漢書』卷8, 孝靈帝紀 "建寧元年 … 十二月 鮮卑及濊貊寇幽并二州"
319	三國 進攻 棘城	我將如孥據于河 城 歸于棘城 東夷校尉崔毖 三國伐庞 於是三國攻棘城	『三國史記』卷17, 高句麗本紀, 美川王 "二十年 冬十二月 晉平州刺史崔毖來奔 初崔毖陰說我及段氏 宇文氏 使共攻慕容廆 三國進攻棘城 廆閉門自守 獨以牛酒 犒宇文氏 二國疑宇文氏 與廆有謀 各引兵歸 宇文大人悉獨官曰 二國雖歸 吾當獨取之 廆使其子皝與長史裵嶷 將精銳爲前鋒 自將大兵繼之 悉獨官大敗 僅以身免 崔毖聞之 使其兄子燾 詣棘城僞賀 廆"

年度	主要語	主要內容	主要出典
			臨之以兵 熹懼首服 庵乃遣熹歸 謂慈曰 降者上策 走者下策 也 引兵隨之 慈與數十騎 棄家來奔 其衆悉降於庵 庵以其子 仁鎭遼東 官府如里 安堵與故 我將如孚據于河城 庵遣將軍張 統 掩擊擒之 俘其衆千餘家 歸于棘城 王數遣兵寇遼東 慕容 庵遣慕容翰 慕容仁伐之 王求盟 翰仁乃還"
			『晉書』卷108, 載記, 慕容庵 "時平州刺史 東夷校尉崔慈自 以爲南州土望 意存懷集 而流亡者莫有赴之 慈意庵拘留 乃陰 結高句麗及宇文 段國等 謀滅庵以分其地 太興初 三國伐庵 庵曰 彼信崔慈虛說 邀一時之利 烏合而來耳 旣無統一 莫相 歸伏 吾今破之必矣 然彼軍初合 其鋒甚銳 幸我速戰 若逆擊 之 落其計矣 靖以待之 必懷疑貳 迭相猜防 一則疑吾興慈謀 而覆之 二則自疑三國之中與吾有韓魏之謀者 待其人情沮惑 然後取之必矣 於是三國攻棘城 庵閉門不戰 遣使送牛酒以犒 宇文 大言於衆曰 崔慈昨有使至 於是二國果疑宇文同於庵也 引兵而歸 宇文悉獨官曰 二國雖歸 吾當獨兼其國 使用人爲 盡衆逼城 連營三十里 庵簡銳士配就 推鋒於前 翰領精騎爲奇 兵 從旁出 直衝其營 庵方陣而進 悉獨官自恃其衆 不設備 見 庵軍之至 放率兵距之 前鋒始交 翰已入其營 縱火焚之 其衆 皆震擾 不知所爲 遂大敗 悉獨官僅以身免 盡俘其衆 於其營 候獲皇帝玉璽三紐 遣長史裴嶷送于建鄴 崔慈懼庵之仇己也 使兄子熹僞賀庵 會三國使亦至請和 日 非我本意也 崔平州教 我耳 庵將熹示以圍之處 臨之以兵 日 汝叔父教三國滅我 何以詐來賀我乎 熹懼 首服 庵乃遣熹歸說慈曰 降者上策 走 者下策也 以兵隨之 慈與數十騎家室奔于高句麗 庵悉降其衆 使熹及高瞻等于棘城 待以賓禮 明年 高句麗寇遼東 庵遣衆擊 敗之 裴嶷自建鄴 帝遣使者拜庵監平州諸軍事 安北將軍 平 州刺史 增邑二千戶 尋加使持節 都督幽州東夷諸軍事 車騎將 軍 平州牧 進封遼東郡公"
391	北伐 契丹	本國陷沒民□ 一萬而歸	『三國史記』卷18, 高句麗本紀 廣開土王 "伐契丹 虜男女五 百□ 又招諭本國陷沒民□一萬而歸"
395	牛馬 群羊 不可 稱數	稗麗不□□人躬 率住討	廣開土王碑 "樂五年歲在乙未王以稗麗不□□人躬率住討過 富山負山至鹽水上破其三部洛六七百營牛馬群羊不可稱數於是 旋駕因過襄平道"
402	宿軍	高句麗攻宿軍 燕平州刺史慕容 歸 棄城走	『三國史記』卷18, 高句麗本紀 廣開土王 "遣兵攻宿軍 燕平 州刺史慕容歸 棄城走" 『資治通鑑』卷112, 安帝元興元年 "月 … 高句麗攻宿軍 燕 平州刺史慕容歸 棄城走"

年度	主要語	主要內容	主要出典
404	燕郡	高句驪寇燕郡 殺略百餘人	『晋書』卷124, 載記, 慕容熙 "高句驪寇燕郡 殺略百餘人" 『三國史記』卷18, 高句麗本紀, 廣開土王13年 "十一月 出師 侵燕" 『資治通鑑』卷113, 安帝元興3年 "二月 … 高句麗侵燕"
407	所獲 鎧鉀 一萬 餘領	軍資器械不可稱數	廣開土王碑 "七年丁未敎遣步騎五萬□□□□□□□□□師□□合戰斬煞蕩盡所獲鎧鉀一萬餘領軍資器械不可稱數還破沙溝城□城"
436	龍城 萬戶東徙	高麗使其大將葛蔓盧以步騎二萬人迎文通 句麗將葛居孟光率衆數萬 魏軍追至遼水不擊	『魏書』卷4, 世祖紀, 太延2年 "未 平東將軍娥淸 安西將軍古弼 率精騎一萬討馮文通 平州刺史元嬰又率遼西將軍會之 文通迫急 求救於高麗 高麗使其大將葛蔓盧以步騎二萬人迎文通" 『十六國春秋』北燕錄, 馮宏傳 "宏字文通跋之季弟 … 句麗將葛居孟光率衆數萬隨楊伊來迎宏於臨川 尙書令郭生因民之憚遷開門而引魏軍 魏軍疑而不赴 生遂勒衆攻宏 宏引句麗兵入自東門 與生戰於闕下 生中流矢卒 句麗軍旣入城 取武庫甲以給其衆 城內美女皆句麗軍人所掠 五月乙卯宏率龍城萬戶東徙 焚燒宮殿火一旬不絶 令婦人被甲居中 楊伊等勒精兵於外而居 光率騎後殿方軌而進 前後八十餘里 魏軍追至遼水不擊而還"
479	地豆于 以分之	高句麗竊與蠕蠕謀 莫弗賀勿于 止於白狼水東	『魏書』卷100, 列傳, 契丹 "和三年 高句麗竊與蠕蠕謀 欲取地豆于以分之 契丹懼其侵軼 其莫弗賀勿于率其部落車三千乘 衆萬餘□ 驅徙雜畜 求入內附 止於白狼水東"
479	後魏時 高麗所侵	高麗 蠕蠕所侵 潢河之西 土河之北 莫弗賀勿于畏高麗	『隋書』卷84, 列傳, 契丹 "後魏時 爲高麗所侵 部落萬餘□求內附 止于白貔河 其後爲突厥所逼" 『遼史』卷32, 營衛志 "首八部爲高麗 蠕蠕所侵 僅以萬□附于元魏 … 潢河之西 土河之北 奇首可汗故壤也 … 元魏末莫弗賀勿于畏高麗 蠕蠕侵逼 率車三千乘 衆萬□內附 乃去奇首可汗故壤 居白狼水東"
492 ~ 499	契丹虜掠 邊民 六十口	高麗擁掠東歸	『魏書』卷32, 列傳, 封懿 附 封軌 "和中 拜著作佐郎 稍遷尙書儀曹郎中 兼員外散騎常侍 銜命高麗 高麗王雲特其偏遠 稱疾不親受詔 軌正色詰之 喩以大義 雲乃北面受詔 先是 契丹虜掠邊民六十餘□ 又爲高麗擁掠東歸 軌具聞其狀 移書徵之 雲悉資給遣還"
525	龍城人	高麗爲寇被擁遼	韓堅墓誌 "諱塱字承伯昌黎龍城人也 … 孝昌失馭高麗爲寇被

年度	主要語	主要內容	主要出典
～527		東	擁遼東"
525～534	魏末流人	五千戶反命	『北史』高句麗傳 "保三年 文宣至營州 使博陵崔柳使于高麗 求魏末流人 … 柳以五千戶反命"
581～582	利稽察	高麗 靺鞨所破	『隋書』卷84, 列傳, 突厥 "往年 利稽察大爲高麗 靺鞨所破"
598	靺鞨之衆萬餘騎	高麗王元帥靺鞨之衆萬餘寇遼西	『隋書』卷81, 列傳, 高麗 "率靺鞨之衆萬餘騎寇遼西" 『北史』卷94, 列傳, 高麗 "靺鞨萬餘騎寇遼西" 『資治通鑑』卷178, 文帝開皇 18年 "麗王元 帥靺鞨之衆萬餘寇遼西 營州總管韋沖擊走之"
598	侵軼遼西問罪遼碣	崇聚勃碣之間荐食遼獩之境抄竊我邊陲侵軼我城鎭	『隋書』卷4, 帝紀, 煬帝大業8年(正月) "高麗小醜 迷昏不恭 崇聚勃碣之間 荐食遼獩之境 … 乃兼契丹之黨 虔劉海戍 習靺鞨之服 侵軼遼西" 『隋書』卷4, 帝紀, 煬帝大業10年 "爾高麗 僻居荒表 張狼噬 侮慢不恭 抄竊我邊陲 侵軼我城鎭 是以去歲出軍 問罪遼碣"
615	營州東二百里汝羅故城	後遭邊寇侵掠	『太平寰宇記』卷69, 河北道 幽州 "帝八年爲置遼西郡 以突地稽爲太守 理營州東二百里汝羅故城 後遭邊寇侵掠 又寄理於營州城內" 『太平寰宇記』卷71, 燕州 "大業八年置 屬遼西郡 與郡同在 汝羅故城之□ 至十一年寄理柳城"
644	營州	高麗引衆入寇高麗引衆數千來寇營州都督	『新唐書』卷111, 列傳, 張儉 "營州都督 兼護東夷校尉 坐事免 詔白衣領職 營州部與契丹 奚 霅 靺鞨諸蕃雜畛 高麗引衆入寇 儉率兵破之 俘斬略盡 復拜營州都督 太宗將征遼東 遣儉率蕃兵先進 略地至遼西 川漲 久未度" 『册府元龜』卷357, 將帥部, 立功 "儉 貞觀初以軍功累遷朔州刺史 後爲檢校營州都督府事 營州所管 契丹奚霅靺鞨諸蕃 皆鄰接境 栗末靺鞨最近 高麗引衆數千來寇 儉率鑌兵及諸蕃首領邀擊之 斬獲略盡 璽書慰勞 拜營州都督及行軍總管"
653	行至吐護眞水	高麗掩其不備襲擊敗之時將軍辛文陵招	『舊唐書』卷77, 列傳, 韋挺 "價 初爲左千牛備身 永徽中 江夏王道宗得罪 待價卽遠宗之壻也 緣坐左遷盧龍府果毅 時將軍辛文陵率兵招慰高麗 行至吐護眞水 高麗掩其不備 襲擊敗

年度	主要語	主要內容	主要出典
	慰高麗 東蕃 因率所部救之		之 待價與中郎將薛仁貴受詔經略東蕃 因率所部救之 文陵苦戰 賊漸退 軍始獲全 待價被重瘡流矢中其左足 竟不言其功 以足疾免官而歸" 『新唐書』卷98, 列傳, 韋挺 "價 初爲左千牛備身 永徽中 江夏王道宗得罪 待價以婚貶盧龍府果毅 時將軍辛文陵招慰高麗 次吐護眞水 爲虜所襲 待價與中郎將薛仁貴率所部殺之 文陵亦苦戰 遂免"
654	戰 新城 戰于 新城	契丹火野復戰 人死相藉 積尸而冢之 高麗放箭 風吹竝廻 因而陣亂 契丹聚其屍 築爲京觀	『新唐書』卷220, 列傳, 高麗 "徽五年 藏以靺鞨兵攻契丹 戰新城 大風 矢皆還激 爲契丹所乘 大敗 契丹火野復戰 人死相藉 積尸而冢之 遣使者告捷 高宗爲露布于朝" 『册府元龜』卷995, 外臣部, 交侵 "宗永徽五年 … 十月 高麗遣其將安固 率高麗靺羯兵侵契丹 松漠都督李窟哥發騎禦之 戰于新城 適會大風 高麗放箭 風吹竝廻 因而陣亂 契丹乘之 斬首五百級獲馬七百餘疋 高麗敗走 草乾風勁 契丹又縱火迫之 飀焰飛起 燒殺人馬甚衆 契丹聚其屍 築爲京觀 遣使來告捷帝" 『三國史記』卷22, 高句麗本紀, 寶藏王13年 "十月 王遣安固出師及靺鞨兵 擊契丹 松漠都督李窟哥禦之 大敗我軍於新城" 『資治通鑑』卷199, 高宗永徽5年(654) "麗遣其將安固將高麗 靺鞨兵擊契丹 松漠都督李窟哥禦之 大敗高麗於新城"
658	高麗 戰于 赤烽鎭	高麗遣其大將豆 方婁帥衆三萬拒 之 名振以契丹逆擊 大破之 斬首 二千五百級	『新唐書』卷3, 本紀, 高宗, 顯慶3年(658) "六月壬子 程名振及高麗戰于赤烽鎭 敗之" 『册府元龜』卷986, 外臣部, 征討 "顯慶三年六月 營州都督兼東夷都護程名振 右領軍郎將薛仁貴率兵攻高麗之衆烽鎭 卽拔之 斬首四百餘級 生擒首領以下百餘人 俄而高麗遣其大將立方婁率衆三萬人來拒官軍 名振率契丹兵逆擊 大破之 逐北二十餘里 斬首二千五百級" 『資治通鑑』卷200, 唐紀, 高宗顯慶3年(658) "六月 營州都督兼東夷都護程名振 右領軍中郎長薛仁貴將兵攻高麗之赤烽鎭 拔之 斬首 四百餘級 捕虜百餘人 高麗遣其大將豆方婁帥衆三萬拒之 名振以契丹逆擊 大破之 斬首 二千五百級"

참고문헌

1. 史料

1) 韓國

『大東韻府群玉』,『三國史記』,『三國遺事』,『海東繹史』

2) 中國

『管子』,『括地志』,『南齊書』,『舊唐書』,『唐大詔令集』,『唐會要』,『大唐創業起居注』,『大明一統志』,『大淸一統志』,『讀史方輿紀要』,『武經總要』,『明本册府元龜』,『文館詞林』,『文苑英華』,『渤海國志』,『北史』,『史記』,『山海經』,『三國志』,『三十國春秋輯本』,『盛京通志』,『孫子』,『宋本册府元龜』,『宋書』,『水經注』,『隋書』,『新唐書』,『十六國疆域志』,『十六國春秋』,『十六國春秋輯補』,『十六國春秋纂錄校本』,『五代會要』,『梁書』,『遼志』,『遼東行部志』,『遼史』,『元一統志』,『魏略輯本』,『魏書』,『資治通鑑』,『全唐文』,『全遼志』,『周禮』,『周書』,『晋書』,『戰國策』,『天地瑞祥志』,『春秋左傳』,『太平御覽』,『太平寰宇記』,『通典』,『漢書』,『翰苑』,『弘簡錄』,『淮南子』,『後漢書』,『欽定滿洲源流考』

3) 日本

『日本書紀』

2. 中國地方志

『廣寧縣志』,『錦西縣志』,『錦州府志』,『錦縣志』,『北鎮縣志』,『承德府志』,『新民府志』,『新民縣志』,『遼中縣志』,『義縣志』,『朝陽縣志』,『欽定熱河志』

3. 金石文

1) 韓國

한국고대사회연구소 편, 1992, 譯註『韓國古代金石文』1, 재단법인 가락국사적
　　　개발연구원.

2) 中國

王晶辰 主編, 2002,『遼寧碑誌』, 遼寧人民出版社.
周紹良 主編, 2000,『唐代墓誌彙編』, 上海古籍出版社.
＿＿＿＿＿, 2001,『唐代墓誌彙編續集』, 上海古籍出版社.

4. 地圖

1) 中國

高秀靜 主編, 2004,『遼寧省地圖册』, 中國地圖出版社.
郭沫若 主編, 1996,『中國史稿地圖集』上·下, 中國地圖出版社.
譚其驤 主編, 1987,『中國歷史地圖集』, 中國地圖出版社.
杜秀榮 等 主編, 2004,『中國地圖集』, 地圖出版社.
杜懷靜 主編, 2003,『吉林省地圖册』, 中國地圖出版社.
沈文軒 主編, 1995,『東北公路詳圖』, 中國地圖出版社.
岳鐵貴 等 編, 2004,『遼寧省實用地圖册』, 成都地圖出版社.
劉明光 主編, 1984,『中國自然地理圖集』, 中國地圖出版社.
訾冬梅 主編, 2001,『內蒙古自治區地圖册』, 中國地圖出版社.

2) 日本

佐佐木恭一, 1941,『滿洲帝國分省地圖並地名總攬』, 滿洲事情案內所.
舊滿州地圖資料研究會, 1985,『舊滿州五萬分の一地圖集成』, 科學書院.

5. 單行本 및 論文

1) 韓國

-著書 및 編譯書·報告書-

고구려연구재단 편, 2005, 『고구려의 국제관계』, 고구려연구재단.

고구려연구회 편, 1999, 『高句麗山城研究』, 학연문화사.

공석구, 1998, 『高句麗 領域擴張史 研究』, 서경문화사.

권오중, 1992, 『樂浪郡研究』, 일조각.

금경숙, 2004, 『高句麗 前期 政治史 研究』, 고려대학교 민족문화연구원.

기수연, 2005, 『후한서 동이열전 연구』, 백산자료원.

김리나, 1989, 『韓國古代佛教彫刻史研究』, 일조각.

김수태, 2007, 『백제의 전쟁』, 주류성.

김영하, 2002, 『韓國古代社會의 軍事와 政治』, 고려대학교 민족문화연구원.

_____, 2007, 『新羅中代社會研究』, 일지사.

김위현, 1981, 『契丹的東北政策』, 臺灣 華世出版社.

_____, 2004, 『契丹東方經略史 研究』, 명지대출판부.

_____, 2004, 『契丹社會文化史論』, 경인문화사.

김정배, 2000, 『韓國古代史와 考古學』, 신서원.

김종선, 1997, 『韓國古代國家의 노예와 농민』, 한림대.

김태정, 1996, 『한국의 자원식물』 V, 서울대.

김한규, 1997, 『古代東亞細亞幕府體制研究』, 일조각.

_____, 1999, 『한중관계사』 I, 아르케.

_____, 2004, 『요동사』, 문학과지성사.

김현숙, 2005, 『고구려의 영역지배방식 연구』, 모시는사람들.

남도영, 1996, 『韓國馬政史』, 한국마사회.

노태돈, 1999, 『고구려사 연구』, 사계절.

_____, 2009, 『삼국통일전쟁사』, 서울대출판부.

류제헌, 1999, 『중국역사지리』, 문학과지성사.

문명대, 2003, 『관불과 고졸미』, 예경.

박대재, 2006, 『고대한국 초기국가의 왕과 전쟁』, 경인문화사.

박성봉 편, 1995, 『高句麗 南進 經營史의 研究』, 백산자료원.

박한제, 1988,『中國中世胡漢體制硏究』, 일조각.

백기인, 1996,『中國軍事思想史』, 국방군사연구소.

서영교, 2006,『羅唐戰爭史硏究』, 아세아문화사.

서인한, 1991,『高句麗 對隋·唐戰爭史』, 국방군사연구소.

_____, 1994,『韓民族戰爭通史』 Ⅰ, 국방군사연구소.

_____, 2005,『한국고대 군사전략』, 국방부 군사편찬연구소.

여호규, 1998,『高句麗城』 Ⅰ, 국방군사연구소.

_____, 1999,『高句麗城』 Ⅱ, 국방군사연구소.

온창일, 2001,『韓民族戰爭史』, 집문당.

이만열, 1976,『講座 三國時代史』, 지식산업사.

이병도, 1976,『韓國古代史硏究』, 박영사.

이삼성, 2009,『동아시아의 전쟁과 평화』1, 한길사.

이성제, 2005,『高句麗의 西方政策 硏究』, 국학자료원.

이용범, 1976,『古代의 滿洲關係』, 한국일보사.

_____, 1989,『韓滿交流史 硏究』, 동화출판공사.

이인철, 2000,『고구려의 대외정복연구』, 백산자료원.

이종욱, 2005,『고구려의 역사』, 김영사.

_____, 2008,『주몽에서 태조대왕까지』, 서강대출판부.

이재성, 1996,『古代 東蒙古史硏究』, 법인문화사.

임기환, 2004,『고구려 정치사 연구』, 한나래.

전해종, 1980,『東夷傳의 文獻的硏究』, 일조각.

조법종, 2006,『고조선 고구려사연구』, 신서원.

지배선, 1986,『中世東北亞史硏究』, 일조각.

_____, 1998,『中世 中國史 硏究』(慕容燕과 北燕史), 연세대출판부.

천관우, 1987,『人物로 본 韓國古代史』, 정음문화사.

_____, 1989,『古朝鮮史·三韓史硏究』, 일조각.

최남선, 1973,『六堂 崔南善全集』6, 현암사.

한국고대사학회 편, 2007,『한국고대사 연구의 새 동향』, 서경문화사.

-論文-

강성문, 1996,「麗隋·麗唐戰爭 原因考」『國史館論叢』69.

강재광, 2009,「高句麗 廣開土王의 遼東確保에 관한 新考察」『韓國古代史探究』2.

권영필, 2008,「아프라시압 궁전지 벽화의 '고구려사절'에 관한 연구」『중앙아시아 속의 고구려인 발자취』, 동북아역사재단.

공석구, 2005,「고구려의 요동지방 진출정책과 모용씨」『軍史』54.

_____, 2007,「고구려와 모용 '연'의 전쟁과 그 의미」『東北亞歷史論叢』15.

권오중, 1996,「古代 遼東郡의 位置問題 試論」『吉玄益教授停年紀念史學論叢』, 간행위원회.

_____, 2002,「漢과 高句麗의 關係」『高句麗國際關係』, 高句麗研究會.

기수연, 2004,「『後漢書』「東夷列傳」<夫餘國傳>분석」『文化史學』21.

_____, 2007,「현도군(玄菟郡)과 고구려(高句麗)의 건국에 대한 연구」『高句麗研究』29.

김광수, 1984,「高句麗-古代-集權國家의 成立에 관한 研究」, 연세대 박사학위논문.

김규호, 1985,「唐代의 異民族系 軍將」『邊太燮博士 華甲紀念 史學論叢』, 삼영사.

김기섭, 2008,「부여족의 분산과 이동」『부여사와 그 주변』, 동북아역사재단.

김락기, 2003,「高句麗 후기의 군사편제와 '可邏達'」『仁荷史學』10.

김미경, 1996,「高句麗의 樂浪·帶方地域 進出과 그 支配形態」『學林』17.

_____, 2002,「第1玄菟郡의 위치에 대한 재검토」『실학사상연구』24.

_____, 2005,「高句麗 瑠璃王代 政治勢力의 再編과 對外政策」『北方史論叢』4.

_____, 2007,「高句麗 前期의 對外關係 研究」, 연세대 박사학위논문.

_____, 2009,「고구려 건국 문제를 통해 본 '지방정권론'이 내용과 비판」『중국의 통일국가론으로 본 고구려사』, 동북아역사재단.

김선민, 1996,「唐太宗의 對外膨脹政策」『동아시아의 인간상』, 혜안.

김영천, 2008,「靺鞨의 成長과 高句麗의 靺鞨 服屬」『高句麗研究』32.

김영하, 1985,「高句麗의 巡狩制」『歷史學報』160.

_____, 1997,「高句麗의 發展과 戰爭」『大東文化研究』32.

_____, 2000,「高句麗 內紛의 국제적 배경」『韓國史研究』110.

김진한, 2006,「文咨王代 對北魏外交」『韓國古代史研究』44.

_____, 2007,「陽原王代 高句麗의 政局動向과 對外關係」『東北亞歷史論叢』17.

_____, 2007,「평원왕대 고구려의 대외관계」『국학연구』11.

_____, 2009,「嬰陽王代 高句麗의 政局動向과 對隋關係」『高句麗渤海研究』33.

김창석, 2007,「고구려·수 전쟁의 배경과 전개」『東北亞歷史論叢』15.

김한규, 1996,「歷史上 '遼東' 槪念과 '中國史' 範疇」『吉玄益教授停年紀念史學論叢』

김현숙, 1997,「高句麗 中·後期 中央集權的 地方統治體制의 發展過程」『韓國古代社會의 地方支配』, 신서원.

김호동, 1993,「唐의 羈縻支配와 北方民族의 對應」『歷史學報』137.

나동욱, 2009,「7세기 중반 高句麗의 東蒙古 進出과 軍事戰略」『韓國史研究』

144.

남무희, 2007,「安原王・陽原王代 정치변동과 고구려 불교계 동향」『韓國古代史 研究』 45.

노중국, 1987,「高句麗對外關係史 研究의 現況과 課題」『高句麗史研究』 I, 연세대.

노태돈, 1976,「高句麗의 漢水流域 喪失의 原因에 대하여」『韓國史研究』 13.

_____, 1984,「5~6世紀 東아시아의 國際情勢와 高句麗의 對外關係」『東方學 志』 44.

_____, 1996,「5~7세기 고구려의 지방제도」『韓國古代史論叢』 8, 가락국사적 개발연구원.

_____, 2007,「광개토왕능비」『한국고대사 연구의 새 동향』, 서경문화사

문상종, 2001,「廣開土王陵碑 永樂 17年條 기사에 대한 재검토」『湖西考古學』 4・5合輯.

민철희, 2002,「高句麗 陽原王・平原王代의 政局變化」『史學志』 35.

박경철, 1988,「高句麗軍事力量의 再檢討」『白山學報』 35.

_____, 1989,「高句麗軍事戰略考察을 위한 一試論」『史學研究』 40.

_____, 2003,「高句麗 異種族支配의 實相」『韓國史學報』 15.

_____, 2005,「高句麗 邊方의 擴大와 構造的 重層性」『韓國史學報』 19.

_____, 2005,「高句麗의 東蒙古經略」『白山學報』 71.

_____, 2007,「麗唐戰爭의 再認識」『東北亞歷史論叢』 15.

박노석, 2002,「모본왕대의 후한 공격」,『대동사학』 1.

_____, 2003,「고구려 초기의 영토 변천 연구」, 전북대 박사학위논문.

박대재, 2006,「古朝鮮과 燕・齊의 상호관계」『史學研究』 83.

박성봉, 1979,「高句麗의 南進發展에 關한 研究」, 경희대 박사학위논문.

_____, 1979,「廣開土好太王期 高句麗 南進의 性格」『韓國史研究』 27.

_____, 1995,「高句麗發展의 方向性 문제」『高句麗 南進 經營史의 研究』, 백산 자료원.

박용운, 2004,「국호 高句麗・高麗에 대한 일고찰」『北方史論叢』 창간호.

박원길, 2002,「高句麗와 柔然・突厥의 關係」『高句麗國際關係』, 高句麗研究會.

박진숙, 2004,「長壽王代 高句麗의 對北魏外交와 百濟」『韓國古代史研究』 36.

박한제, 1993,「七世紀 隋唐 兩朝의 韓半島進出 經緯에 대한 一考」『東洋史學 研究』 43.

방향숙, 2008,「7세기 중엽 唐 太宗의 對高句麗戰 전략 수립과정」『中國古中世 史研究』 19.

_____, 2008, 「후한의 변군 운용과 요동·현도군」, 『요동군과 현도군연구』, 동북아역사재단.

변인석, 1993, 「隋末唐初 中國의 突厥에 대한 '稱臣事'의 學說史的 考察」 『東方學志』 80.

배진영, 2005, 「燕國의 五郡 설치와 그 의미」 『中國史研究』 36.

서병국, 2001, 「百濟와 高句麗의 遼西統治」 『실학사상연구』 19·20.

서영교, 2003, 「고구려의 對唐戰爭과 내륙아시아 제민족」 『軍史』 49.

송기호, 1997, 「渤海의 地方統治와 그 실상」 『韓國 古代社會의 地方支配』, 신서원.

_____, 2008, 「5세기 후반 高句麗의 북방 경계선」 『한국고대 사국의 국경선』, 서경문화사.

송호정, 2007, 「高句麗의 族源과 濊貊」 『高句麗研究』 27.

여호규, 2000, 「4세기 동아시아 국제질서와 고구려 대외정책의 변화」 『역사와 현실』 36.

_____, 2002, 「6세기말~7세기초 동아시아 국제질서와 고구려 대외정책의 변화」 『역사와 현실』 46.

_____, 2005, 「광개토왕릉비에 나타난 고구려의 대중인식(對中認識)과 대외정책」 『역사와 현실』 55.

_____, 2007, 「고구려 초기 對中戰爭의 전개과정과 그 성격」 『東北亞歷史論叢』 15.

오강원, 1997, 「昌黎郡 位置에 관한 一考察」 『淸溪史學』 13.

온창일, 1999, 「전쟁사연구의 의의 및 중요성」 『戰史』 1, 국방군사연구소.

우덕찬, 2003, 「6~7세기 고구려와 중앙아시아 교섭에 관한 연구」 『韓國中東學會論叢』 24-2

윤명철, 1995, 「高句麗 前期의 海洋活動과 古代國家의 成長」 『韓國上古史學報』 18

_____, 1999, 「고구려의 요동지방 해양방어체제연구」 『정신문화연구』 77.

윤병모, 2008, 「高句麗의 戰爭과 遼西進出研究」 성신여대 박사학위논문.

_____, 2009, 「廣開土王의 遼西 및 東몽골 攻略」 『大東文化研究』 68, 성균관대 대동문화연구원.

_____, 2009, 「長壽王代 高句麗의 西方進出과 그 境界」 『東方學志』 147, 연세대 국학연구원.

_____, 2009, 「高句麗의 對隋戰爭과 遼西攻略」 『軍史』 72, 국방부 군사편찬연구소.

_____, 2009, 「고구려의 對唐戰爭과 遼西 및 동몽골 진출」 『몽골학』 27, 한국몽골학회.

_____, 2010 「AD. 2세기 이전 고구려의 遼西遠征」『국학연구』 17, 한국국학진
　　　흥원.

윤용구, 2005, 「隋唐의 對外政策과 高句麗 遠征」『北方史論叢』 5.

_____, 2008, 「고구려와 요동·현도군」『초기 고구려역사 연구』, 동북아역사재단.

이도학, 1996, 「광개토왕릉비문에 보이는 전쟁기사의 분석」『廣開土好太王碑
　　　研究 100年』, 고구려연구회.

_____, 1997, 「古代國家의 成長과 交通路」『國史館論叢』 74.

이성규, 2003, 「고대 중국인이 본 한민족의 원류」『한국사 시민강좌』 32.

이성제, 2000, 「嬰陽王 9年 高句麗의 遼西攻擊」『震檀學報』 90.

_____, 2002, 「5~6세기 高句麗의 西方政策 研究」, 서강대 박사학위논문

_____, 2003, 「靺鞨問題를 통해 본 6世紀末 遼西 정세의 변화」『학예지』 10,
　　　육군사관학교 육군박물관.

_____, 2004, 「高句麗의 西方政策과 對北魏關係의 定立」『實學思想研究』 26.

_____, 2004, 「高句麗 長壽王의 對北魏交涉과 그 政治的 의미」『歷史學報』
　　　181.

_____, 2005, 「高句麗와 契丹의 關係」『北方史論叢』 5.

이용범, 1959, 「高句麗의 遼西進出企圖와 突厥」『史學研究』 4.

이인철, 1998, 「德興里壁畵古墳의 墨書銘을 통해 본 고구려의 幽州經營」『歷史
　　　學報』 158.

_____, 2006, 「고구려와 고대중국의 전쟁」『高句麗研究』 24.

이재성, 2000, 「5~6世紀 '勿于契丹'의 成立·發展과 解體」『中國學報』 42.

_____, 2002, 「4~5世紀 高句麗와 契丹」『高句麗國際關係』, 高句麗研究會.

_____, 2005, 「6세기 후반 突厥의 南進과 高句麗와의 충돌」『北方史論叢』 5,
　　　고구려연구재단.

_____, 2006, 「'大賀契丹'에 관한 旣存 學說의 批判과 새로운 見解」『東洋史學
　　　研究』 95.

_____, 2008, 「韓國 古代史上의 契丹(1)」『한-몽 역사학자들의 동북아역사 인식』,
　　　동북아역사재단.

_____, 2009, 「'麗唐戰爭'과 契丹」『2009年度 春季學術大會』, 중앙아시아학회.

임기환, 1992, 「6·7세기 高句麗 政治勢力의 동향」『韓國古代史研究』 5.

_____, 1994, 「고구려와 수·당의 전쟁」『한국사』 4, 한길사.

_____, 1996, 「광개토왕릉비문에 보이는 민의 성격」『廣開土好太王碑 研究
　　　100年』, 고구려연구회.

_____, 2005, 「廣開土王碑에 보이는 百濟 관련 記事의 檢討」『漢城百濟 史料

研究』, 경기문화재단 기전문화재연구원.

_____, 2006, 「7세기 동북아시아 국제질서의 변동과 전쟁」『전쟁과 동북아의 국제질서』, 일조각.

임대희, 1996, 「唐 高宗 統治前期의 政治와 人物」『동아시아사 연구논총』, 혜안.

전 옥, 2004, 「唐代前期 對外關係에 關한 研究」, 충남대 박사학위논문.

정구복, 1992, 「高句麗의 '高麗' 國號에 대한 一考」『湖西史學』 19·20.

정두희, 1979, 「廣開土王陵碑文 辛卯年 記事의 再檢討」『歷史學報』 82.

정병준, 2007, 「營州의 大祚榮 集團과 渤海國의 性格」『東北亞歷史論叢』 16.

_____, 2009, 「唐朝의 高句麗人 軍事集團」『東北亞歷史論叢』 24.

정영호, 1979, 「中原高句麗碑의 發見調査와 研究展望」『史學志』 13.

정재훈, 1995, 「唐初의 民族政策과 西北民族의 中國認識」『서울大 東洋史學科 論集』 19.

_____, 2000, 「西魏 北周時期(534~581)의 對外政策」『中國學報』 42.

_____, 2001, 「隋文帝<581-604>의 統一指向과 對外政策」『中國史研究』 13.

_____, 2004, 「隋煬帝<604-617>의 對外政策과 天下巡行」『中國史研究』 30.

조영광, 2008, 「長壽王代를 전후한 시기 고구려의 政局과 體制 변화」『軍史』 69.

지배선, 1978, 「鮮卑拓跋氏의 氏族分裂過程에 대하여」『白山學報』 24.

_____, 1987, 「北燕에 대하여 Ⅰ」『東方學志』 54·55·56.

_____, 1989, 「北燕에 대하여 (Ⅱ)」『東洋史學研究』 29.

_____, 1990, 「北燕에 대하여 (Ⅲ)」『東洋史學研究』 32.

_____, 2006, 「高句麗와 鮮卑의 전쟁」『高句麗研究』 24.

_____, 2009, 「고구려 광개토왕의 燕郡(北京)침공원인에 대하여」『白山學報』 83.

천관우, 1979, 「廣開土王陵碑文 再論」『全海宗博士華甲紀念史學論叢』, 일조각.

최진열, 2009, 「唐人들이 인정한 高句麗人의 正體性」『東北亞歷史論叢』 24.

2) 北韓

-著書 및 編著-

김현주 외, 2005, 『고구려사연구론문집』 2, 사회과학출판사.

리지린, 1963, 『고조선 연구』, 과학원출판사.

리지린·강인숙, 1976, 『고구려사연구』, 사회과학출판사.

박시형, 1966, 『광개토왕릉비』, 사회과학원 출판사.

박진욱, 1991, 『조선고고학전서』 중세편, 과학백과사전종합출판사.

사회과학원 력사연구소, 1991, 『조선전사』 3, 과학백과사전종합출판사.

社會科學院, 1986, 『德興里高句麗壁畵古墳』, 講談社.

손영종, 1990, 『고구려사』 1, 과학백과사전종합출판사.

_____, 1997, 『고구려사』 2, 과학백과사전종합출판사.

_____, 2000, 『고구려사의 제문제』, 사회과학출판사.

_____, 2001, 『광개토왕릉비문 연구』, 중심.

_____, 2006, 『조선단대사』(고구려사 1), 과학백과사전출판사.

_____, 2007, 『조선단대사』(고구려사 2), 과학백과사전출판사.

_____, 2008, 『조선단대사』(고구려사 3), 과학백과사전출판사.

_____, 2008, 『조선단대사』(고구려사 4), 과학백과사전출판사.

_____, 2008, 『조선단대사』(고구려사 5), 과학백과사전출판사.

전준현, 1988, 『조선인민의 반침략투쟁사』(고조선 - 발해편), 과학백과사전종합
　　　　출판사

채희국, 1985, 『고구려력사연구』, 종합대학출판사.

-論文-

문병우, 1988, 「고구려군사제도의 특징」 『력사과학』 88-1.

박창수, 1988, 「고구려의 서북방 성방어체계의 위력」 『조선고고연구』 3, 사회과
　　　　학출판사.

_____, 1988, 「고구려산성의 위치선정의 우월성」 『조선고고연구』 2, 사회과학
　　　　출판사

_____, 1990, 「고구려의 성분포와 서북방어체계」 『력사과학론문집』 15, 과학백
　　　　과사전종합출판사

손영종, 1995, 「고구려의 령토확장과정에 대하여」 『력사과학론문집』 18, 과학백
　　　　과사전종합출판사

3) 中國

-著書 및 編著-

姜維公·高福順, 1990, 『東北歷史地理簡論』, 吉林文史出版社.

姜維東, 2001, 『唐麗戰爭史』, 吉林文史出版社.

_____, 2003, 『唐東征將士事迹考』, 吉林文史出版社.

姜維東 外著, 2006, 『正史高句麗傳校注』, 吉林人民出版社.

耿鐵華, 2002, 『中國高句麗史』, 吉林人民出版社.

金寶祥, 1989, 『隋史新探』, 蘭州大學出版社.

金毓黻, 1941, 『東北通史』, 洪氏出版社.

段連勤, 1988, 『隋唐時期的 薛延陀』, 三秦出版社.

_____, 1988, 『丁零, 高車與鐵勒』, 上海人民出版社.

譚其驤 主編, 1988, 『中國歷史地圖集釋文滙編』東北卷, 中央民族學院出版社.

_____, 2006, 『漢書地理志滙編』, 安徽教育出版社.

佟 冬 主編, 2006, 『中國東北史』 1·2, 吉林文史出版社.

馬大正 外著, 2003, 『古代中國高句麗歷史續論』, 中國社會科學出版社.

馬長壽, 2006, 『烏桓與鮮卑』, 廣西師範大學出版社.

撫順市社會科學硏究所, 1984, 『撫順名勝古跡考』, 撫順市地方史硏究會.

撫順市地名委員會 編, 1983, 『撫順史略』, 內部資料.

苗 威, 2006, 『古朝鮮硏究』, 香港亞洲出版社.

米文平, 1994, 『鮮卑史硏究』, 中州古籍出版社,.

朴眞奭, 1996, 『高句麗 好太王碑 硏究』, 亞細亞文化社.

朴燦奎, 2000, 『三國志·高句麗傳 硏究』, 吉林人民出版社.

拜根興, 2003, 『七世紀中葉唐與新羅關係硏究』, 中國社會科學出版社.

白云翔, 2005, 『先秦兩漢鐵器的考古學硏究』, 科學出版社.

謝成俠, 1959, 『中國養馬史』, 科學出版社.

謝成俠 編著, 1985, 『中國養牛羊史』, 農業出版社.

尙爾增 主編, 2003, 『遼陽覽勝』, 遼寧美術出版社.

徐建新, 2006, 『好太王碑拓本の硏究』, 東京堂出版.

席永杰 等著, 2008, 『古代西遼河流域的 游牧文化』, 內蒙古人民出版社.

薛宗正, 1992, 『突厥史』, 中國社會科學出版社.

孫寶文 編, 1999, 『好太王碑』, 吉林文史出版社.

孫慰祖, 2002, 『中國古代封泥』, 上海人民出版社.

孫進己, 1989, 『東北民族源流』, 黑龍江人民出版社.

孫進己 等編, 1989, 『東北古史資料叢編』 1·2, 遼瀋書社.

孫進己·孫海 主編, 1994, 『高句麗 渤海硏究集成』 1·2·3, 哈爾濱出版社.

孫進己·馮永謙 總纂, 1989, 『東北歷史地理』 1·2, 黑龍江人民出版社.

沈陽市圖書館編, 1985, 『東北名勝古迹軼聞』, 沈陽市圖書館社科參考部.

楊守敬, 1989, 『水經注疏』, 江蘇古籍出版社.

楊希義·于汝波, 1998, 『中國軍事通史』, 軍事科學出版社.

王健群, 1984, 『好太王碑硏究』, 吉林人民出版社.

王貴元, 2002, 『說文解字校箋』, 學林出版社.

王綿厚, 1994, 『秦漢東北史』, 遼寧人民出版社.

_____, 2002,『高句麗古城研究』, 文物出版社.

_____, 2004,『高句麗與濊貊研究』, 文物出版社.

王綿厚·李健才, 1990,『東北古代交通』, 瀋陽出版社.

王世威 編, 2007,『資治通鑑 邊少民族史料匯編』上·下, 北京圖書館出版社.

王小甫 主編, 2003,『盛唐時代與東北亞政局』, 上海辭書出版社.

王汝濤 點注, 1993,『靖康稗史』, 中州古籍出版社.

王毓瑚, 1958,『中國畜牧史資料』, 科學出版社.

王禹浪·王宏北 編著, 1994,『高句麗·渤海古城址研究滙編』, 哈爾濱出版社.

王晶辰 主編, 2002,『遼寧碑誌』, 遼寧人民出版社.

遼寧省博物館編, 1962,『遼寧史蹟資料』, 內部資料.

遼寧省地方志編纂委員會辦公室 主編, 1999,『遼寧省志』公路水運志.

姚薇元, 1962,『北朝胡姓考』, 中華書局.

郁賢皓, 1987,『唐刺史考』3, 江蘇古籍出版社.

袁祖亮 主編, 1999,『中國古代邊疆民族人口研究』, 中州古籍出版社.

劉 矩·姜維東, 2006,『唐征高句麗史』, 吉林人民出版社.

劉明祖 主編, 1997,『今日內蒙古 赤峰』, 內蒙古人民出版社.

劉子敏·苗威, 2006,『中國正史<高句麗傳>詳注及研究』, 香港亞洲出版社.

劉浦江, 2008,『松漠之間』, 中華書局.

李健才, 1986,『東北史地考略』, 吉林文史出版社.

_____, 2001,『東北史地考略』3, 吉林文史出版社.

李桂芝, 1996,『遼金簡史』, 福建人民出版社.

李錦綉, 1998,『唐代制度史略論稿』, 中國政法大學出版社.

李素芳 主編, 2005,『遼河口風光』, 中國文聯出版社.

李殿福, 1991,『高句麗·渤海の考古と歷史』, 學生社.

李孝聰, 2004,『中國區域歷史地理』, 北京大學出版社.

林 幹, 1986,『匈奴通史』, 人民出版社.

_____, 2007,『匈奴史』, 內蒙古人民出版社.

_____, 2007,『東胡史』, 內蒙古人民出版社.

_____, 2007,『突厥與回紇史』, 內蒙古人民出版社.

張博泉, 1985,『東北地方史稿』, 吉林大學出版社.

張博泉 等著, 1981,『東北歷代疆域史』, 吉林人民出版社.

全春元, 1998,『韓民族이 東北亞歷史에 끼친 影響』, 集文堂.

曹永年 主編, 2007,『內蒙古通史』1, 內蒙古大學出版社.

趙 濟 主編, 1982,『中國自然地理』, 高等教育出版社.

趙紅梅, 2008, 『漢四郡 研究』, 香港亞洲出版社.

陳　平, 2006, 『北方幽燕文化硏究』, 群言出版社.

＿＿＿, 2006, 『燕文化』, 文物出版社.

周紹良 主編, 1992, 『全唐文新編』, 吉林文史出版社.

周偉洲, 2006, 『敕勒與柔然』, 廣西師範大學出版社.

中國科學院, 1982, 『中國自然地理』, 科學出版社.

陳　述, 1963, 『契丹社會經濟史稿』, 三聯書店.

＿＿＿, 1986, 『契丹政治史稿』, 人民出版社.

鄒逸麟 編著, 2005, 『中國歷史地理槪述』, 上海敎育出版社.

台安縣志編纂委員會, 1990, 『台安縣志』, 瀋陽出版社.

馮季昌, 1996, 『東北歷史地理硏究』, 香港同澤出版社.

馮永謙 外編, 1986, 『遼寧古長城』, 遼寧人民出版社.

何光岳, 2004, 『東胡源流史』, 江西敎育出版社.

韓茂莉, 1999, 『遼金農業地理』, 社會科學文獻出版社.

黃鳳岐, 1999, 『契丹史硏究』, 內蒙古科學技術出版社.

黃約瑟, 1995, 『薛仁貴』, 西北大學出版社.

黃永年, 2002, 『唐史史料學』, 上海書店出版社.

-論文-

耿鐵華, 2006, 「跋高句麗金銅佛造像」 『東北史地』 6.

金一慶, 2000, 「橫山城의 存在問題」 『白山學報』 55.

馬一虹, 2003, 「靺鞨與東突厥關係考述」 『史林』 6.

拜根興, 2002, 「激蕩50年-高句麗與唐關係硏究」 『高句麗硏究』 14.

蘇秉琦, 1986, 「遼西古文化古城古國」 『文物』 8.

王綿厚, 1986, 「唐營州至安東陸路交通地理考實」 『遼海文物學刊』 1.

王義康, 2002, 「唐代城傍辨析」 『中國邊疆史地硏究』 1.

劉景玉·智喜君, 1991, 「古代遼寧冶鐵淺說」 『中國考古集成』 東北卷10, 北京出版社.

遼寧省文物考古硏究所, 1997, 「朝陽十二臺鄕磚廠88M1發掘簡報」 『文物』 11.

何琳儀, 1992, 「燕國布幣考」 『中國錢幣』 2.

賀政權, 1987, 「遼東一詞的由來及其它」 『東北地方史硏究』 2.

韓　昇, 1995, 「隋と高句麗の國際政治關係ぐって」 『堀敏一先生古稀紀念 中國古代の國家と民衆』, 汲古書院.

黃約瑟, 1994, 「수나라의 高句麗에 대한 認識을 시론함」 『高句麗文化國際學術會論文集』, 社團法人 海外韓民族硏究所.

4) 臺灣

-著書-

高明士, 2008, 『天下秩序與文化圈的探索』, 上海古籍出版社.

潘國鍵, 1988, 『北魏與蠕蠕關係研究』, 臺灣商務印書館.

孫繼民, 1995, 『唐代行軍制研究』, 文津出版社.

王民信, 1973, 『契丹史論叢』, 學海出版社.

劉健明, 1999, 『隋代政治與對外政策』, 文津出版社.

劉學銚, 1994, 『鮮卑史論』, 南天書局.

李則芬, 1989, 『隋唐五代歷史論文集』, 臺灣商務印書館.

章　羣, 1987, 『唐代蕃將研究』, 聯經.

趙振績, 1992, 『契丹族系源流考』, 文史哲出版社.

朱雲影, 2002, 『中國文化對日韓越的影響』, 廣西師範大學.

侯林伯, 1972, 『唐代夷狄邊患史略』, 臺灣商務印書館.

5) 日本

-著書 및 編著-

岡崎文夫, 1989, 『魏晉南北朝通史』, 平凡社.

關東都督府 陸軍部 編, 1915, 『東蒙古』, 宮本武林堂.

高寬敏, 1997, 『古代朝鮮諸國と倭國』, 雄山閣.

谷光世, 1940, 『滿洲國地方誌』, 滿洲事情案內所.

谷川道雄, 1998, 『增補 隋唐帝國形成史論』, 筑摩書房.

鬼頭三郎 編, 1940, 『滿洲の資源』, 滿洲事情案內所.

堀敏一, 1993, 『中國と古代東アジア世界』, 岩波書店.

_____, 1998, 『東アジアのなかの古代日本』, 研文出版.

金子修一, 2001, 『隋唐の國際秩序と東アジア』, 名著刊行會.

_____, 2001, 『古代中國と皇帝祭祀』, 汲古書院.

內藤みどり, 1988, 『西突厥史の研究』, 早稻田大 出版部.

內田吟風, 1975, 『北アジア史研究』(匈奴篇), 同朋舍.

_____, 1975, 『北アジア史研究』(鮮卑柔然突厥篇), 同朋舍.

唐代史研究會, 1979, 『隋唐帝國と東アジア世界』, 汲古書院.

大庭脩, 1996, 『古代中世における日中關係史の研究』, 同朋舍出版.

嶋崎昌, 1977, 『隋唐時代の東トゥルキスタン研究』, 東京大學出版會.

渡邊三三, 1938,『撫順史話』, 撫順新報社.

渡邊信一郎, 2003,『中國古代の王權と天下秩序』, 校倉書房.

稻葉君山, 1925,『朝鮮文化史研究』, 雄山閣.

稻葉岩吉, 1935,『增訂 滿洲發達史』, 日本評論社.

東   潮 外編, 1995,『高句麗の歷史と遺跡』, 中央公論社.

東亞研究所 編, 1944,『異民族の支那統治史』, 講談社.

藤間生大, 1966,『東アジア世界の形成』, 春秋社.

滿洲事情案內所 編, 1935,『遼河と松花江』, 日滿實業協會.

末松保和, 1996,『高句麗と朝鮮古代史』, 吉川弘文館.

武光誠, 2007,『廣開土王の素顔』, 文藝春秋.

武田幸男, 1989,『高句麗と東アジア』, 岩波書店.

白崎昭一郎, 1993,『廣開土王碑文の研究』, 吉川弘文館.

白鳥庫吉, 1970,『白鳥庫吉全集(塞外民族史研究 上)』 4, 岩波書店.

白川靜, 1996,『字通』, 平凡社.

山崎總與, 1941,『滿洲國地名大辭典』, 日本書房.

三崎良章, 2002,『五胡十六國』, 東方書店.

_____, 2006,『五胡十六國の基礎的研究』, 汲古書院.

森安孝夫, 2007,『シルクロードと唐帝國』, 講談社.

三上次男, 1990,『高句麗と渤海』, 吉川弘文館.

三上次男·田村晃一, 1993,『北關山城』, 中央公論美術出版.

三宅俊成, 1975,『東北アジア考古學の研究』, 國書刊行會.

西嶋定生, 1983,『中國古代國家と東アジア世界』, 東京大 出版會.

石見淸裕, 1998,『唐の北方問題と國際秩序』, 汲古書院.

善隣協會調查部編, 1935,『內蒙古』(地理·産業·文化), 日本公論社.

松田壽男, 1956,『增補 古代天山の歷史地理學的研究』, 早稻田大 出版部.

松井等 撰, 1913,『滿洲歷史地理』 上, 南滿洲鐵道株式會社.

水谷悌二郎, 1977,『好太王碑考』, 開明書院.

神田信夫 編, 1989,『中國史籍解題辭典』, 燎原書店.

鈴木靖民, 1985,『古代對外關係史の研究』, 吉川弘文館.

愛宕松男, 1959,『契丹古代史の研究』, 東洋史研究會.

日野開三郎, 1980,『日野開三郎東洋史學論集』1(唐代藩鎭の支配體制), 三一書房

_____, 1984,『日野開三郎東洋史學論集』8(小高句麗國の研究), 三一書房.

_____, 1991,『日野開三郎東洋史學論集』15(東アジア民族史), 三一書房.

外務省 通商局 編, 1916,『北滿州』, 啓成社.

林巳奈夫, 1972,『中國殷周時代の武器』, 京都大 人文科學研究所.

林重生, 1942,『滿洲の城』, 吐風書房.

前田俊雄, 1943,『滿洲の古塔と古城』, 滿洲事情案内所.

田村實造, 1964,『中國征服王朝の研究』上, 京都大學 東洋史研究會.

_____, 1985,『中國史上の民族移動期』, 創文社.

諸橋轍次, 1955,『大漢和辭典』, 大修館書店.

佐藤長, 2000,『中國古代史論考』, 朋友書店.

鑄方貞亮, 1993,『改訂 日本古代家畜史』, 有明書房.

津田左右吉, 1964,『津田左右吉全集』12, 岩波書店.

川本芳昭, 1998,『魏晋南北朝時代の民族問題』, 汲古書院.

坂元義種, 1978,『古代東アジアの日本と朝鮮』, 吉川弘文館.

八木奘三郎, 1924,『滿洲舊蹟志』上·下, 南滿洲鐵道庶務部調査課.

_____, 1929,『續滿洲舊蹟志』, 南滿洲鐵道株式會社.

布目潮渢, 1968,『隋唐史研究』, 東洋史研究會.

和田淸 編, 1936,『岩佐精一郎遺稿』, 岩佐傳一.

護雅夫, 1967,『古代トルコ民族史研究』Ⅰ, 山川出版社.

_____, 1992,『古代トルコ民族史研究』Ⅱ, 山川出版社.

_____, 1997,『古代トルコ民族史研究』Ⅲ, 山川出版社.

-論文-

江畑武, 1974,「四~六世紀の朝鮮三國と日本」『古代の日本と朝鮮』, 學生社.

高寬敏, 1990,「永樂10年, 高句麗廣開土王の新羅救援戰について」『朝鮮史研究
　　　　會論文集』27.

菊池英夫, 1992,「隋朝對高句麗戰爭の發端について」『アジア史研究』16, 中央
　　　　大學.

金子修一, 2002,「高句麗と隋の關係」『高句麗研究』14.

末松保和, 1931,「高句麗 攻守の形勢」『靑丘學叢』5.

浜田耕策, 1974,「高句麗廣開土王陵碑文の研究」『古代朝鮮と日本』, 龍溪書舍

寺內威太郎, 1994,「唐の高句麗侵略と遼東の高句麗山城」『靑丘學術論集』, 韓國
　　　　文化研究振興財團.

山尾幸久, 1974,「朝鮮三國の軍區組織」『古代朝鮮と日本』, 龍溪書舍.

三崎良章, 1982,「北魏の對外政策と高句麗」『朝鮮學報』102.

小野川秀美, 1943,「突厥碑文譯註」『滿蒙史論叢』4, 日滿文化協會.

篠原啓方, 2006,「高句麗的 國際秩序認識의 成立과 展開」, 高麗大 博士學位論文.

水谷悌二郎, 1959,「好太王碑考」『書品』 100, 東洋書道協會.

田中俊明, 1994,「高句麗の興起と玄菟郡」『朝鮮文化研究』 1, 東京大學.

_____, 1996,「高句麗の北方進出と廣開土王碑文」『廣開土好太王碑 研究 100 年』, 高句麗研究會.

_____, 1997,「高句麗前期・中期の遼東進出路」『朝鮮社會の史的展開と東アジア』, 山川出版社.

_____, 1999,「城郭施設からみた高句麗の防禦體系」『高句麗山城研究』, 高句麗研究會.

田村實造, 1938,「唐代に於ける契丹族の研究」『滿蒙史論叢』 1, 日滿文化協會.

井上直樹, 2000,「高句麗の對北魏外交と朝鮮半島情勢」『朝鮮史研究會論文集』 38.

_____, 2003,「韓暨墓誌を通してみた高句麗の對北魏外交の一側面」『朝鮮學報』 178.

池內　宏, 1960,「高句麗討滅の役に於ける唐軍の行動」『滿鮮史研究』上世2, 吉川弘文館.

淺見直一郎, 1986,「煬帝の第一次高句麗遠征軍」『東洋史研究』 44-1.

中文概要

高句丽 辽西进出研究

尹秉模

　　本 论文是对 高句丽辽西进出的研究。内容如下：首先, 纪元后 49年『三国史记』中记载慕本王成为主体, 远征右北平, 渔阳, 上谷, 太原 等地。对此『后汉书』中 主要关注的点是作为远征主体的'辽东徼外貊人'和'句骊'。句骊在 『汉书』地理志里面 以'句骊蛮夷'最先出现。可以看出 句骊在纪元前107年前就存在。即, 辽东徼外貊人和句骊不能被看成朱蒙的高句丽。所以句骊是朱蒙的高句丽之前的原高句丽人。依据 纪元前107年前就已存在的句骊的主导看, 49年形成了辽西远征右北平, 渔阳, 上谷, 太原等。勿论 即使那样 朱蒙高句丽人依靠与自己一致的汎貊人系, 汎高句丽人实现了49年的远征。这场战争被理解成为掠夺战性质的远征。

　　下面『后汉书』桥玄传的"高句骊的 嗣子 伯固"成为高句丽的新大王。记事里记载166年到167年之间 新大王提议鲜卑和南匈奴一起攻击后汉的边境, 后汉任命桥玄为度辽将军将他们打退。『后汉书』本纪的'濊貊'作为高句丽,可以解释在168年高句丽的新大王和鲜卑一起远征今天北京一带的 幽州和并州。从166年到168年之间的远征, 在辽西地域叫鲜卑的异民族的勃兴与衔接, 新大王想通过远征打破自身脆弱的政治基盘同时想通过掠夺战补充不足的物质, 可以判断古代战争的特性是以双重性做铺垫的远征。

　　在广开土王碑的395年条里, 与裨丽有关联的首先关注的是盐水。如果『晋书』东夷传里出现'裨离国'是在西辽河西边一带的话, 可以判断盐水作为池盐曾在内蒙古科尔沁沙地一带。在395年形成的广开土王裨丽征伐,高句丽远

征这一地域的目的 不仅是为了支配这里的领域而是更想获得这里的'牛马群羊'。获得了'牛马群羊'广开土王在以后的征服活动中在物质上就更具备了实力。

后燕395~397年间通过参合陂战等，被北魏军掠夺的'器甲辎重 军资杂财十余万计'，'兵甲粮货以钜万计'，'器仗辎重数十万计'，'袍仗兵器数十万'的 内容，可以跟广开土王碑407年条"所获铠钾一万余领 军资器械不可称数"进行比较。

被北魏掠夺的后燕的'器甲辎重 军资杂财十余万计'，'兵甲粮货以钜万计'，'器仗辎重数十万计'，'袍仗兵器数十万'等，在『魏书』和『资治通鉴』里出现的记事分析来看，后燕拥有的兵器种类有'器甲'，'兵甲'，'器仗'，'袍仗'，'辎重'，'兵器'等。对于其它的军需品'军资杂财'，'粮货'等的记载，它的数量有'数十万计'，'十余万计'，'数十万'，'钜万计'。如果跟407年条里的'所获铠钾一万余领 军资器械不可称数'进行比较的话，『魏书』和『资治通鉴』里的'器甲'，'兵甲'与407年条的'铠钾'形成对比 '军资杂财'与'军资器械'成为对比。所以以上的事实和'兵甲'和'铠钾'，'钜万计'和'一万余领'等进行比较的话实力相当国家只有后燕。

长寿王代 高句丽的辽西进出，436年3月北魏派遣骑兵1万，4月向将要攻击北燕的地方出发。高句丽军任命葛卢孟光为笔头一起出兵和龙夺取武器库和掠夺美女。像这样高句丽军被看做占领军的事实， 对比高句丽单纯的是想来帮助北燕来看，表现出高句丽军是依据自己需求出动的。

高句丽和北魏以473年3月作为起点， 战后处理剩下的最后一个问题归结为北燕领土问题。高句丽北燕国都和龙和大凌河下流以西地域划分为北魏的领土，北魏承认高句丽对大凌河下流以东的地域持有所有权。这个可以由下面的事实来证明，473年2月高句丽派遣使臣，巡访了北魏太武帝的幽州，和437年3月和龙镇戍，444年在和龙设置'营州'在它管辖下有6郡和14个县这两点。高句丽对大凌河下流以东领域拥有领有权的推测的 痕迹（根据）是有一个叫武厉逻的高句丽城，它位于辽河以西的位置。高句丽把大凌河下流以东和辽河以西之间，作为对北魏的前进基地，这个地域成为军事地域化，一直延续到隋和唐侵攻时为止。

最近在辽西义县地区发现的高句丽佛像的光背上 出现的'大高句丽国'铭文也被关注。义县的高句丽金铜佛像上刻得铭文不是国号'高丽'而是'大高丽国'。如果提示说，义县的高句丽金铜佛与佛像雕刻的样式基本上类似，而延嘉七年铭金铜佛像的制作年代到479年为止，那么 义县的高句丽金铜佛的制作年代也只能在469年。再加上，延嘉七年铭，金铜佛像和义县的高句丽金铜佛像的后面刻着的铭文的书体也基本相似。即 在两个佛像的铭文中，被看做共通的字中 '高'，'丽'，'师徒'字类似，特别'师徒'是出自同一个人。即使是因错觉导致的，这独特的书法也被看成类似的。

所以，义县的高句丽金铜佛的年代是延嘉七年铭，对金铜佛像的样式基准上，479年的上限年代和后面刻着的书体等，综合起来考虑时，义县高句丽金铜佛像上出现的铭文可以归结刻于己酉年469年。通过对义县高句丽金铜佛像铭文等的了解，可以判断，北燕灭亡以后高句丽和北魏，把辽河西边的自然界限，大凌河下流左岸和右岸作为境界互相对峙。

在长寿王在位的后半期479年，高句丽和柔然一起图谋瓜分地豆于，表现出了对西北地区的关心。柔然在479年8月和11月提议一起攻击北魏，高句丽向契丹进行了远征。这次远征告诉我们高句丽曾一直进出到现在的西拉木伦河和老哈河会流地区。高句丽想跟柔然一起瓜分地豆于和远征契丹的政治意味，如果与柔然同盟可以牵制北魏，意图阻止勿吉等的势力与北魏势力连接。

581年和582年之间，高句丽攻击当时曾被契丹羁縻支配过的突厥的利稽察。高句丽趁着突厥正集中介入高宝宁事件与隋对决的机会，高句丽对于辽西地域契丹的趋向与突厥成对立，攻击突厥的附庸势力。598年高句丽的婴阳王直接率领靺鞨骑兵一万余名先制打击辽西。

612年1月和614年2月，在隋炀帝下的诏书里,把高句丽群聚的辽河与碣石之间指称为辽碣。还有说"契丹与靺鞨互相配合侵犯辽西"的这一点，可以判断出598年以后高句丽军一直进攻到滦河一带，据分析可能是在，598年隋文帝的侵略因为传染病的猖獗导致隋军自灭的背景下，　高句丽军的军事力量在辽东地域得以温全的保存下来。

604年7月隋文帝去世，　好战的隋炀帝即位东亚的政势急变。高句丽成功的防御隋炀帝于612年，613年，614年等3次的侵略，615年攻击大凌河下流西岸的汝罗故城。我们可以看到攻击汝罗故城，　该当是自从612年武厉逻陷落以后，　高句丽进击辽西的稀贵事例。成为隋朝侵略高句丽最大的原因是'侵轶辽西'和'侵轶我城镇'，　这个原因继而分析为'问罪辽碣'。再往前隋对比想侵夺辽东等高句丽领土来说，　更是确保对辽西游牧民族的支配力和确认高句丽的屈服。

640年代唐对高句丽的侵略，是从631年京观破坏事件开始的。645年在唐太宗对本格的侵略之前，644年高句丽先攻击了辽西地域营州一带，想抓住侵攻唐的先机。营州都督兼东夷都护张俭的出现，　结果唆使高句丽把营州一带作为攻击目标。可以判出断高句丽对营州一带进行先制攻击是发生在644年前半期的事。

在653年高句丽军进出吐护真水，　就是今天内蒙古的老哈河地域为止。被高句丽军袭击的唐朝辛文陵在韦待价和薛仁贵的救援下，打退了高句丽军。可以判断吐护真水战是发生在653年2月到9月之间的战争。高句丽军一直进出到吐护真水地域的真实意图是，想通过跟吐护真水周边的奚和契丹等和游牧民族的连带来牵制唐朝。

654年高句丽攻击契丹的新城。松漠都督李窟哥为了防御高句丽军在新城抵抗作战，这可以说明新城是松漠都督所管辖的位置。因为高句丽军是远征军的立场所以不是'城中'。而是'阵中'即'阵乱'这点来看，新城的主人可以说是契丹。还有654年契丹消灭高句丽军后用尸体堆砌成的京观，按理上堆砌京观的地域应该在契丹不可能在高句丽。654年高句丽军攻击的新城，通过'阵乱'和'高丽败走'，'京观'等的核心表现，可以分明知道"新城"就是今天内蒙古位置契丹的松漠新城。

唐朝658年侵攻高句丽的赤烽镇。赤烽镇战在658年6月，营州都督兼东夷都护的程名振等提议侵攻赤烽镇，高句丽命大将豆方娄 率领3万将士去支援赤烽镇，唐伪装成契丹军逆袭高句丽军，高句丽军战败2500名被斩首。从高句丽的3万大军支援这一点来看，可以肯定迪说赤烽镇是高句丽对唐战略上非常重要军事重地。赤烽镇是位于辽河渡河北路的高句丽的城镇，具体的说是在辽河西边和医巫闾山以东的某个地理位置。根据判断，赤烽镇位于辽河西边的北路位置，那里有阻止想通过北路就是新城路向玄菟和新城等高句丽的北部侵攻的唐和契丹军的高句丽最前方部队。

以上就是关于高句丽进出辽西的内容。内容整理如下，从高句丽国家形成的初期开始到4世纪前半为止经过数次辽西进出，可以看到高句丽在辽东完全确保之前就开始对辽西进行积极进出。可以说这一点是从辽西地域和周边的诸族能联系的状况下总结出来的。反面 在广开土王以后的辽西进出展现的特征，是高句丽依据自身力量和意图向辽西地域进出。到长寿王代是高句丽辽西进出最鼎盛时期。在隋和唐的侵略时期，从战争的战略性侧面来看有很多向辽西进出的情况。在705年高句丽历史上辽西进出的价值，为了巩固国家向辽西进出的意义比辽东的确保和安全更有历史价值。因为这样高句丽为了国家的安全和发展只能积极的向辽西进出。

所以辽西作为中原大陆连接华北地域和辽河以东的辽东地方的中间地带，可能在东亚史上与咽喉地带具有同样的役割。即，中原大陆的诸势力为了向辽东地域前进就必须经过辽西地域，反过来辽东的诸势力为了向中原地域进出的话必须经过的地方也是辽西。在这方面纪元后东亚史上，高句丽作为辽东地区雄据的国家，同时也意味着高句丽是向辽西进出的最早的国家。

日文抄錄

高句麗の遼西進出研究

尹秉模

　本稿は高句麗の遼西進出について研究したものである。以下、その内容を要約する。先ず紀元49年、慕本王が主体となって右北平、漁陽、上谷、太原等を遠征したという記録が『三國史記』に見える。これに対して『後漢書』には遠征の主体が「遼東徼外貊人」または「句驪」となっている点に注目した。句驪は『漢書』地理志に「句驪蠻夷」として最も早く登場する。紀元前107年以前から句驪は存在していたと言える。即ち、遼東徼外貊人と句驪が朱蒙の高句麗であったと見ることは不可能となる。したがって句驪は朱蒙の高句麗に先立つ「原高句麗人」であったと考えられる。紀元前107年以前から存在した句驪の主導により、49年右北平、漁陽、上谷、太原等、遼西遠征が行われた。勿論そうであったとしても49年のこの遠征は朱蒙・高句麗人たちも同調する汎貊人系、汎高句麗人によって行われたのである。この戦争は略奪戦的な性格の遠征であったと理解される。

　次に『後漢書』橋玄伝の「高句驪の嗣子伯固」は、高句麗の新大王に該当する。166年から167年の間に新大王が鮮卑および南匈奴と共に後漢の辺境を攻撃するや、後漢が橋玄を度遼將軍に任じ、これを撃退したという記事がある。『後漢書』本紀の「濊貊」は高句麗であって、168年に高句麗の新大王が鮮卑と共に今日の北京周辺である幽州や幷州に遠征したと解釈することができる。166年から168年の間に遠征は、遼西地域において鮮卑という異民族の勃興と相まって、新大王が遠征を通して自らの脆弱な政治的基盤を打開しようとしたことと、略奪戦を通じて不足する物資を補充しようとした古代戦争の特性が複合的に意図された遠征であったと判断される。

広開土王碑の395年条において、稗麗と関連して先ず鹽水にも注目した。『晋書』東夷伝に見える「裨離國」が西遼河の西側一帯にあったとすれば、鹽水は池鹽であり、内蒙古の科爾沁沙地一帯にあったと判断される。395年に行われた広開土王の稗麗征伐は高句麗がこの地域に遠征し、領域を支配するためであったと言うよりも、「牛馬群羊」の獲得により大きな目的があったのではないだろうか。牛馬群羊の獲得により広開土王は以後の征服活動にますます弾みがつくようになる。

後燕が395〜397年の間に参合陂戦等を通して北魏軍に略奪された「器甲輜重 軍資雑財十餘萬計」、「兵甲糧貨以鉅萬計」、「器仗輜重數十萬計」、「袍仗兵器數十萬」の内容は、広開土王碑407年条の「所獲鎧鉀一萬餘領軍資器械不可稱數」と比較される。

北魏に略奪された後燕の「器甲輜重 軍資雑財十餘萬計」、「兵甲糧貨以鉅萬計」、「器仗輜重數十萬計」、「袍仗兵器數十萬」等、『魏書』や『資治通鑑』に見える記事を分析すると、後燕が保有していた武器の種類は、「器甲」、「兵甲」、「器仗」、「袍仗」、「輜重」、「兵器」などであった。その他の軍需品については「軍資雑財」、「糧貨」などとなっており、その数量については「數十萬計」、「十餘萬計」、「數十萬」、「鉅萬計」とある。これを407年条の「所獲鎧鉀一萬餘領　軍資器械不可稱數」と比較すれば、『魏書』と『資治通鑑』の「器甲」、「兵甲」は407年条の「鎧鉀」に、「軍資雑財」は「軍資器械」に、「數十萬計」、「十餘萬計」、「數十萬」等は「不可稱數」に、「鉅萬計」は「一萬餘領」にそれぞれ対比される。したがって以上の事実と「兵甲」と「鎧鉀」、「鉅萬計」と「一萬餘領」等を比較すれば407年条に該当する国家は後燕以外にはあり得ない。

　長寿王代の高句麗の遼西進出は、436年3月、北魏が騎兵1万を出兵して、4月北燕を攻撃したことに端を発する。高句麗軍も葛盧孟光を筆頭に和龍に出兵して武器庫を奪取し、美女を略奪した。このように高句麗軍が占領軍の様相を呈していたという事実は、単純に高句麗が北燕を援助しに来たと言うよりも高句麗軍自体の必要に迫られて出動したことを物語っている。

　高句麗と北魏は、437年3月を起点として戦後処理の一つとして残されていた北燕の領土問題を終結させた。高句麗は北燕の国都である和龍と、大凌河下流の以西地域に対する北魏の領有を認め、北魏は高句麗の大凌河下流の以東地域に対する領有を認めた。これは437年2月、高句麗の使臣派遣、北魏太武帝の幽州巡訪と、437年3月和龍鎮戍、444年和龍に「營州」を設置し、その管轄下に6郡と14県を置いた点である。高句麗が大凌河の下流以東を領有した痕跡は武厲邏という高句麗の城が遼河以西に位置していることからもうかがえる。高句麗は大凌河の下流以東と遼河以西の間を対北魏の前進基地とし軍事地域化したが、これは隋と唐の侵攻の時まで存続していたと思われる。

　最近、遼西義縣地域から発見された高句麗の仏像の光背に記された「大高句麗國」という銘文も注目される。義縣高句麗金銅仏は「高麗」という国号ではなく「大高句麗國」と銘記されている。義縣高句麗金銅仏と仏教彫刻の様式上ほとんど類似した延嘉七年銘金銅仏の製作年代が479年まで提示されるとすると義縣高句麗金銅仏の製作年代も469年ということになる。加えて延嘉七年銘金銅仏と義縣高句麗金銅仏の裏面に刻まれた銘文の書体もほとんど類似している。すなわち二つの仏像の銘文に共通的に見られる文字の中で「高」、「麗」、「師徒」の字が類似しているが、特に「師徒」はまるで同一人物が書いたかのような錯覚を起こさせるほどよく類似した特徴のある書法を駆使している。

　したがって義縣高句麗金銅仏の年代は、延嘉七年銘金銅仏が様式の基準上479年という上限年代と裏に刻まれた書体等を総合的に考慮すると、義縣高句麗金銅仏に記された銘文の己酉年は469年であると結論づけることができよう。義縣高句麗金銅仏の銘文等から分かるように、北燕の滅亡後、高句麗と北魏は遼河西側の自然界線である大凌河下流左岸と右岸を境界として対峙したと判断することができる。

長寿王の在位後半期である479年に、高句麗は柔然と共に地豆于の分割を図り、西北地域に対する関心を示した。柔然が479年8月と11月に北魏を攻撃するや、高句麗は莫弗賀勿于契丹に遠征を行った。これは高句麗が今日の西拉木倫河と老哈河の合流地域にまで進出したことを意味している。高句麗が柔然と共に地豆于を分割領有しようとし、莫弗賀勿于契丹に遠征した背後には柔然と同調して北魏を牽制し、勿吉等の勢力が北魏と連結することを防ごうと言う政治的な意図があった。

581年と582年の間に高句麗は当時契丹を間接支配していた突厥の利稽察を攻撃した。　突厥が高寶寧事件に介入し、隋との対決に集中していた隙をついて高句麗が遼西地域の契丹の背後をめぐって突厥と対立し、突厥に付随した勢力を攻撃したのだ。高句麗は598年2月、嬰陽王が直接1万余りの靺鞨騎兵を動員し遼西を先制打撃した。

612年1月と614年2月に隋の煬帝が下した詔書に、高句麗が群聚したと記録されている遼碣は遼河と碣石の間を指す。また『契丹と靺鞨が勢力を合わせ遼西を侵犯した。』という点については、598年以後に、高句麗軍が灤河一帯まで進撃したことを指しているものと判断される。このような背景には598年隋の文帝の侵攻が、伝染病の猖獗により隋軍が自滅し、高句麗軍の軍事力量が遼東地域において温存されたため可能であったものと分析される。

604年7月、隋の文帝が死去し、好戦的な煬帝が後を継いで登場したことで東アジアの状勢は急変した。高句麗は612年、613年、614年の3次

にわたる隋の侵攻を防ぐのに成功し、615年には大凌河下流の西岸に位
置する汝羅故城を攻撃した。汝羅故城の攻撃は612年武厲邏が陥落した後
にも高句麗軍が遼西に進撃したことを立証する貴重な事例と言える。隋
が高句麗を侵攻した最大の原因は「侵軼遼西」と「侵軼我城鎮」であり、そ
れが「問罪遼碣」に繋ったと分析される。更に遼東等、高句麗の領土に
対する略奪よりも、遼西の遊牧民族に対する支配力の確保と高句麗の屈
服確認にあったと言える。

　640年代の唐の高句麗侵攻は631年の京觀破壊事件に端を発する。
645年、太宗の本格的な侵攻に先立って644年に高句麗が遼西地域の營
州一帯を先制攻撃し、唐の侵攻に対して機先を制しようとした。營州
都督兼東夷都護の張儉が出陣したということは、結論的に高句麗の攻撃
目標が營州一帯であったことを示唆している。高句麗軍の營州一帯に
対する先制攻撃は644年前半期の事と判断される。

　653年、高句麗軍は吐護眞水、即ち今日の内蒙古の老哈河地域まで進
出した。高句麗軍の襲撃を受けた唐の辛文陵は、韋待價と薛仁貴の救
援により高句麗軍を撤退させた。吐護眞水戰は653年2月から同年9月
の間に発生したものと思われる。高句麗軍が吐護眞水地域まで進出し
た背景は、吐護眞水周辺の奚および契丹等の遊牧民族と連帯して唐を
牽制しようとしたものと考えられる。

　654年、高句麗は契丹の新城を攻撃した。松漠都督の李窟哥がこれ
を防御し、新城において戦闘が行われたということは、新城が松漠都
督の管轄下に位置していたことを意味している。高句麗軍が遠征軍の
立場であったため「城中」ではなく「陣中」、すなわち「陣亂」という表現
が使われている点から見ても、新城の主は契丹であったと言えよ
う。また、654年に契丹が高句麗軍を殺戮し、京觀を積んだ地域は理
論上高句麗の領域ではあり得ず、契丹地域でなければならない。654
年、高句麗軍が攻撃した新城は「陣亂」と「高麗敗走」、「京觀」と言った

核心的な表現から分かるように今日の内蒙古に位置した契丹の松漠新城であることが確実である。

唐は658年高句麗の赤烽鎭に侵攻した。赤烽鎭戰は658年6月に營州都督兼東夷都護であった程名振等が赤烽鎭に侵攻するや、高句麗は大將豆方婁に3万の将兵を送ってこれを支援させたが、唐が契丹軍に逆襲を加え、高句麗は2千5百名が斬首されるという敗北を喫した。高句麗の3万もの大軍が支援したという点から見て、赤烽鎭は対唐戰略上非常に重要な地域に違いあるまい。赤烽鎭は遼河渡河北路にある高句麗の鎭城であり、具体的には遼河の西側と醫巫閭山以東地域のいずこかに位置していたのであろう。赤烽鎭は遼河の西側の北路に位置し、北路すなわち新城路を通じて玄菟や新城等、高句麗北部に侵攻しようとする唐と契丹軍を防ぐ高句麗の最前線の部隊であったと判断される。

以上が高句麗の遼西進出に関した内容であるが、これを次のように整理してみる。高句麗の国家形成の初期から4世紀前半まで数次にわたる遼西進出は、高句麗が遼東を完全に確保する以前にも積極的に遼西に進出していたことを端的に示している。これは遼西地域の周辺の諸族と連繫することができたために可能であったとも言える。その反面、広開土王以後の遼西進出は高句麗自体の力量や意図によって遼西地域に進出するという特徴を見せている。長寿王代になって高句麗は遼西進出の最盛期を迎えた。隋と唐の侵略期には戰略的な理由から　遼西に進出することが多かった。高句麗の705年の歴史において遼西進出には、遼東の確保と安全をより強固にするために遼西に進出したという意味が大きい。故に高句麗は国家の安全と発展のために遼西に積極的に進出せざるを得なかったのである。

したがって遼西は中原大陸の華北地域と遼河以東の遼東地方を結ぶ中間地帯として東アジア史における咽喉地帯のような役割を果たしたと言える。すなわち中原大陸の諸勢力が遼東地域に進出するために必ず通らなければならない地が遼西地域であり、一方で遼東の諸勢力が中原地域に進出するために必ず通過しなければならない地もここ遼西であった。このような面から、紀元後の東アジア史において高句麗は遼東地方に割拠した国家として、かつ遼西に進出した最初の国家であったという意味も合わせ持っているのである。

찾아보기

ㄱ

경인한국학연구총서

*대한민국학술원 우수학술 도서　　　**문화체육관광부 우수학술 도서